A Vida Secreta das Cores

Kassia St Clair é escritora *freelancer* e ex-assistente editorial da seção de livros e artes da *The Economist*. Escreve regularmente para a *Elle Decoration* britânica, e foi de sua popular coluna sobre cor na revista que surgiu a ideia de escrever este livro.

www.kassiastclair.com

Para Fallulah

As mentes mais puras e meticulosas são as que mais amam as cores.

John Ruskin, *As pedras de Veneza* (1851–3).

S775v St Clair, Kassia.
         A vida secreta das cores / Kassia St Clair ; tradução : Mariana Belloli Cunha ; revisão técnica : Alexandre Salvaterra. – Porto Alegre : Bookman, 2024.
         327 p. ; 23 cm.

         ISBN 978-85-8260-652-0

         1. Design. 2. Cores. I. Título.

                                                    CDU 535.6

Catalogação na publicação: Karin Lorien Menoncin – CRB 10/2147

Kassia St Clair

A Vida Secreta das Cores

Tradução
Mariana Belloli Cunha

Revisão técnica
Alexandre Salvaterra
Arquiteto e Urbanista pela Universidade Federal do Rio Grande do Sul

bookman

Porto Alegre
2024

Obra originalmente publicada sob o título
The Secret Lives of Colour, 1st edition

ISBN 9781473630819

First published in Great Britain in 2016 by John Murray (Publishers), An Hachette UK company Copyright © Kassia St Clair 2016

Coordenador editorial: *Alberto Schwanke*

Editora: *Simone de Fraga*

Leitura final: *Marina Carvalho Dummer*

Arte sobre capa original: *Márcio Monticelli*

Editoração: *Clic Editoração Eletrônica Ltda.*

Reservados todos os direitos de publicação, em língua portuguesa, ao GA EDUCAÇÃO LTDA.
(Bookman é um selo editorial do GA EDUCAÇÃO LTDA.)
Rua Ernesto Alves, 150 – Bairro Floresta
90220-190 – Porto Alegre, RS
Fone: (51) 3027-7000

SAC 0800 703 3444 – www.grupoa.com.br

É proibida a duplicação ou reprodução deste volume, no todo ou em parte, sob quaisquer formas ou por quaisquer meios (eletrônico, mecânico, gravação, fotocópia, distribuição na Web e outros), sem permissão expressa da Editora.

IMPRESSO NO BRASIL
PRINTED IN BRAZIL

Agradecimentos

Sou imensamente grata às muitas pessoas que dedicaram seu tempo para me ajudar com as histórias das cores e me indicar o caminho das pesquisas relevantes. Agradecimentos especiais a Cédric Edon, Diretor de Comunicação da Schiaparelli; Martin Boswell, curador de uniformes, e Richard Slocombe, curador sênior de arte do Imperial War Museum. Aos professores Raman Siva Kumar e B. N. Goswamy, ao Dr. Mark Nesbitt, curador do Royal Botanical Gardens, a Kew e à equipe do Museum Victoria, por me ajudarem a mergulhar nos mistérios do amarelo indiano. E a Henning Rader, do Munich Museum, e Sabrina Hamann, da Stabilo.

Agradeço também a Sra. Herries e a Jenny e Piers Litherland, pelo empréstimo de sua maravilhosa casa, onde passei seis semanas muito felizes escrevendo, e a Carla Bennedetti, por cuidar de mim enquanto estive lá. Agradeço aos meus editores na John Murray, Georgina Laycock e Kate Miles; ao talentoso James Edgar, que cuidou do *design* deste livro; a Amanda Jones e Yassine Belkacemi; e a Imogen Pelham por todo o seu trabalho ao me acompanhar desde a proposta até a publicação. Agradecimentos especiais também a Michelle Ogundehin e Amy Bradford, da *Elle Decoration*, por aceitarem a proposta da coluna que deu origem ao livro. Agradeço também a todos os amigos que me deram apoio, conselhos, sugestões de pesquisa e taças de vinho, quando necessário. Uma menção especial também a Tim Cross e ao meu irmão Kieren, pela leitura de vários rascunhos; ao meu pai, por sempre vir a meu socorro; e a Fiammetta Rocco, por sua gentileza e conselhos infalíveis.

Por fim, agradeço a Olivier, não apenas por me trazer café todas as manhãs, mas também pelas leituras, sugestões, paciência quando eu tinha certeza de que estava enlouquecendo, torcida, críticas construtivas e incentivo infinito.

Prefácio

Minha paixão pelas cores surgiu do mesmo modo que surgem a maioria das paixões: enquanto estava ocupada fazendo outra coisa. Há dez anos, enquanto pesquisava a moda feminina do século XVIII, eu dirigia regularmente até Londres para folhear exemplares amarelados da *Ackermann's Repository*, uma das revistas de estilo de vida mais antigas do mundo, no arquivo todo revestido de madeira do *Victoria and Albert Museum*. Para mim, as descrições das últimas modas da década de 1790 eram tão deliciosas e desconcertantes quanto o menu degustação de um restaurante com estrelas no Guia Michelin. Uma edição descrevia: "Uma boina escocesa de cetim cor granada, com detalhe de franja dourada como acabamento". Outra recomendava um vestido de "cetim na cor *puce*" para ser usado com um "manto romano de *kerseymere* escarlate". Em outras ocasiões, a mulher bem-vestida não seria nada sem uma peliça de pelo marrom, uma boina enfeitada com penas em vermelho *cocquelicot* ou seda *sarsenet* verde-limão. Às vezes, as descrições vinham acompanhadas de gravuras, que me ajudavam a decifrar como poderia ser o pelo marrom, por exemplo, mas a maioria não. Era como ouvir uma conversa em uma língua que eu entendia apenas parcialmente. Fui fisgada.

> A pior e mais vil de todas as cores, verde-ervilha!
>
> **Arbiter Elegantiarum, 1809.**

Anos depois, tive uma ideia que me permitiria escrever sobre minha paixão todos os meses, transformando-a em uma coluna regular de revista. A cada nova edição, eu elegeria uma cor e a desconstruiria para descobrir seus mistérios ocultos. Quando estava na moda? Como e quando foi feita? Está associada a determinado artista, estilista ou marca? Qual é a sua história? Michelle Ogundehin, editora da revista *Elle Decoration* britânica, topou publicar minha coluna e, desde então, escrevi sobre cores tão comuns quanto o laranja e tão rebuscadas quanto o heliotropo.

Prefácio

Os textos dessa coluna foram o germe para este livro, e sinto-me profundamente grata.

A vida secreta das cores não pretende contar a história completa das cores. O livro está dividido em famílias de cores mais amplas e inclui também algumas – preto, marrom e branco – que não fazem parte do espectro de luz visível definido por Sir Isaac Newton.[1] Dentro de cada família foram selecionados tons com histórias particularmente fascinantes, importantes ou perturbadoras. O que tentei fazer aqui foi criar algo entre uma história resumida e um esboço de personagem para os 75 tons que mais me intrigaram. Algumas são cores de artistas, algumas são corantes e outras estão bem mais próximas de ideias ou criações socioculturais. Espero que você goste delas. Há muitas histórias maravilhosas para as quais não houve espaço aqui, então incluí um glossário (ou amostra de cores) de outros tons interessantes junto com sugestões de leituras adicionais.

> Não acredito que existam cores "repugnantes".
>
> **David Hockney, defendendo outro tom de verde-oliva, 2015.**

Sumário

Visão das cores
Como vemos — 13

Aritmética simples
Sobre a luz — 17

Construção da paleta
Artistas e pigmentos — 21

Catálogos de tintas antigos
Mapeamento das cores — 26

Cromofilia, cromofobia
Política das cores — 29

Linguagem colorida
Será que as palavras moldam as cores que vemos? — 33

Sumário

	39
Branco de chumbo	43
Marfim	47
Prata	49
Cal	52
Isabelina	54
Calcário	56
Bege	58

	63
Loiro	67
Amarelo de estanho e chumbo	69
Amarelo indiano	71
Amarelo ácido	74
Amarelo de Nápoles	76
Amarelo de cromo	78
Gamboge	80
Ouro-pigmento	82
Amarelo imperial	84
Ouro	86

	93
Laranja Holanda	96
Açafrão	98
Âmbar	101
Gengibre	104
Mínio	107
Nude	110

	115
Rosa Baker-Miller	118
Rosa Mountbatten	120
Puce	122
Fúcsia	124
Rosa-choque	126
Rosa fluorescente	128
Amaranto	130

	135
Escarlate	138
Cochonilha	141
Vermelhão	144
Rosso corsa	148
Hematita	150
Garança	152
Sangue de dragão	154

	159
Púrpura tíria	162
Orceína	165
Magenta	167
Mauve	169
Heliotropo	172
Violeta	174

	179
Azul ultramarino	182
Azul-cobalto	187
Índigo	189
Azul da Prússia	193
Azul egípcio	196
Ísatis	198
Azul elétrico	201
Cerúleo	204

	209
Verdete	214
Absinto	217
Esmeralda	220
Verde Kelly	222
Verde de Scheele	224
Terra verde	227
Abacate	230
Celadon	232

Sumário 11

	237		258
Cáqui	240	*Kohl*	264
Buff	242	Cinza de Payne	266
Pardo	244	Obsidiana	268
Russet	246	Nanquim	271
Sépia	248	Carvão	274
Umbra	250	Azeviche	276
Múmia	253	Melanina	278
Taupe	256	Breu	280
		Vantablack	282

Glossário de outras cores interessantes	**290**
Notas	**293**
Bibliografia e leituras sugeridas	**314**
Índice	**323**

A luz é, portanto,
cor, e a sombra,
a ausência dela.

J. M. W. Turner, 1818

Visão das cores
Como vemos

As cores são fundamentais para a experiência que temos do mundo ao nosso redor – pense, por exemplo, nos casacos de alta visibilidade, nos logotipos das marcas e nos cabelos, olhos e pele daqueles que amamos. Mas como é, precisamente, que vemos essas coisas? O que vemos de verdade quando olhamos para, digamos, um tomate maduro ou uma tinta verde é a luz refletida da superfície desse objeto em direção aos nossos olhos. O espectro de luz visível, como você pode ver no diagrama da página 14, representa apenas uma pequena fração de todo o espectro eletromagnético. Coisas diferentes têm cores diferentes porque absorvem alguns comprimentos de onda do espectro de luz visível e refletem outros. Assim, a casca do tomate absorve a maior parte dos comprimentos de onda curtos e médios – azuis e violetas, verdes, amarelos e laranjas –, e o restante, os vermelhos, atinge nossos olhos e é processado pelo cérebro. Então, de certa forma, a cor que percebemos de um objeto é, precisamente, aquela que ele *não é* – ou seja, o segmento refletido do espectro.

Quando a luz entra no olho, ela passa pelo cristalino e atinge a retina. A retina, que fica na parte de trás do globo ocular, é repleta de células sensíveis à luz, chamadas bastonetes e cones devido aos seus respectivos formatos. Os bastonetes fazem o trabalho pesado da visão. Temos cerca de 120 milhões deles em cada olho; eles são incrivelmente sensíveis e distinguem, principalmente, entre claro e escuro.

São os cones, no entanto, que respondem melhor às cores. Temos muito menos deles: cerca de seis milhões em cada retina, a maior parte amontoada em um pequeno ponto central chamado de mácula. A maioria das pessoas tem três tipos de cone,[2] cada um sintonizado com a luz de diferentes comprimentos de onda: 440 nm, 530 nm e 560 nm. Cerca de dois terços dessas células são sensíveis a comprimentos de onda mais longos, o que significa

Aumento da energia

| 0,0001 nm | 0,01 nm | 10 nm | 1.000 nm |

Raios gama | Raios X | Raios ultravioleta

Luz visível

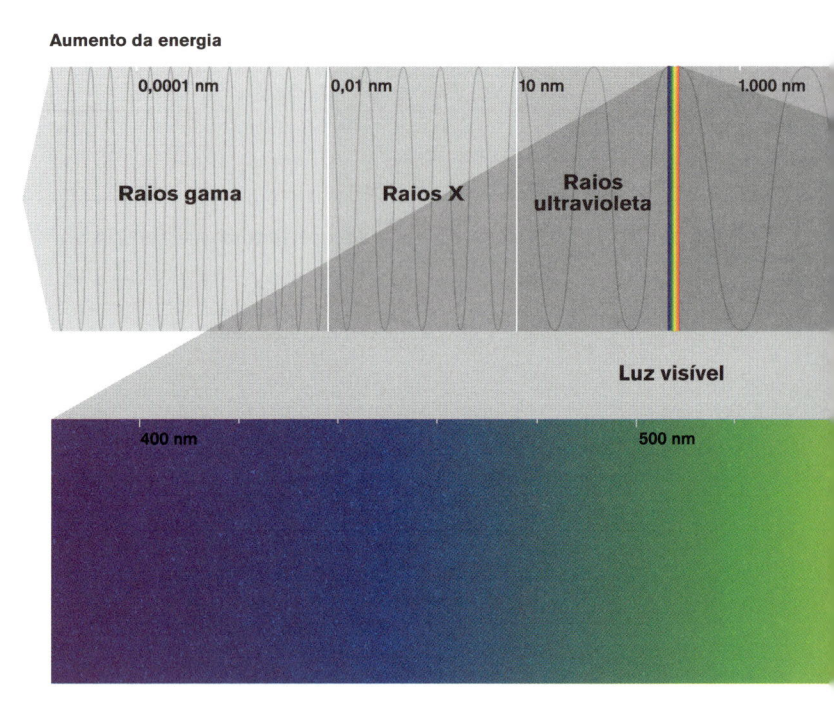

400 nm | 500 nm

que vemos mais as cores quentes – amarelos, vermelhos e laranjas – do que as cores frias do espectro. Aproximadamente 4,5% da população mundial é daltônica ou tem visão deficiente devido a falhas nas células cônicas. Esse fenômeno não é completamente compreendido, mas costuma ser genético e é mais prevalente nos homens (em torno de 1 em cada 12 homens são afetados, em comparação a 1 em cada 200 mulheres). Para pessoas com visão de cores "normal", quando as células cônicas são ativadas pela luz, elas retransmitem a informação via sistema nervoso para o cérebro, que, por sua vez, a interpreta como cor.

Isso tudo parece muito simples, mas a fase de interpretação talvez seja a mais complexa. Desde o século XVII, um debate metafísico acirrado discute se as cores existem de fato, fisicamente, ou se são apenas manifestações internas. A onda de consternação e confusão nas redes sociais por causa de um vestido azul e preto (ou seria branco e dourado?), em 2015, mostra o quanto nos sentimos desconfortáveis com a ambiguidade. Aquela imagem

Visão das cores

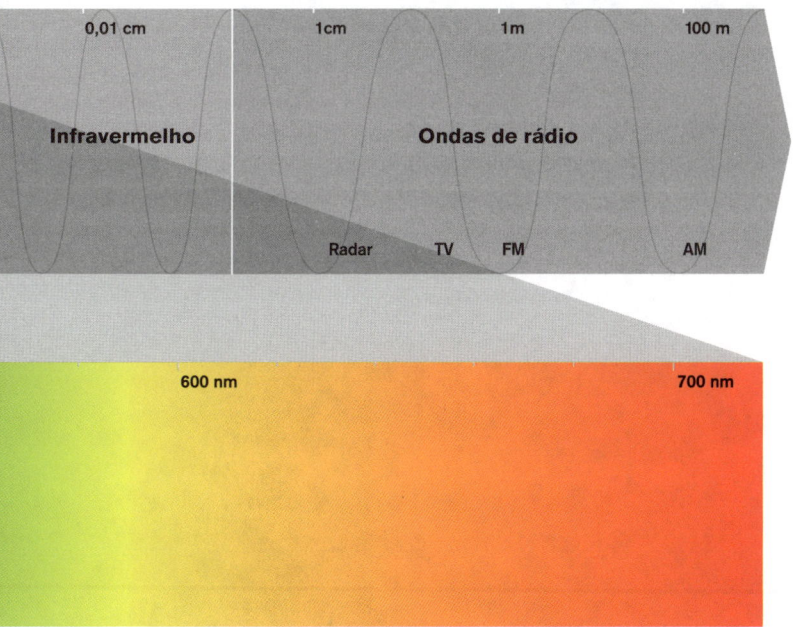

Aumento do comprimento de onda

| 0,01 cm | 1cm | 1m | 100 m |

Infravermelho | Ondas de rádio

Radar　TV　FM　　　AM

600 nm　　　　　　　　700 nm

em particular nos deixou especialmente cientes da existência do pós-processamento do cérebro: metade de nós viu uma coisa, a outra metade viu algo completamente diferente. Isso aconteceu porque o cérebro normalmente detecta e processa pistas sobre a luz ambiente – estejamos em plena luz do dia, estejamos sob uma lâmpada LED, por exemplo – e sobre a textura. Usamos essas pistas para ajustar nossa percepção, como aplicar um filtro sobre uma luz de palco. Por conta da má qualidade e da falta de pistas visuais, como a cor da pele, na imagem do vestido, nosso cérebro precisava adivinhar a qualidade da luz ambiente. Alguns intuíram que a iluminação forte estava atenuando a cor do vestido e, portanto, seu cérebro ajustou as cores de modo a escurecê-las; outros acreditaram que o vestido estava em um ambiente escuro, então seu cérebro ajustou o que viam para iluminar a peça e remover o sombreado azulado. E foi assim que uma internet cheia de pessoas olhando a mesma imagem viu coisas muito diferentes.

A brancura e todos os tons de cinza entre o branco e o preto podem ser compostos de cores, e a brancura da luz do Sol é composta de todas as cores primárias mescladas em uma proporção devida.

Sir Isaac Newton, 1704

Aritmética simples
Sobre a luz

Em 1666, no mesmo ano em que o Grande Incêndio de Londres consumiu a cidade, Isaac Newton, então com 24 anos, começou a fazer experimentos com prismas e raios de luz solar. Ele usou um prisma para separar um raio de luz branca e revelar seus comprimentos de onda constituintes. Isso em si não tinha nada de revolucionário – era uma espécie de truque que já tinha sido feito muitas vezes antes. Newton, no entanto, deu um passo além e, ao fazê-lo, mudou para sempre a maneira como pensamos sobre as cores: ele usou outro prisma para unir os comprimentos de onda novamente. Até então, pressupunha-se que o arco-íris que emana de um prisma posto no caminho de um feixe de luz era criado por impurezas no vidro. A luz solar branca e pura era considerada uma dádiva de Deus; era inconcebível que pudesse ser decomposta ou, pior ainda, criada pela mistura de luzes coloridas. Durante a Idade Média, misturar cores era um tabu, algo que se considerava ir contra a ordem natural das coisas; mesmo durante a época de Newton, a ideia de que uma mistura de cores pudesse criar luz branca era um anátema.

Também os artistas ficaram intrigados com a ideia de que o branco é composto de muitas cores, mas por razões diferentes. Como qualquer pessoa que já teve acesso a tintas sabe, quanto mais cores misturamos, mais nos aproximamos do preto, e não do branco. Já foi sugerido que Rembrandt criava as sombras complexas, escuras e achocolatadas de suas pinturas apenas raspando qualquer resto de tinta em sua paleta e misturando tudo diretamente sobre a tela, tal é a quantidade de pigmentos diferentes encontrada nas profundezas de suas sombras.[3]

A explicação para o fato de que misturar *luz* colorida resulta em branco, enquanto misturar *tinta* colorida produz preto reside na ciência da óptica. Basicamente, existem dois tipos de mistura de cores: aditiva e subtrativa. Com a mistura aditiva, diferentes

Mistura de cores aditiva
As cores são criadas pela mistura de luzes de diferentes cores. A combinação das três cores primárias produz branco.

comprimentos de onda de luz são combinados para criar diferentes cores e, quando somados, o resultado é a luz branca. Isso é o que Newton demonstrou com seus prismas. Entretanto o oposto ocorre quando as tintas são misturadas. Uma vez que cada pigmento reflete ao olho apenas uma fração da luz disponível, quando vários pigmentos são misturados, mais e mais comprimentos de onda são subtraídos. Misturemos pigmentos o suficiente, e muito pouco do espectro de luz visível será refletido, de modo que perceberemos que a mistura é preta, ou muito próxima disso.

Para pintores com uma gama limitada de pigmentos impuros à disposição, isso é um problema. Se quiserem criar um roxo claro, por exemplo, terão de misturar pelo menos três pigmentos: vermelho, azul e branco, mas talvez precisem adicionar ainda mais para obter o matiz exato que desejam. Quanto mais cores forem misturadas, maior a probabilidade de o resultado ser turvo. Isto também é válido para cores simples, como verde ou laranja: é melhor utilizar um único pigmento do que misturas que, inevitavelmente, absorverão mais dos comprimentos de onda de luz disponíveis, sugando a luminosidade da pintura. A busca por mais cores e cores mais vivas é fundamental para a história da arte, desde a pré-história até hoje.

Sem tinta em tubos não existiria (...) nada do que os jornalistas posteriormente vieram a chamar de Impressionismo.

Pierre-Auguste Renoir, data desconhecida

Construção da paleta
Artistas e pigmentos

Plínio, o Velho, naturalista e escritor romano do primeiro século d.C., afirmava que os pintores do período clássico da Grécia Antiga usavam apenas quatro cores: preto, branco, vermelho e amarelo. É quase certo que ele estivesse exagerando – em 2.500 a.C., no mínimo, os egípcios já conheciam um método de fabricação para obter um azul vibrante e límpido (página 196). É verdade, no entanto, que os primeiros artistas estavam, em sua maioria, limitados a uma pequena gama de pigmentos que podiam extrair do solo ou de plantas e insetos.

Desde o início, a humanidade esteve bem servida de marrons terrosos, avermelhados e amarelados. O uso mais antigo de pigmentos de que temos conhecimento data do período Paleolítico Inferior, cerca de 350 mil anos atrás. Os povos pré-históricos conseguiam produzir um preto profundo usando as cinzas das fogueiras (página 274). Alguns brancos eram encontrados no solo; outros eram produzidos pelos primeiros químicos, por volta de 2.300 a.C. (página 43). Embora os pigmentos tenham sido descobertos, comercializados e sintetizados ao longo de toda a história registrada, o processo se acelerou drasticamente no século XIX, devido à Revolução Industrial. Cada vez mais produtos químicos eram gerados como subprodutos dos processos industriais, e alguns resultavam em excelentes pigmentos e corantes. William Perkin, por exemplo, descobriu por acaso o corante roxo malva (ou *mauve*, página 169) enquanto tentava sintetizar um remédio para a malária, em 1856.

A disponibilidade de alguns pigmentos e a introdução de outros ajudaram a moldar a história da arte. As pinturas de mãos e bisões nas paredes das cavernas pré-históricas deviam sua paleta sombria aos pigmentos que os primeiros artistas encontravam no mundo ao seu redor. Milhares de anos mais tarde, percebe-se nos manuscritos medievais iluminados que o preto e o branco permaneceram

Mistura de cores subtrativa
A mistura de um conjunto limitado de cores pode criar muitas outras. A combinação perfeita das cores primárias resultará em preto.

inalterados, mas que o dourado e diversas cores vivas, como vermelho e azul, foram adicionados. Séculos depois, vê-se que a disponibilidade de uma gama mais ampla de pigmentos foi tão importante para as pinturas renascentistas quanto as representações realistas de perspectiva e as formas sofisticadas de lidar com luz e sombra. Algumas obras dessa época permanecem inacabadas, restando apenas um esboço, porque o artista não tinha condições de comprar os caros pigmentos necessários para completar a tela. O azul ultramarino límpido (página 182), por exemplo, era tão caro que muitas vezes os mecenas que encomendavam as obras tinham, eles mesmos, que o comprar, já que os artistas não tinham condições financeiras para isso. E esses clientes muitas vezes sentiam a necessidade de especificar em contrato escrito a quantidade dessas tintas caras que esperavam ver no trabalho finalizado e quais figuras deveriam ser revestidas com quais cores, temendo que os pintores mais pobres usassem uma alternativa mais barata.[4]

    Os primeiros artistas, por sua vez, tinham uma relação com as cores muito diferente da dos artistas modernos. Como alguns corantes reagiam com outros, os artistas precisavam planejar suas composições tendo em mente combinações potencialmente desastrosas, garantindo que nenhuma se sobrepusesse ou aparecesse ao lado da outra. A maioria dos pigmentos era feita à mão pelo próprio artista ou com a ajuda de aprendizes em seus ateliês. Dependendo do pigmento, o processo exigia a trituração de rochas em pó ou o manuseio de matérias-primas tecnicamente desafiadoras ou venenosas. Os pigmentos também podiam ser obtidos com especialistas, incluindo alquimistas e boticários. Mais tarde, aqueles que produziam e comercializavam cores passaram a ser conhecidos como coloristas, e eles rodavam o mundo em busca de pigmentos raros.

    Foi apenas mais para o final do século XIX que os artistas realmente se beneficiaram da proliferação de pigmentos prontos para usar (e, mesmo assim, nem sempre esses pigmentos eram confiáveis). Compostos baratos, como cerúleo (ou azul celeste), laranja de cromo e amarelo cádmio, libertaram os artistas dos pilões e dos coloristas inescrupulosos que vendiam misturas instáveis que mudariam de cor em semanas ou reagiriam com outras cores, ou com a própria tela. Junto com a invenção dos tubos de tinta metálicos dobráveis, em 1841, as novas cores possibilitaram aos artistas trabalhar ao ar livre e impregnar as telas com os pigmentos mais vivos já vistos. Não é de se admirar que os críticos ficaram incertos no início: era um mundo de cores jamais visto, e era deslumbrante.

Na maioria das vezes, as histórias das cores – as poucas que existem – limitam-se a períodos mais recentes e a questões artísticas, o que é muito redutor. História da pintura é uma coisa, história das cores é outra – e, no todo, mais vasta.

Michel Pastoureau, 2015

Catálogos de tintas antigos
Mapeamento das cores

Nos últimos anos do século XVII, o artista holandês A. Boogert realizou um trabalho muito sério com o intuito de identificar todas as cores conhecidas. Em um volume com mais de 800 amostras pintadas à mão acompanhadas de etiquetas pretas, o artista descreveu como misturar uma variedade de tons de aquarela, da mais pálida espuma do mar ao mais profundo verde viridiano. Boogert está longe de ser o único a tentar catalogar todos os matizes, tonalidades e tons conhecidos. Cientistas, artistas, *designers* e linguistas dedicaram-se a traçar uma rota ao longo do espaço de cores e atribuir pontos de referência com nomes, códigos ou referências de grade. As cartelas em estilo de índice de cartões da Pantone são a solução moderna mais famosa para o problema de estabelecer tons precisos em meio a diferenças linguísticas e culturais, mas são apenas uma em uma longa lista de esforços desse tipo.

Como as cores existem tanto no domínio cultural quanto no físico, tais tentativas são um tanto improdutivas. Consideremos, por exemplo, a ideia de que as cores podem ser agrupadas em duas classes, quentes e frias. Diríamos sem hesitar que vermelho e amarelo são quentes e verde e azul são frios, mas a verdade é que só começamos a encontrar essa divisão a partir do século XVIII. Há evidências de que, na Idade Média, o azul era considerado quente – a cor mais quente de todas, inclusive.

Também há discrepâncias entre o nome que uma sociedade dá a uma cor e a cor real, e elas podem se movimentar ao longo do tempo, como placas tectônicas. O magenta (página 167), que agora é considerado rosa, mas originalmente era tido como vermelho arroxeado, é um exemplo. Outros exemplos podem ser encontrados nas definições maravilhosamente obscuras do *Third New International Dictionary* de Merriam-Webster, publicado em 1961. Begônia é "um rosa profundo que é mais azul, mais claro e mais forte que o coral médio, mais azul que fiesta e mais azul e mais forte que cravina". Lápis-lazúli é "um azul moderado que é mais vermelho e mais pálido que *copen* médio e mais vermelho e profundo que azul azurita, azul Dresden ou azul Pompadour". A intenção dessas descrições não era levar o leitor a uma caçada selvagem por definições no dicionário; elas provavelmente foram obra do especialista em cores Isaac H. Godlove, consultor contratado pelo editor do dicionário e pelo diretor da Munsell, empresa de mapeamento de cores.[5] O problema é que, por mais divertidos que esses verbetes sejam hoje, coral médio, fiesta e copen perderam muito de seu valor cultural – e, portanto, são de pouco ou nenhuma ajuda para o leitor saber como é a cor que está sendo definida. Nesse mesmo sentido, uma pessoa que leia sobre o verde abacate daqui a 100 anos talvez fique igualmente perplexa: trata-se da cor escura da casca? Ou do verde argila da parte externa da polpa? Ou do tom amarelo manteiga perto da semente? Para as pessoas de hoje, porém, o verde abacate ainda tem significado.

Com o passar do tempo, a margem de erro torna-se cada vez maior. Mesmo quando há evidência documental, como uma pintura, muitas vezes a vemos em condições de iluminação completamente diferentes daquelas em que foi criada – é a diferença entre olhar uma amostra de tinta na tela do computador, na lata de tinta na ferragem e depois na parede de casa. Além disso, como muitos corantes e tintas estáveis são inovações recentes, as próprias cores podem ter se deteriorado. As cores, portanto, devem ser entendidas como criações culturais subjetivas: garantir, de forma relevante, uma definição universal precisa para todas as tonalidades conhecidas é tão possível quanto é traçar as coordenadas de um sonho.

Nações selvagens, indivíduos sem instrução e crianças têm uma forte predileção por cores vivas.

Johann Wolfgang Goethe, 1810

Cromofilia, cromofobia
Política das cores

Há na cultura ocidental certa aversão pelas cores, como um cisco no olho. Muitos autores clássicos demonstraram descaso; as cores eram uma distração das verdadeiras glórias da arte: linha e forma. Elas foram vistas como autoindulgentes e, mais tarde, imorais: um sinal de dissimulação e desonestidade. A expressão mais contundente disso vem do escritor norte-americano do século XIX, Herman Melville, que escreveu que as cores "são apenas ilusões sutis, não inerentes de fato à essência, mas impostas de fora, de modo que toda a Natureza deificada se pinta como uma meretriz".[6] Na realidade, argumentos como esses vêm de muito tempo. Os protestantes, por exemplo, expressaram sua simplicidade intelectual, seu rigor e sua humildade com uma paleta dominada pelo preto e branco; cores vivas como vermelho, laranja, amarelo e azul foram retiradas tanto das paredes de suas igrejas quanto de seus guarda-roupas. Muito devoto, por anos Henry Ford recusou-se firmemente a atender à demanda do consumidor e produzir carros em outras cores que não o preto.

Na arte, a discussão sobre os méritos do *disegno* (desenho) em oposição à *colore* (cor) seguiu acalorada durante a Renascença e, embora bem menos intensa, até os dias atuais. *Disegno* representava pureza e intelecto; *colore*, o vulgar e afeminado. Em um ensaio pretensioso de 1920, intitulado "Purismo", o arquiteto Le Corbusier e o seu colega escreveram que:

> *[Em] uma obra plástica verdadeira e durável, é a* forma *que vem em primeiro lugar, e todo o resto deve estar subordinado a ela... [Cézanne] aceitou sem questionar a oferta atraente do fornecedor de cores, em um período marcado pelo modismo da química das cores, uma ciência sem qualquer efeito possível na pintura excepcional. Deixemos aos tintureiros os júbilos sensoriais do tubo de tinta.*[7]

Mesmo entre aqueles que aceitam o valor das cores, a maneira com que as conceitualizaram e ordenaram teve impacto na importância relativa delas. Os gregos antigos viam as cores como uma continuidade umas das outras, indo do branco ao preto: o amarelo era um pouco mais escuro que o branco e o azul era um pouco mais claro que o preto; vermelho e verde estavam no meio. Os autores medievais também tinham muita fé nesse esquema da luz para a escuridão. Foi apenas no século XVII que surgiu a ideia de vermelho, amarelo e azul como cores primárias e verde, laranja e roxo como secundárias. O mais iconoclasta de todos foi Newton e seu espectro, uma ideia sobre a qual escreveu em 1704, em *Opticks*. A obra foi de grande influência: de repente, branco e preto deixaram de ser cores; o espectro não mais ia do claro ao escuro. O círculo cromático de Newton também impôs ordem na relação entre as cores complementares – pares de cores (p. ex., verde e vermelho, azul e laranja) que apresentavam forte contraste entre si quando colocadas lado a lado. A ideia de cores complementares teve um efeito profundo na arte que se seguiu; artistas como Vincent van Gogh e Edvard Munch as usaram para dar estrutura e adicionar dramaticidade às suas pinturas.

À medida que as cores adquiriam significados e importância cultural nas sociedades, foram feitas tentativas para restringir seu uso. A expressão mais notória desse fenômeno foram as leis suntuárias. Embora elas tenham sido aprovadas na Grécia e na Roma antigas, e exemplos possam ser encontrados na China e no Japão antigos, seu apogeu ocorreu na Europa a partir da metade do século XII, antes de desaparecerem novamente no início do período moderno. Tais leis podiam abranger qualquer coisa, da alimentação ao vestuário e ao mobiliário, e procuravam impor fronteiras sociais por meio da codificação dos estratos sociais em um sistema visual claro: em outras palavras, camponeses deviam comer e se vestir como camponeses; artesãos deviam comer e se vestir como artesãos; e assim por diante. A cor era um significante vital nessa linguagem social – cores esmaecidas e terrosas, como o *Russet* (página 246), eram explicitamente reservadas aos trabalhadores rurais mais pobres, enquanto cores vivas e saturadas, como o escarlate (página 138), eram destinadas a um grupo seleto de pessoas.

O melhor sinal
possível para uma
cor é quando
ninguém sabe
como nomeá-la.
John Ruskin, 1859

Linguagem colorida
Será que as palavras moldam as cores que vemos?

Foi um político britânico de semblante austero quem primeiro notou algo errado com as cores da literatura grega antiga. William Ewart Gladstone era um devoto do poeta Homero e foi enquanto preparava o tratado definitivo sobre seu herói, em 1858, que se deparou com algumas esquisitices psicodélicas. Com certeza a fronte poderia ficar preta metaforicamente – de raiva –, mas seria o mel realmente verde? Ou o mar "escuro como o vinho", estranhamente da mesma cor dos bois, enquanto as ovelhas eram violetas? Ele então decidiu pesquisar toda a obra do escritor grego em busca de referências de cores. *Melas* (preto) era, de longe, a cor mais usada, com cerca de 170 menções, e havia cerca de 100 menções ao branco. Em seguida – em uma queda acentuada na frequência – vinha *erythros* (vermelho), que foi usado apenas 13 vezes, enquanto amarelo, verde e roxo foram referenciados menos de 10 vezes. Azul não foi mencionado nenhuma vez. Para Gladstone, parecia haver uma explicação possível: os gregos, na verdade, eram daltônicos. Ou, como ele disse, eram mais sensíveis aos "modos e formas da luz e do seu oposto... a escuridão" do que eram às cores.

Na verdade, os humanos desenvolveram a capacidade de ver cores milênios antes de Homero, então daltonismo não era a explicação. E não são apenas os antigos gregos que parecem falar das cores de maneiras estranhas a nós. Uma década mais tarde, Lazarus Geiger, filósofo e filólogo alemão, começou a analisar outras línguas da antiguidade. Ele se debruçou sobre o Alcorão e a Bíblia em seu hebraico original; estudou histórias chinesas antigas e sagas islandesas. Todas as fontes exibiam as mesmas referências confusas às cores e, como ele observou em uma passagem muito citada sobre os cantos védicos da Índia, a mesma omissão.

Esses hinos, de mais de dez mil versos, estão repletos de descrições dos céus. Quase nenhum assunto é evocado com tanta frequência. O Sol e o avermelhamento do jogo de cores do amanhecer, o dia e a noite, as nuvens e os relâmpagos, o ar e o éter, tudo isso se desenrola diante de nós, repetidas vezes, em esplendor e plenitude vívida. Mas há uma coisa que ninguém jamais aprenderia com esses cânticos antigos se ainda não o soubesse: o céu é azul.[8]

Quando a palavra azul surgiu, foi uma evolução das palavras que anteriormente serviam para verde ou, mais comumente, preto. Geiger acreditava poder identificar a aparente sensibilidade da humanidade a diferentes cores por meio da evolução das línguas. Tudo começou com palavras para claro e escuro (ou branco e preto); em seguida veio vermelho, depois amarelo, verde e então azul. Um estudo mais amplo, realizado no final da década de 1960 por Brent Berlin e Paul Kay, confirmou uma sequência semelhante. Acreditava-se que isso significava duas coisas: a primeira era que as categorias de cores eram inatas; a segunda, que a ausência de uma palavra para uma cor afetaria a nossa percepção dela.

No entanto, uma pesquisa ainda maior, realizada na década de 1980, revelou muitas exceções: línguas que não necessariamente se "desenvolveram" dessa forma e algumas que dividem o espaço de cores de forma completamente diferente. Na língua coreana, por exemplo, há uma palavra que distingue o verde amarelado do verde comum; em russo, há palavras diferentes para azul claro e azul escuro. Um exemplo clássico é o himba, língua falada por uma tribo do sudoeste da África, que divide o espectro de cores em cinco fatias. Outro é a língua polinésia falada na província de Rennell e Bellona, um atol das Ilhas Salomão, que divide o espectro de cores em algo como branco, escuro e vermelho, em que o escuro inclui azul e verde, e o vermelho inclui amarelo e laranja.[9]

A literatura que se seguiu sobre a relação entre língua, cor e cultura é irritantemente inconclusiva. Um grupo – os relativistas

– afirma que a linguagem influencia ou mesmo molda nossa percepção e que, sem uma palavra para designar uma cor, não a vemos de forma tão distinta. Os universalistas, seguindo Berlin e Kay, acreditam que as categorias básicas de cores são universais e estão enraizadas, de alguma forma, na nossa biologia. O que se pode dizer com certeza é que a linguagem das cores é complicada. Crianças que conseguem, com facilidade, discernir um triângulo de um quadrado ainda podem ter dificuldade em diferenciar o rosa do vermelho ou do laranja. Também sabemos que não ter uma palavra separada para algo não significa que não possamos distingui-lo. Os gregos, é claro, podiam ver as cores perfeitamente; talvez eles apenas as achassem menos interessantes do que nós.

Branco de chumbo
Marfim
Prata
Cal
Isabelina
Calcário
Bege

Branco

"A despeito dessa reunião de associações a tudo que é encantador, respeitável e sublime, insinua-se algo furtivo na ideia mais íntima desse matiz, que incute mais pânico na alma do que o vermelho que amedronta o sangue."* Foi o que escreveu Herman Melville no Capítulo 42 de *Moby Dick*. Intitulada "A brancura da baleia", a passagem é uma verdadeira homilia sobre o simbolismo dúbio e perturbador dessa cor. Por sua ligação com a luz, a cor branca criou raízes profundas na psique humana e, como qualquer coisa divina, pode, simultaneamente, provocar fascínio e instilar terror em nosso coração.

Como o leviatã albino homônimo do romance de Melville, o branco tem certa alteridade em si. Se as cores fossem pessoas, ele seria admirado, mas provavelmente não seria popular: é um tanto exclusivo, autocrático e neurótico. Para começar, é complicado de fazer. Não é possível obtê-lo misturando-se outras tintas coloridas, é preciso começar com um pigmento branco especial. Qualquer outra coisa adicionada a esse pigmento levará apenas a uma direção: o preto. Isso se deve à maneira como o cérebro processa a luz: quanto mais pigmentos houver em uma mistura, menos luz será refletida de volta aos olhos e mais escura e lamacenta ela se tornará. A maioria das crianças, em algum momento, tentará misturar todas as suas tintas favoritas, esperando criar uma cor ainda mais especial. Elas pegarão vermelho bombeiro, azul céu e talvez alguns tons pastel estilo Ursinhos Carinhosos e começarão a mexer. Esta é uma das primeiras duras verdades da vida que aprendemos: o fato de que tal mistura resulta não em algo belo, mas em um cinza escuro irremediavelmente turvo.

Por sorte, os artistas sempre tiveram acesso relativamente fácil ao branco graças a um dos pigmentos mais populares conhecidos pelo homem: o branco de chumbo (página 43). No primeiro

---

*N. de T. MELVILLE, H. *Moby Dick*. Trad. Irene Hirsch, Alexandre Barbosa de Souza. São Paulo: Cosac Naify, 2008.

século d.C., Plínio, o Velho, descreveu o processo de fabricação do branco de chumbo, que seguiu sendo, por muitos séculos, o branco mais usado na arte, apesar de ser extremamente tóxico. No século XVIII, o governo francês solicitou ao químico e político Guyton de Morveau que encontrasse uma alternativa mais segura; em 1782, ele relatou que um técnico de laboratório da Academia de Dijon, de nome Courtois, conseguira sintetizar um branco chamado de óxido de zinco. Entretanto, embora não fosse tóxico e não escurecesse quando exposto a gases sulfurosos, o óxido de zinco era mais transparente, secava muito lentamente em óleos e, o mais importante, custava cerca de quatro vezes o preço do branco de chumbo. Também era frágil – as finas tramas de rachaduras em muitas pinturas da época podem ser atribuídas a ele. (Winsor & Newton introduziram o óxido de zinco como pigmento para aquarela em 1834 – com o nome de Branco Chinês, para dar um toque exótico –, mas o produto não vingou. Dos 46 aquarelistas ingleses questionados em 1888, apenas 12 admitiram tê-lo usado.)[1] Um terceiro branco à base de metal teve mais sucesso. O branco de titânio, produzido em massa pela primeira vez em 1916, era ao mesmo tempo mais vivo e opaco do que seus rivais e, no final da Segunda Guerra Mundial, tinha conquistado 80% do mercado.[2] Hoje, tudo leva esse pigmento brilhante, das marcações nas quadras de tênis a comprimidos e pastas de dente, enquanto seu irmão mais velho definha na marginalidade.

 A ligação intrínseca entre a cor branca e o dinheiro e o poder é muito antiga. Os tecidos, incluindo lã e algodão, tinham que passar por processamento intenso para parecerem brancos. Apenas os muito ricos, apoiados por um batalhão de serviçais, podiam dar-se ao luxo de manter imaculados os punhos, golas e babados de renda e linho usados nos séculos XVI, XVII e XVIII. Essa conexão permanece ainda hoje. Alguém vestindo um casaco de inverno branco como a neve transmite uma mensagem visual sutil: "Não preciso pegar transporte público." Em *Chromophobia*, David

Batchelor descreve uma visita à casa de um colecionador de arte rico inteiramente decorada com a cor:

> *Existe um tipo de branco que é mais que branco, e aquele era desse tipo de branco. Existe um tipo de branco que repele tudo o que lhe é inferior, o que é quase tudo... Aquele branco era agressivamente branco.*[3]

Como ele salienta mais adiante no livro, o problema não são os tons de branco, mas o branco em abstrato, porque está associado a rótulos tirânicos como "puro". Le Corbusier, por exemplo, promulgou no livro *L'Art décorative d'aujourd'hui*, de 1925, a Lei de Ripolin: todas as paredes internas deveriam ser caiadas de branco (página 52). Ele argumentava que isso funcionaria como uma limpeza moral e espiritual para a sociedade.[4]

Para muitos, porém, o branco é visto como positivo ou como tendo uma qualidade religiosa, transcendente. É a cor da morte e do luto na cultura chinesa. No Ocidente e no Japão, as noivas usam-no porque simboliza a pureza sexual. O Espírito Santo muitas vezes é retratado como uma pomba branca que desce sobre a humanidade ignorante em uma onda de pálida luz dourada. No início do século XX, quando Kazimir Malevich estava finalizando a série *White on White*, ele escreveu:

> *[O] azul do céu foi derrotado pelo sistema supremacista, foi rompido e transformado em branco como a concepção verdadeira, real do infinito, e assim libertado da cor de fundo do céu (...) Navegue em frente! O abismo branco, livre, o infinito, está diante de nós.*[5]

Modernistas e minimalistas de ponta, de Tadao Ando, o famoso arquiteto japonês, a Calvin Klein e Jonathan Ive, da Apple, recorreram ao poder e à altivez do branco. (Steve Jobs inicialmente foi contra a maré de produtos brancos que Ive começou a produzir na virada do milênio. Por fim ele concordou com os característicos fones de ouvido e teclados em plástico "Cinza Lunar". Pensamos neles como brancos; tecnicamente, porém, eles são de um cinza muito claro.)[6] E, apesar de o branco mostrar tão facilmente a sujeira – ou, talvez, por isso mesmo –, ele também passou a ser associado à limpeza. "Produtos da linha branca", toalhas de mesa e jalecos são todos desafiadores em sua imaculada impraticabilidade, provocando os usuários a sequer pensarem em derramar algo neles. Dentistas norte-americanos queixam-se de que hoje, na busca por dentes que pareçam impecavelmente limpos, os pacientes pedem por um clareamento tão irreal que novas paletas de clareamento dentário tiveram de ser produzidas.[7]

Os alicerces da adoração arquitetônica ao branco foram construídos sobre um erro. Por séculos, a cor de osso descolorida das ruínas clássicas gregas e romanas foi a pedra angular da estética ocidental. A herança de Andrea Palladio – o arquiteto veneziano do século XVI que repopularizou conceitos supostamente clássicos – e de seus sucessores palladianos pode ser vista em todas as grandes edificações de todas as grandes cidades do Ocidente. Foi apenas em meados do século XIX que pesquisadores descobriram que as estátuas e edificações clássicas costumavam ser pintadas com cores vivas. Muitos estetas ocidentais recusaram-se a acreditar nisso. Diante da informação, o escultor Auguste Rodin teria batido no peito com tristeza e dito: "Sinto aqui dentro que elas nunca foram coloridas".[8]

Branco de chumbo

Hoje, os túmulos dos governantes da região de Goguryeo se encontram, de modo inconveniente, na fronteira entre a Coreia do Norte e a China. O povo da região era guerreiro: Goguryeo, um dos Três Reinos da Coreia, resistiu aos vastos exércitos dos seus vizinhos, governando a península e parte do sul da Manchúria do século I a.C. até o século VII. Mas o ocupante da Tumba nº 3 de Anak, representado em um retrato gigante na parede, não parece nada guerreiro. No mural de linhas finas, ele está sentado de pernas cruzadas em uma liteira e veste um manto escuro decorado com fitas vermelhas, que combina perfeitamente com as cortinas da liteira. Sua expressão é tão benigna que até parece um pouco embriagada: seus lábios se curvam sob um bigode arabesco e seus olhos são alegres e um pouco desfocados. O que é realmente notável, porém, é o quão preservada está sua imagem após 16 séculos de exposição ao ar úmido da tumba. O segredo dessa longevidade está na tinta usada pelo artista como camada de base para preparar a parede da caverna: branco de chumbo.[1]

O branco de chumbo é um carbonato de chumbo básico com estrutura molecular cristalina. Ele é espesso, opaco e pesado, e há fortes indícios de que já era fabricado na Anatólia desde aproximadamente 2.300 a.C.[2] A partir de então, ele seguiu sendo produzido no mundo inteiro usando-se o mesmo método de produção descrito por Plínio, o Velho, há 2 mil anos. Tiras de chumbo eram colocadas em um dos compartimentos de um recipiente de barro dividido em dois, específico para esse fim. No outro compartimento, colocava-se vinagre, e então os recipientes eram cobertos com esterco animal e colocados em um galpão muito bem fechado por 30 dias. Durante esse tempo, ocorria uma reação química relativamente simples. Os vapores do vinagre reagiram com o chumbo para formar acetato de chumbo; à medida que o esterco fermentava, liberava CO_2, que, por sua vez, reagia com o acetato, transformando-o em carbonato (um processo semelhante é usado para fazer verdete [página 214]).

Depois de um mês, algum pobre coitado enfrentava a fetidez e retirava as tiras de chumbo, agora cobertas por uma camada de carbonato de chumbo branco semelhante a uma massa folhada, que estava pronto para ser transformado em pó, depois em bolos e vendido.

O pigmento final era tremendamente versátil e foi utilizado na esmaltação de louças cerâmicas, em tintas e papéis de parede até o século XX. Os artistas gostavam dele porque era muito opaco e aderia bem a quase todas as superfícies; mais tarde, também porque funcionava bem com óleos (se as proporções da mistura estivessem corretas). Além disso, era barato – uma preocupação fundamental para qualquer artista que se preze. Em 1471, ao comprar alguns pigmentos em sua cidade natal, o conhecido muralista florentino Neri di Bicci pagou duas vezes e meia a mais por um boa azurita do que por *verde azzurro* (provavelmente malaquita); *giallo tedesco* (amarelo de estanho e chumbo, página 69) custava um décimo do preço da azurita, enquanto o branco de chumbo custava apenas um centésimo do custo.[3] Os artistas foram tão generosos com o uso do branco de chumbo que, hoje, quando as pinturas são radiografadas, seu contorno denso pode formar uma espécie de esqueleto dentro de uma pintura, permitindo que os técnicos vejam alterações e acréscimos posteriores.

O branco de chumbo, no entanto, tinha uma falha mortal. Escrevendo para o jornal *Philosophical Transactions*, da Royal Society, no inverno de 1678, Sir Philiberto Vernatti descreveu o destino dos envolvidos na produção do branco de chumbo:

> *Os Sintomas dos Trabalhadores são Dor imediata no Estômago, com excessivas Contorções nas Entranhas e Constipação que não cede aos Catárticos (...) Leva-os também a Febres agudas e intensa Asma ou Falta de Ar (...) Em seguida, uma Vertigem ou tontura na Cabeça, com intensa dor contínua na Fronte, Cegueira, Letargia e Afecções Paralíticas; perda de apetite, Enjôos e Vômitos frequentes, geralmente de Muco claro, às vezes misturado com Bile, até o extremo enfraquecimento do Corpo.*[4]

O testemunho do envenenamento por chumbo também não era um fenômeno recente. Nicandro, poeta e médico grego, ao descrever os sintomas no início do século II a.C., condenou "o preparado odioso... cuja cor fresca é como o rico leite que espuma para fora da tina quando ordenhado na primavera".

Aqueles que moíam e produziam o pigmento não eram os únicos a mostrar os efeitos do envenenamento por chumbo. Há muito tempo o branco de chumbo vinha sendo usado como cosmético, para deixar a pele com aparência lisa e pálida. Xenofonte escreveu de maneira desaprovadora sobre as mulheres que usavam uma "camada de *ceruse* (branco de chumbo) e mínio (chumbo vermelho)" (página 107) na Grécia do século IV a.C., e há evidências de que seus contemporâneos na China faziam uma mistura semelhante com pó de arroz para usar como base.[5] Arqueólogos e acadêmicos japoneses ainda discutem o papel que o composto venenoso pode ter desempenhado no enfraquecimento do regime Shogun, que entrou em colapso em 1868, após quase 300 anos no poder. Alguns estudiosos defendem que os bebês amamentados no peito ingeriam o chumbo usado pelas mães; amostras de ossos mostram que os esqueletos de crianças com menos de três anos contêm 50 vezes mais chumbo do que os de seus pais.[6] Ainda assim, o *ceruse* cosmético ou "Espíritos de Saturno" – basicamente, uma pasta de chumbo branco misturada com vinagre – seguiu popular por séculos. Embora pelo menos um escritor do século XVI já alertasse que o branco de chumbo deixava a pele "murcha e acinzentada",[7] as mulheres da corte da Rainha Elizabeth I mesmo assim pintavam veias azuis sobre uma camada de base pálida como pergaminho. No século XIX, as mulheres ainda encontravam no mercado uma variedade de clareadores à base de chumbo, com nomes como "A Flor da Juventude de Laird", "O Favorito de Eugenie" ou "O Tesouro do Deserto de Ali Ahmed", mesmo após a divulgação de muitas mortes, incluindo a da bela da sociedade britânica, Maria, a Condessa de Coventry.

Maria, uma mulher um tanto vaidosa, conhecida por ser uma grande usuária de bases de branco de chumbo, morreu em 1760, com apenas 27 anos.[8]

Gerações de mulheres se matando lentamente em busca de um ideal de beleza é das mais sombrias ironias. O branco de chumbo pode ter ajudado o ocupante retratado na tumba de Goguryeo a se manter preservado, mas ele já estava morto. Raras vezes o pigmento foi amigo dos vivos.

Marfim

Em 1831, um fazendeiro da Ilha de Lewis, nas Hébridas
Exteriores, Escócia, descobriu um tesouro escondido há 700 anos em uma pequena câmara de pedra em um banco de areia. Tratava-se de uma coleção de 78 peças de xadrez de conjuntos diferentes, 14 peças para um jogo semelhante ao gamão e uma fivela de cinto.[1]

As peças de xadrez de Lewis, como são conhecidas hoje, são um mistério. Ninguém sabe quem as criou ou como acabaram escondidas em uma ilha obscura.

Cada peça é uma escultura românica ímpar, de expressividade fascinante. Uma das rainhas está com a mão apoiada no rosto, como que desanimada ou concentrada; vários peões mordem seus escudos e outro olha nervosamente para a esquerda, como se tivesse ouvido um som inesperado. Cada figura ostenta um penteado sutilmente diferente, e suas roupas têm pregas estilizadas e amarrotadas. Elas parecem poder ser invocadas à vida, e foi exatamente isso que aconteceu em sua recente atuação como modelo para o jogo de xadrez dos bruxos no primeiro filme de Harry Potter. Provavelmente foram esculpidas em marfim de morsa (chamado de "dentes de peixe" nas sagas islandesas), em Trondheim, na Noruega, entre 1150 e 1200. E, embora haja vestígios do vermelho com o qual algumas das peças foram pintadas, a cor se desgastou para revelar o tom natural do próprio marfim.[2]

Seja proveniente de morsas, seja de narvais ou elefantes, o marfim é valorizado há muito tempo e, quando a caça aos elefantes se tornou um símbolo de *status*, o prestígio do marfim só cresceu. A cor lucrou com a associação. Os vestidos de noiva ocidentais costumavam ser coloridos até a Rainha Vitória usar cetim marfim com renda inglesa, em 1840. Muitas noivas seguiram o exemplo com entusiasmo. A edição de setembro de 1889 da *Harper's Bazaar* recomendava "cetim branco marfim e lampas [um tipo de tecido] (...) para casamentos no outono". Hoje a cor é mais comum do que nunca; o vestido de noiva desenhado por Sarah Burton para a Duquesa de Cambridge foi feito de cetim *duchese* marfim.

O marfim em si foi usado por milhares de anos para a produção de itens decorativos caros, como as peças de xadrez de Lewis, pentes e cabos de escova. Mais tarde, foi usado para teclas de piano, enfeites e bolas de sinuca. Os artesãos chineses usam-no para fazer esculturas incrivelmente complexas, com árvores, templos e figuras humanas, que podem ser vendidas por milhares de dólares. Tão feroz se tornou a demanda por marfim que, em 1913, só os Estados Unidos consumiam cerca de 200 toneladas da matéria-prima anualmente. Por conta de seu valor, as presas de elefante eram chamadas de "ouro branco", e as de morsa, de "ouro do Ártico".[3]

A demanda por marfim teve um alto custo para os animais que o forneciam. Em 1800, estima-se que havia cerca de 26 milhões de elefantes; antes de 1914, eram 10 milhões; em 1979, 1,3 milhão. Uma década depois, quando o comércio finalmente foi proibido no Ocidente, restavam 600 mil.[4]

A demanda segue imensa, especialmente na Tailândia e na China. Predomina a caça ilegal, que parece estar se acelerando. Estima-se que, entre 2011 e 2014, cerca de 100 mil elefantes foram mortos por conta do marfim, e cerca de 25 mil carcaças sem presas são encontradas todos os anos. Nesse ritmo, os elefantes poderão ser extintos na natureza dentro de uma década, e as morsas também estão na lista de espécies ameaçadas.

Um acréscimo bizarro ao comércio de marfim vem de um animal extinto nove mil anos antes de as peças de xadrez de Lewis serem esculpidas. Com o derretimento das geleiras e dos *icebergs* na tundra do Ártico, carcaças de mamutes-lanudos começaram a surgir aos milhares. É difícil saber os números exatos – grande parte do comércio de marfim ocorre no mercado clandestino –, mas estima-se que mais da metade do fornecimento atual de marfim da China possa ter vindo de presas de mamute-lanoso. Em 2015, uma única presa esculpida, pesando 90 kg, foi vendida em Hong Kong por US$ 3,5 milhões.

Prata

Não raro as montanhas inspiram lendas, mas poucas têm uma mística tão rica quanto o Cerro Rico de Potosí, um imponente pico vermelho na Bolívia. Não é o seu tamanho que chama a atenção – com pouco menos de 5 mil metros de altura, está longe de ser a maior montanha dos Andes –, mas o que contém. Do pé ao cume, Cerro Rico está repleto de minas de prata. Segundo a tradição, seu segredo foi descoberto por um pobre local. Enquanto procurava uma lhama perdida, em janeiro de 1545, Diego Huallpa acendeu uma fogueira para afastar o frio da noite alpina. Com o calor da chama, o chão abaixo dela começou a verter prata líquida, como sangue em um ferimento.

Por ser um metal precioso, a prata há muito tempo ocupa uma posição importante na cultura humana, e nunca deixamos de procurá-la e de encontrar usos para ela. No século XX, foi usada para evocar o futuro, as viagens espaciais e o progresso. Dos macacões brilhantes com zíper dos "Mercury 7", a primeira tripulação espacial do mundo, aos minivestidos metálicos de Paco Rabanne e à moda metalizada de André Courèges, na década de 1960, parecia que prata era a cor que todos usaríamos quando nos acostumássemos com a gravidade zero.

A prata, todavia, tem afiliações simbólicas com superstições antigas tanto quanto com um futuro imaginado. No folclore escocês, um ramo de prata com flores brancas ou maçãs prateadas poderia funcionar como um passaporte para o mundo das fadas.[1] Acreditava-se também que o metal era capaz de detectar venenos, mudando de cor se entrasse em contato com um deles. Essa crença tornou-se tão difundida que os talheres de prata se tornaram moda e depois o padrão. O primeiro registro do uso de bala de prata para afastar as forças do mal data de meados do século XVII, quando a cidade de Greifswald, no nordeste da Alemanha, foi praticamente invadida por lobisomens. Com a diminuição da população, parecia que a cidade inteira teria que ser abandonada, até que um grupo de estudantes produziu pequenas bolas de mosquete com o metal precioso. Hoje, a prata está solidamente incorporada à semiótica dos filmes de terror, eficaz contra todos os tipos de seres, de lobisomens a vampiros.[2]

Talvez tais superstições decorram da ligação da prata com a noite. Enquanto seu irmão mais ilustre, o ouro (página 86), é tradicionalmente associado ao Sol, a prata é equiparada à Lua. Como parceria, isso faz muito sentido. O brilho da prata também flutua em ciclos alternados de polimento e escurecimento. Em um minuto é brilhante e reflexiva, em outro é eclipsada por uma película preta de sulfeto de prata. Há algo nessa imperfeição que a torna mais humana: parece que ela tem um ciclo de vida e, assim como nós morremos, também morre o seu brilho.[3]

Embora o metal ocorra naturalmente – a sensação de encontrar uma pepita brilhante no solo deve ser a de receber um presente da própria Terra –, ele é mais frequentemente misturado com outros elementos, formando minérios e ligas sutilmente brilhantes, e extraído por fundição. No Egito, foram encontradas contas e outros pequenos objetos de prata datados do período Neolítico; estes se tornaram mais comuns nos séculos XX e XIX a.C.[4] Um achado arqueológico egípcio continha 153 recipientes de prata, 9 kg do metal no total.[5] Desde então a prata tem sido utilizada em joias, medalhas, elementos decorativos de roupas e moedas.

A prosperidade do império espanhol por quase 500 anos deveu-se à prata extraída das Américas do Sul e Central. (Os espanhóis até nomearam um país em homenagem ao metal: Argentina deriva do latim *argentum*, que significa prateado.) Entre os séculos XVI e XVIII, os conquistadores exportaram cerca de 150 mil toneladas de prata, o que representava aproximadamente 80% do suprimento mundial, e financiaram guerras e novas conquistas, tanto coloniais quanto contra rivais europeus. Para extrair minério de prata de Cerro Rico, uma das duas minas mais lucrativas do império, os espanhóis exploravam a mão de obra indígena. Utilizando uma versão do sistema de trabalho forçado *mita*, que os Incas usaram para construir templos e estradas, os espanhóis exigiam que os habitantes locais com mais de 18 anos de idade trabalhassem durante um ano em troca de pagamentos de subsistência. Acidentes e envenenamento por mercúrio eram comuns. Os espanhóis vangloriavam-se dizendo que, com a prata extraída de Cerro Rico, poderiam ter construído uma ponte sobre o Atlântico até sua terra natal e, ainda assim, teriam prata para transportar sobre ela. Para os locais, Cerro Rico tinha uma reputação bastante diferente. Para eles, era "a montanha que devora homens".

Cal

Em maio de 1894, o medo tomou conta das ruas estreitas de Hong Kong. Praga. A doença, em sua terceira e última grande pandemia, espalhou-se dispersamente pela China continental por 40 anos antes de se materializar na ilha.[1] Não havia dúvidas quanto aos sintomas: primeiro, calafrios e febre semelhantes aos da gripe, depois dores de cabeça e dores musculares. A língua inchava e ficava coberta por uma penugem clara. O apetite desapareceria. Vômitos e diarreia – muitas vezes com sangue – seguiam rapidamente e, o que é mais característico da doença, gânglios linfáticos de virilha, pescoço e axilas ficavam inchados, macios e doloridos.[2] A morte era frequente e agonizante.

Com a causa exata e mesmo os meios de transmissão ainda desconhecidos, aqueles que lutavam contra a doença perdiam a esperança de estancar o seu curso. Voluntários vasculhavam becos em busca de corpos, cuidavam dos doentes em hospitais de campanha para isolamento e começaram a caiar intensamente as ruas e casas das áreas infectadas.[3]

A cal é a tinta mais barata disponível, feita a partir de uma mistura de cal (calcário triturado e aquecido) e cloreto de cálcio ou sal, combinados com água. Em 1848, quando a Grã-Bretanha enfrentava ondas de gripe e tifo, estimou-se que o custo para pintar um cortiço inteiro, por dentro e por fora, seria de sete centavos – cinco e meio sem a mão de obra.[4] A cal funciona, mas não muito bem: descasca e tem que ser reaplicada todos os anos, e, se a proporção dos ingredientes não estiver correta, pode transferir para as roupas. Por suas qualidades desinfetantes, sempre foi popular entre os produtores de leite, que a usavam para revestir o interior de celeiros e galpões. O ditado "Muito orgulhoso para caiar, muito pobre para pintar", expressão geralmente associada ao Kentucky assolado pela pobreza, dá uma boa ideia da posição social do material. Seu estrelado na literatura veio como coadjuvante para a astúcia do herói homônimo de *As Aventuras de Tom Sawyer*, de Mark Twain, publicado originalmente em 1876. Depois de ficar muito sujo em uma briga, tia Polly manda Tom pintar "Trinta metros de cerca, com tábuas de mais de dois metros de altura":

Suspirando, molhou a brocha e a deslizou pela parte superior da madeira; repetiu a operação; fez tudo de novo; comparou o insignificante trechinho já caiado com toda a extensão de cerca por cobrir e desabou em um canteiro, desanimado.[5]

Tom, é claro, consegue manipular os amigos para que terminem o trabalho, mas o simbolismo de sua punição é revelador.

Tia Polly não foi a primeira a usar cal como penitência pelos pecados percebidos. Durante a Reforma Anglicana, as igrejas e os paroquianos usaram-na para cobrir murais coloridos e retábulos que representavam santos de maneiras que passaram a ser consideradas ímpias. (Ao longo dos anos, com o desgaste da tinta, os rostos começaram a aparecer de novo.) Essa prática talvez explique a origem da expressão "caiar" com o sentido figurado de "mascarar" (verdades desagradáveis, geralmente de natureza política).

Para aqueles envolvidos no combate às epidemias, porém, apagar a pestilência com um balde de cal leitosa e desinfetante deve ter sido profundamente reconfortante, até mesmo ritualístico. Será coincidência que os jalecos brancos tenham sido adotados por médicos mais ou menos por essa época e tenham se tornado um símbolo visual da profissão?

Isabelina

Isabella Clara Eugenia era, para os padrões de sua época, excepcionalmente bela. Como a sua quase contemporânea inglesa, a rainha Elizabeth I, era muito pálida, com cabelos finos cor de fogo, apenas uma mera sugestão de prognatismo mandibular e uma testa alta e larga. Também era poderosa e governava uma grande área do norte da Europa, denominada de Países Baixos Espanhóis.[1] Por tudo isso, parece injusto que seu homônimo no mundo das cores seja um branco amarelado encardido. Como descreveu o autor de *A History of Handmade Lace*, em 1900: "[é] uma cor de café aguado ou, em uma linguagem mais simples, cor de sujeira".[2]

Em 1601, o marido de Isabella, o Arquiduque Alberto VII da Áustria, iniciou o cerco de Ostende. Diz a lenda que Isabella, acreditando que o cerco duraria pouco, jurou não trocar nem lavar sua roupa íntima até que ele vencesse. Isabelina seria a cor dos lençóis da rainha quando o cerco finalmente terminou, três anos depois.[3] Para a sorte da pobre rainha, não é difícil encontrar provas de que a história não tem o menor cabimento. O relato só apareceu impresso no século XIX – uma eternidade em tempos de telefone sem fio –, e a culpa pode ser de dois vestidos nesse tom encontrados no guarda-roupa da Rainha Elizabeth I. Inventários, um deles feito um ano antes do início do cerco, mostram que ela tinha um *kirtle* isabelina (um vestido longo ou túnica; eram 126 no total) e um "vestido redondo de cetim cor Isabelina (...) ornado com contas de prata".[4]

Lama, no entanto, mancha e, por isso, apesar do endosso real, a cor teve uma carreira curta na moda. Mas ela encontrou outro nicho nas ciências naturais, particularmente nas descrições de animais. Os cavalos palomino claros e os ursos pardos do Himalaia são isabelinos, e existem várias espécies de aves, incluindo *Oenanthe isabellina* ou chasco isabel, que devem seus nomes à cor de sua plumagem parda clara. "Isabelinismo" também é o nome de uma mutação genética que torna as penas que deveriam ser pretas, cinzas ou marrom-escuras em uma cor amarelada pálida. Um grupo conhecido de vítimas é formado por alguns pinguins-rei da Ilha Marion, na Antártida.[5] Entre os animais amontoados na ilha, os mutantes pálidos são os que se destacam claramente, são os fracos, e qualquer um que já tenha assistido a documentários de história natural sabe o que costuma acontecer com eles. De fato, um legado um tanto duvidoso para a pobre Arquiduquesa Isabella.

Calcário

Se você visualizasse no microscópio uma amostra diminuta de tinta retirada da obra de algum grande mestre da pintura, provavelmente veria algo totalmente inesperado e muito mais antigo do que a própria tinta: nanofósseis, os resquícios de criaturas marinhas unicelulares chamadas de cocolitóforos. E como é que eles foram parar lá? Calcário.

O calcário se forma a partir do lodo marinho, que é composto, em grande parte, por algas unicelulares que se sedimentaram no leito do oceano e foram se decompondo ao longo de milhões de anos, criando uma rocha macia de carbonato de cálcio.[1] Há um vasto depósito no sul e no leste da Inglaterra – responsável pelas falésias brancas de Dover – e no noroeste da Europa. Ele é extraído em grandes blocos, que são expostos à ação do intemperismo, o que ajuda a separar as lascas de pedra. A pedra então é triturada na água, lavada e deixada para descansar em grandes cubas. Depois de drenado e seco, o calcário é separado em camadas. A camada superior, a mais fina e branca, é vendida como branco Paris; a logo abaixo, um pouco menos fina, é branco dourado extra. Ambos são usados como pigmentos por artistas. A camada mais grossa, usada em tintas mais baratas e materiais de construção, é vendida como branco comercial.[2]

O químico e colorista George Field tinha pouca consideração pelo calcário. É "usado pelo artista apenas como creiom", escreveu em sua *Chromatography*, de 1835.[3] Outros foram menos presunçosos. Arnold Houbraken, artista e biógrafo holandês, escreveu em 1718: "Diz-se que Rembrandt certa vez pintou um retrato usando uma quantidade tão grande de tinta que era possível levantá-lo do chão pelo nariz."[4] Isso graças ao calcário, que o artista empregou para encorpar as tintas de modo que se sobressaíssem da tela e para deixar as camadas de velatura mais transparentes – por ter um baixo índice de refração, o calcário fica quase totalmente translúcido em óleos.[5] Ele também era frequentemente usado como camada de base, sozinho ou como parte de uma mistura da família do gesso Paris.⁶ Embora a base estivesse escondida sob o produto final, ela ajudava a garantir que as obras, em especial os murais, não se degradariam tão rapidamente a ponto de o cliente exigir o dinheiro de volta. O escritor do século XV Cennino Cennini dedica muitas páginas de seu *Il libro dell'arte* ao detalhamento carinhoso da preparação de diferentes graus de gesso. Um deles, o *gesso sottile*, precisava ser mexido diariamente por mais de um mês antes de ficar pronto, mas, como o autor garantiu aos seus leitores, o esforço valia a pena: "se tornará macio como seda".⁷

Mesmo sem essa preparação carinhosa, o calcário tem uma longa história de uso na arte. O Cavalo Branco de Uffington, por exemplo, é uma das imagens estilizadas feitas em calcário criadas na Europa durante a Baixa Idade do Bronze . Ele ainda paira no alto de uma encosta na orla de Berkshire Downs, no sul da Inglaterra. Em meio a temores de que pudesse ser usado para a prática de tiro pela Luftwaffe, o cavalo foi encoberto durante a Segunda Guerra Mundial. Quando a guerra terminou, William Francis Grimes, professor de arqueologia galês, foi encarregado de desenterrá-la.⁸ Grimes acreditava, como muitos ainda acreditam, que a imagem estava esculpida diretamente na encosta; ele descobriu, no entanto, que ela foi meticulosamente construída abrindo-se trincheiras rasas e enchendo-as com calcário. (Na verdade, o processo foi descrito em detalhes por Daniel Defoe no século XVII, mas ninguém lhe deu atenção.)⁹

Ainda há muito a se descobrir sobre o Cavalo Branco. Por que, por exemplo, as pessoas que o fizeram se empenharam tanto nessa tarefa? E por que razão, apesar de tantas outras coisas terem mudado, foi "remexido", ou teve seu calcário renovado, pela população local pelo menos uma vez em cada geração por três milênios?¹⁰ Os microscópios podem ter revelado a base preferida dos grandes mestres, mas o calcário ainda oculta segredos em suas profundezas.

Bege

A Dulux, marca de tintas inglesa, vende uma variedade astronômica de cores para clientes não comerciais. Para os amantes do bege, folhear as grossas cartelas de cores da marca é um grande deleite. Se "Balanço de Corda", "Bolsa de Couro", "Cevada Noturna" ou "Artefato Antigo" não agradam, "Fóssil Escovado", "Juta Natural", "Trench Coat", "Velas Nórdicas" ou qualquer outra das várias centenas disponíveis podem agradar. Quem olha com pressa ou sem interesse para uma lista infindável de nomes sugestivos pode ficar meio perdido: nenhum desses amarelos desbotados se chama "bege".

Será porque a palavra em si já soa meio sem graça? (Os profissionais de *marketing* têm bom ouvido para esse tipo de coisa.) A palavra foi emprestada do francês em meados do século XIX e se referia a uma espécie de tecido de lã de ovelha não tingida. Como já aconteceu muitas vezes, o "bege" também se ligou à cor, que em raras ocasiões parece ter incitado grandes paixões. No final do outono de 1889, a revista *London Society* mencionou que a cor estava em voga, embora apenas porque "combina agradavelmente com os elegantes tons de marrom e dourado".[1] Hoje, pouco é mencionada na moda, tendo sido deixada de lado por sinônimos mais glamorosos.

Era, no entanto, o tom favorito de Elsie de Wolfe, a *designer* de interiores da década de 1920 a quem se atribui a invenção da profissão. Ao ver pela primeira vez o Partenon de Atenas, ela se encantou e exclamou: "É bege! Minha cor!". Mas, embora ela não estivesse sozinha – a cor surge em muitas das principais paletas do século XX –, o bege tem sido usado principalmente como coadjuvante de cores com mais personalidade.[2] Quando dois cientistas pesquisaram mais de 200 mil galáxias e descobriram que o universo, tomado no todo, tem um tom de bege, logo buscaram um nome mais sexy. As sugestões incluíam "caramelo do *big bang*" e "céu de marfim", mas no final decidiram por "*latte* cósmico".[3]

Eis o cerne do problema de imagem do bege: ele é despretensioso e seguro, mas profundamente sem graça. Qualquer pessoa que já tenha passado um tempo visitando imóveis para alugar logo começa a detestar essa qualidade – em algumas horas, todos parecem se fundir em um mar de inofensividade. Um livro recente com dicas para aumentar o potencial de venda de imóveis chega ao ponto de desaconselhar seu uso. O capítulo sobre cor abre com um discurso inflamado contra o domínio tirânico do bege no mercado imobiliário. "Parece que", conclui o autor, "de alguma forma o *bege* é interpretado como *neutro* – uma cor indistinta que agradará a todos".[4] Na verdade, a situação é ainda pior: a expectativa não é que todos *gostem* da cor, mas que ela não *ofenda* ninguém. Poderia ser a cor-conceito da burguesia: convencional, hipócrita e materialista. É estranhamente apropriado, então, que o bege tenha evoluído de cor de cordeiro para ser a cor adotada pelos "cordeiros". Existe algum outro tom tão sugestivo dos instintos de rebanho que afloram em nosso consumismo monótono e de bom gosto? Não admira que os nomes das cores da Dulux o evitem: bege é entediante.

Loiro
Amarelo de estanho e chumbo
Amarelo indiano
Amarelo ácido
Amarelo de Nápoles
Amarelo de cromo
Gamboge
Ouro-pigmento
Amarelo imperial
Ouro

Amarelo

Oscar Wilde foi preso em frente ao Cadogan Hotel, em Londres, em abril de 1895. No dia seguinte, a *Westminster Gazette* publicou a manchete: "Prisão de Oscar Wilde – preso com livro amarelo debaixo do braço". Wilde seria considerado oficialmente culpado por conduta obscena um pouco mais de um mês depois, período no qual o tribunal da opinião pública já o havia condenado. Que homem decente seria visto pelas ruas portando abertamente um livro amarelo?

O senso de imoralidade atribuído a esses livros vinha da França, onde, desde meados do século XIX, a literatura sensacionalista era comprimida de forma nada recatada entre capas em amarelo vibrante. Editores adotaram essa estratégia como ferramenta de *marketing*, e logo os livros de capa amarela podiam ser adquiridos a um preço em conta em qualquer estação de trem. Em 1846, o autor americano Edgar Allan Poe já escrevia com desdém sobre a "eterna insignificância da panfletagem com capa amarela". Para outros, as capas ensolaradas eram símbolos da modernidade e dos movimentos Esteticismo e Decadentismo.[1] Os livros amarelos figuram em duas pinturas de Vincent van Gogh da década de 1880, *Natureza morta com Bíblia* e, amontoados em pilhas convidativamente bagunçadas, *Romances parisienses*. Para Van Gogh e muitos outros artistas e pensadores da época, a cor em si passou a ser o símbolo da época e de sua rejeição aos valores vitorianos reprimidos. "The Boom in Yellow", um ensaio publicado no final da década de 1890 por Richard Le Gallienne, dedica 2 mil palavras a uma defesa da cor. "Até que paremos para pensar nisso", escreve ele, "mal percebemos quantas coisas importantes e agradáveis na vida são amarelas". Ele foi persuasivo: a última década do século XIX ficou mais tarde conhecida como os "Yellow Nineties" (anos noventa amarelos).

Já os tradicionalistas estavam bem menos entusiasmados. Os livros amarelos exalavam um forte cheiro de transgressão, e a vanguarda pouco fez para apaziguar o medo que ela provocava (para eles, a transgressão era metade do problema). No romance *O retrato de Dorian Gray*, publicado em 1890, o anti-herói de Wilde entra em uma espiral moral da qual não consegue mais sair. No momento em que o narrador chega à sua encruzilhada ética definidora, um amigo lhe dá um livro de capa amarela, que abre os olhos dele para "os pecados do mundo", corrompendo-o e, por fim, destruindo-o. Explorando essa associação, o atrevido periódico vanguardista *The Yellow Book* foi lançado em abril de 1894.[2] Holbrook Jackson, jornalista da época, escreveu que a revista "era o ápice da novidade: inovação nua e crua (...) o amarelo se tornou a cor do momento".[3] Após a prisão de Wilde, uma multidão invadiu o escritório dos editores na Rua Vigo, acreditando que eles eram responsáveis pelo "livro amarelo" mencionado pela *Gazette*.[4] Na verdade, Wilde carregava um exemplar do livro *Aphrodite*, de Pierre Louÿs, e jamais havia contribuído para a publicação. Depois de uma discussão, o diretor de arte e ilustrador da revista, Aubrey Beardsley, vetou Wilde – que respondeu chamando o periódico de "entediante" e "nada amarelo".

A condenação de Wilde (e o fracasso logo após do *The Yellow Book*) não foi a primeira vez que a cor foi associada com contaminação, e estava longe de ser a última. Os artistas, por exemplo, tiveram inúmeras dificuldades com ela. Dois pigmentos de que dependiam, ouro-pigmento (página 82) e *gamboge* (página 80), eram extremamente venenosos. Supunha-se, até meados do século XX, que o amarelo de Nápoles (página 76) provinha do orifício sulfuroso do Monte Vesúvio, e o pigmento muitas vezes se tornava preto quando usado como tinta; o amarelo de pedra de fel era feito de pedras das vesículas biliares bovinos, trituradas e moídas em água de goma; e o amarelo indiano (página 71) provavelmente era feito de urina.[5]

Nas pessoas, a cor indica doença: pense em pele descorada, icterícia ou crise biliar. Quando aplicado a fenômenos de massa ou grupos, as conotações são ainda piores. Atrelado ao "jornalismo", indica sensacionalismo barato. O fluxo de imigrantes para a Europa e a América do Norte vindos do Oriente e, particularmente, da China no início do século XX, foi apelidado de "perigo amarelo". Relatos e imagens contemporâneos mostravam um Ocidente desavisado, engolfado por uma horda subumana – Jack London chamava-os de "populacho amarelo grazina".[6] E, embora a estrela que os nazistas obrigaram os judeus a usarem seja o exemplo mais notório do amarelo como símbolo de estigma, desde o início da Idade Média, grupos marginalizados foram forçados a portar roupas ou símbolos amarelos.

Perversa e simultaneamente, porém, o amarelo também tem sido uma cor de valor e beleza. No Ocidente, por exemplo, o cabelo loiro (página 67) há muito é considerado o ideal. Economistas demonstraram que prostitutas de cabelos claros podem cobrar mais, e há proporcionalmente muito mais loiras em anúncios publicitários do que sua distribuição entre a população em geral. Embora na China os materiais impressos "amarelos", como livros e imagens, muitas vezes sejam pornográficos, um tom específico de gema de ovo (página 84) era a cor preferida dos seus imperadores. Um texto do início da dinastia Tang (618–907 d.C.) proíbe expressamente que "pessoas comuns e oficiais" usem "roupas ou acessórios em amarelo avermelhado"; já os palácios reais destacavam-se por seus telhados amarelos.[7] Na Índia, o poder da cor é mais espiritual do que temporal – é um símbolo de paz e conhecimento, e está associada a Krishna, que costuma ser retratado vestindo um manto amarelo vibrante sobre sua pele azulada. O historiador da arte e escritor B. N. Goswamy descreveu-a como "a rica cor luminosa [que] unifica as coisas, eleva o espírito e ergue as visões".[8]

Talvez seja em sua encarnação metálica, porém, que o amarelo tenha sido mais cobiçado. Por séculos, alquimistas tentaram transmutar outros metais em ouro, e as receitas para falsificar o material são inúmeras.⁹ Os locais de culto utilizaram tanto o seu brilho aparentemente eterno como o seu valor material para inspirar admiração entre as suas congregações. Artesãos medievais e do início da era Moderna conhecidos como batedores de ouro martelavam moedas desse material até elas virarem folhas tão finas quanto teias de aranha, que podiam ser usadas para dourar o fundo de pinturas, um negócio altamente especializado e caro.

Embora a cunhagem de moedas tenha perdido a sua ligação com o ouro, prêmios e medalhas ainda tendem a ser de ouro (ou folheados a ouro), e o valor simbólico da cor também deixou sua marca na linguagem: falamos de eras de ouro, de meninos e meninas de ouro e, em negócios, de apertos de mão e despedidas de ouro. Na Índia, onde o ouro muitas vezes faz parte dos dotes e tem sido tradicionalmente utilizado pelos pobres no lugar de uma conta poupança, as tentativas do governo de impedir que as pessoas o acumulem resultaram em um mercado clandestino saudável e em uma criativa linha de contrabando. Em novembro de 2013, 24 barras brilhantes, avaliadas em mais de US$ 1 milhão, foram encontradas no banheiro de um avião.¹⁰ Le Gallienne observou em seu ensaio que "o amarelo leva uma vida itinerante e versátil" – é difícil discordar, mesmo que isso provavelmente não seja o que o escritor tinha em mente.

Loiro

Rosalie Duthé, a primeira pessoa conhecida como loira burra, nasceu na França em meados do século XVIII. Famosa por sua beleza, mesmo quando criança, foi enviada pelos pais a um convento para ficar longe de problemas. Em pouco tempo, porém, ela de alguma forma chamou a atenção de um rico financista inglês, o Terceiro Conde de Egremont, e fugiu do convento sob a proteção dele. Quando o dinheiro dele acabou, ela se tornou uma cortesã famosa tanto pela burrice quanto pela disposição para posar para retratos de nu. Em junho de 1775, foi ridicularizada no Theatre de l'Ambigu, em Paris, em uma sátira de um ato chamada *Les Curiosités de la foire*. Após assistir à peça, Rosalie ficou tão envergonhada que teria oferecido um beijo a quem pudesse restaurar a sua honra, mas ninguém o fez.[1]

Embora tenha um fundo de verdade, a lenda de Rosalie ilustra a maneira como loiras, tal como minorias em geral (estima-se que apenas 2% da população mundial seja naturalmente loira) são, ao mesmo tempo, atacadas e veneradas pela sociedade. Em meados do século XX, os nazistas defenderam o ideal do ariano de olhos azuis e cabelos claros como o apogeu da humanidade. Uma exposição assustadora no Stadtmuseum de Munique inclui uma tabela de cores de cabelo utilizada em um dos testes concebidos para ajudar a identificar aqueles com as características físicas arianas que o Führer queria propagar em sua raça superior.

Pessoas loiras, principalmente as mulheres, são frequentemente associadas à luxúria. Na Grécia antiga, as prostitutas de alta classe – *hetairai* – descoloriam os cabelos usando misturas nocivas, como água potássica e caldo de flores amarelas.[2] Também as prostitutas romanas clareavam os cabelos ou usavam perucas loiras.[3] Mais recentemente, uma pesquisa de 2014 sobre os valores por hora praticados por prostitutas em todo o mundo mostrou que aquelas com cabelos loiros naturais ou de aparência natural podiam cobrar muito mais do que as com qualquer outra cor de cabelo.[4]

Nas pinturas da Queda, Eva, a pecadora original da Bíblia, é mais comumente retratada com cachos dourados que não escondem nada; seu contraponto, a Virgem Maria, tende a ser morena, envolta dos pés à cabeça em um rico tecido (página 182). John Milton se baseou nesse simbolismo para escrever *Paraíso perdido*, publicado em 1667. As "desgrenhadas tranças, cor de ouro e soltas" de Eva "livremente ondeiam"*, refletindo o enrolar da serpente à espreita.

Anita Loos, roteirista americana nascida em 1889, também não era fã de loiras. Foi uma loira quem roubou o jornalista e intelectual Henry Mencken bem debaixo do seu nariz. A vingança veio na forma de uma coluna de revista, que se tornou um romance em 1925, depois uma peça de teatro e, por fim, o filme estrelado por Marilyn Monroe, em 1953. O enredo é simples: a atraente Lorelei Lee, anti-heroína de *Os homens preferem as loiras*, pula de um milionário a outro e, embora não seja nada boba quando se trata de dinheiro – "Posso ser inteligente quando é importante", diz olhando para uma tiara de diamantes –, é decididamente tola com todo o resto. A bordo de um barco indo para a Europa, ela parece saber pouco sobre as coisas da vida: "a maioria dos marinheiros parece ter órfãos, surgidos no momento em que esses marinheiros partem para mares agitados".[5]

Deusas, heróis e heroínas de contos de fadas e modelos são desproporcionalmente louros. Garçonetes loiras recebem gorjetas maiores, segundo um estudo.[6] E para quem não teve a sorte de nascer com o requisito A (adenina) no lugar de um G (guanina) no cromossomo 12, sempre há tintura de cabelo.[7] Como dizia a modelo com penteado volumoso dos anúncios da marca de tintura de cabelo Clairol, dos anos 1960: "Se eu tiver apenas uma vida, deixe-me vivê-la como loira".

---

* N. de T. MILTON, J. *Paraíso perdido*. Trad. António José de Lima Leitão. São Paulo: Martin Claret, 2021.

Amarelo de estanho e chumbo

Existem muitos mistérios no mundo da arte: a identidade da *Garota com brinco de pérola,* de Vermeer; o paradeiro de *Natividade com São Francisco e São Lourenço,* de Caravaggio (página 250); quem realizou o assalto ao Museu Isabella Stewart Gardner, em 1990, para citar apenas alguns. Um mistério que chamou pouca atenção do público e que ainda não foi totalmente resolvido é o curioso caso do amarelo que desapareceu.

Peter Paul Rubens e Isabella Brant casaram-se na Abadia de São Miguel, em Antuérpia, na Bélgica, em 3 de outubro de 1609. Isabella era filha de Jan Brant, um cidadão importante; Rubens tinha acabado de retornar de uma frutífera estadia de oito anos na Itália, onde aprimorou suas habilidades como artista. Ele tinha um grande ateliê na Antuérpia e acabara de ser nomeado pintor da corte. O retrato duplo que Rubens pintou de si e de sua nova esposa transborda amor e confiança. Isabella porta um vistoso chapéu de palha, um grande rufo no pescoço e uma longa estomaqueira bordada com flores amarelas; Rubens – com a mão direita segurando a da esposa, a esquerda repousando sobre o punho de uma espada – veste um rico gibão com mangas de seda com reflexos amarelos e azuis e um par de meias alaranjadas um pouco extravagantes. O pigmento que Rubens usou para todos esses toques simbólicos de amarelo dourado foi o amarelo de estanho e chumbo.[1]

Ele estava longe de ser o único a depender da cor: ela foi o principal amarelo do século XV até meados do XVIII. Surgiu pela primeira vez por volta de 1300, aparecendo mais tarde em Florença, em pinturas atribuídas a Giotto, e depois nas obras de Ticiano, Tintoretto e Rembrandt.[2] A partir de cerca de 1750, porém, e sem razão aparente, seu uso começou a diminuir, e o pigmento simplesmente desapareceu das obras dos séculos XIX e XX. Mais intrigante ainda é que, antes de 1941, ninguém sequer sabia de sua existência.[3]

Parte da razão para isso é que o pigmento que hoje chamamos de amarelo de estanho e chumbo não era conhecido por um nome específico. Na Itália, era conhecido como *giallorino* ou *giallolino*; em fontes do norte da Europa, às vezes era chamado de massicote, em outras, *genuli* ou *plygal*.[4] Esses termos às vezes também eram usados para outros pigmentos, como o amarelo de Nápoles (página 76). Para aumentar a confusão, outro amarelo à base de chumbo, o óxido de chumbo (PbO), também era conhecido como massicote.[5] Uma segunda razão pela qual a cor passou tanto tempo fora do radar dos historiadores da arte é que, até ao século XX, os testes disponíveis para os restauradores e os pesquisadores não permitiram identificar todos os ingredientes de uma tinta. Se fosse encontrado chumbo em uma tinta amarela, presumia-se que fosse o amarelo de Nápoles.

Devemos nosso conhecimento da existência do amarelo de estanho e chumbo a Richard Jacobi, pesquisador do Doerner-Institute, em Munique. Por volta de 1940, durante pesquisas, ele encontrou estanho repetidamente em amostras de amarelo de várias pinturas.[6] Intrigado, começou a fazer experimentos para ver se conseguia recriar o misterioso pigmento amarelo. Ele descobriu que, ao aquecer três partes de monóxido de chumbo com uma parte de dióxido de estanho, um amarelo começava a se formar.[7] Se a mistura fosse aquecida entre 650 e 700 °C, o composto produzido era mais avermelhado; entre 720 e 800 °C, era mais cítrico. O produto final era um pó amarelo pesado, muito opaco em óleos e estável, não sendo afetado pela exposição à luz. Como bônus, era, tal como o branco de chumbo (página 43), barato de produzir e acelerava a secagem da tinta a óleo.[8] Quando Jacobi publicou as suas descobertas, em 1941, o mundo da arte ficou pasmo. No entanto, como acontece com todos os bons enigmas, muitas dúvidas persistem. Como e por que se perdeu o segredo de sua fabricação? Por que os artistas começaram a usar o amarelo de Nápoles, que até mesmo seus admiradores admitiam ter muitas falhas? As respostas permanecem incertas, mas não há dúvida de que este era o amarelo dos grandes mestres.

Amarelo indiano

Apesar de todo o seu brilho ensolarado, o amarelo indiano tem uma história obscura. Embora muitos pintores indianos, especialmente das tradições Rajasthani e Pahari, tenham usado este pigmento nos séculos XVII e XVIII, ninguém sabe ao certo de onde ele veio ou por que deixou de ser usado.[1] Para os ocidentais, assim como o *gamboge* (página 80), com o qual se parecia muito, ele era um produto do comércio e do império.[2] Começou a chegar à Europa vindo do Oriente no final dos anos 1700, na forma de bolas empoadas de cor mostarda podre, com centros brilhantes como gema e um fedor característico de amônia. Tão forte era seu cheiro que os destinatários – coloristas como George Field e Winsor & Newton – teriam sido capazes de adivinhar o conteúdo das encomendas assim que começavam a desembrulhá-las.

Ainda que o colorista francês Jean François Léonor Mérimée admitisse que o odor era muito parecido com o da urina, ele não chegou a estabelecer uma ligação definitiva.[3] Outros tiveram menos pudor. A *New Pocket Cyclopædia* de 1813 aventurou-se a dizer que "[é] – dizem – uma secreção animal".[4] Um conhecido do artista inglês Roger Dewhurst disse-lhe, na década de 1780, que o amarelo indiano era, possivelmente, feito de urina de animais e aconselhou-o a lavar o pigmento com afinco antes do uso.[5] George Field não teve tanta cautela: "É produzido da urina do camelo". Mas mesmo ele não tinha certeza: "Também já foi atribuído à urina do búfalo, ou vaca indiana."[6] Na década de 1880, Sir Joseph Hooker, o mordaz explorador e botânico vitoriano, decidiu que precisava de uma resposta mais definitiva ao enigma do amarelo indiano e de seu cheiro peculiar. Ocupando o cargo de diretor do Kew Gardens, o Jardim Botânico Real, Hooker decidiu fazer algumas perguntas.

Em 31 de janeiro de 1883, ele enviou uma carta para o Escritório da Índia. Nove meses e meio depois, quando Hooker já tinha se esquecido do pigmento obscuro, veio uma resposta.[7] A meio mundo de distância, Trailokyanath Mukharji, um funcionário público de 36 anos, viu a carta de Hooker e partiu para a ação. O "amarelo indiano" ou *piuri*, informou Mukharji a Hooker, era usado na Índia para pintar paredes, casas, gradis e, muito ocasionalmente, tingir roupas (embora o cheiro impedisse que este último uso se popularizasse).[8] Ele seguiu as pistas das misteriosas bolas amarelas até chegar ao que disse ser seu único ponto de origem: Mirzapur, um pequeno subúrbio de Monghyr, uma cidade em Bengala. Lá, um pequeno grupo de *gwalas* (leiteiros) cuidava de um rebanho de vacas malnutridas alimentadas apenas com folhas de manga e água. Com essa dieta, as vacas produziam uma urina amarela extraordinariamente luminosa – cerca de três litros por dia por vaca –, que os *gwalas* recolhiam em pequenos potes de barro. Todas as noites, eles ferviam e coavam a urina e enrolavam o sedimento em bolas, que eram torradas ao fogo brando e deixadas para secar ao sol.[9]

Hooker encaminhou a carta de Mukharji à Royal Society of Arts, que a publicou em seu periódico no mesmo mês – mas o mistério se recusou a dar-se por resolvido. Pouco tempo depois, o pigmento desapareceu por completo e, embora se acreditasse que a prática tivesse sido proibida, nenhum registro de tais leis foi encontrado. Mais estranho ainda, pesquisas da época feitas na região por autoridades britânicas, detalhadas o suficiente para observar o número de vacas adultas e a destruição causada pela sífilis na cidade vizinha, Shaikpoora, não fizeram qualquer menção a essas valiosas vacas ou às bolas amarelas feitas do conteúdo de suas bexigas.[10] Victoria Finlay, escritora britânica, decidiu refazer os passos de Mukharji em 2002, mas não descobriu nada. Nenhum dos habitantes modernos de Mirzapur – incluindo os *gwalas* locais – tinha a menor ideia do que era *piuri*. Talvez, pensou Finlay, Mukharji fosse um nacionalista zombando graciosamente dos crédulos britânicos.[11]

É pouco provável. Mukharji trabalhou para o Departamento de Receita e Agricultura, que, apesar do nome conservador, era comparativamente progressista ao promover profissionais indianos e confiar neles. Poucos meses antes de escrever a carta a Hooker, ele havia produzido o catálogo para a Exposição de Amsterdã de 1883, e faria o mesmo para a Exposição Colonial e Indiana de 1886 e outra realizada dois anos depois em Glasgow.[12] Ele também se tornou curador-assistente na seção de Arte e Economia do Indian Museum de Londres e, em 1887, doou uma coleção de quase mil minerais e amostras botânicas ao National Museum of Victoria, na Austrália. Ele até presentou a Rainha Vitória com uma cópia de seu livro, *A Visit to Europe*, em 1889 – ações pouco prováveis para um nacionalista rígido. Pode ser que, enquanto escrevia seu relato sobre as pobres vacas e o pigmento amarelo brilhante produzido a partir da urina delas, ele suspeitasse que ninguém acreditaria nele. Talvez seja por isso que enviou o relatório a Sir Joseph com provas: algumas bolas de pigmento que comprou dos *gwalas*, um pote de barro, folhas de manga e uma amostra da urina das vacas, que chegaram no dia 22 de novembro 1883. Embora a urina, o pote e as folhas tenham desaparecido, o pigmento, ainda com um leve odor fétido, permanece no arquivo do Kew Gardens até hoje.

Amarelo ácido

Em 2015, o Oxford English Dictionary anunciou que a palavra do ano não era uma palavra, mas um *emoji*: "chorando de rir". No mesmo ano, a Unicode, organização que garante a representação padronizada de textos (e *emojis*) em diferentes plataformas, anunciou que há anos as pessoas vinham usando muitas dessas carinhas amarelas de forma incorreta. Aquele com fumaça saindo do nariz, por exemplo, comumente usado para expressar fúria, pretendia parecer triunfante. E o Unicode 1F633 ("Flushed Face", ou "cara vermelha") era usado de forma diferente dependendo do sistema: os usuários da Apple usavam-no para sinalizar surpresa, enquanto a versão da Microsoft parecia "despreocupado, mas com olhos encabulados".[1]

Um que aparentemente não precisava de esclarecimentos era o *smiley* original. As origens do desenho bruto – um círculo perfeito amarelo vivo contornado em preto, duas pequenas linhas para os olhos e uma boca semicircular – são contestadas. Um *smiley* grosseiro apareceu em um programa de televisão americano em 1963; dois irmãos da Filadélfia transformaram um desenho parecido em broches, dos quais cerca de 50 milhões foram vendidos em 1972. Durante os levantes políticos da década de 1970, no entanto, o *smiley* foi cooptado como símbolo de subversão. Em 1988, era um fenômeno da cultura *pop*, intrinsecamente ligado à música e à nova cena *club*. Um *smiley* amarelo foi usado na capa britânica da música "Psycho Killer", dos Talking Heads; em "Beat Dis", de Bomb the Bass; em um *flyer* icônico do clube Shroom, de Londres; e mais tarde – com um xis no lugar dos olhos e uma boca contorcida – como um logo informal para a banda Nirvana.[2] Uma versão com um respingo de sangue também foi o tema visual principal de *Watchmen*, a história em quadrinhos distópica de Alan Moore e Dave Gibbons, de 1985.

Logo o amarelo ácido do *smiley* se transformou na cor da juventude feliz e da dança, eufórica em um momento, insidiosa, química e rebelde em outro. A cultura *rave* – ou melhor, as drogas que se acreditava alimentá-la – começou a causar pânico moral. *"Acid"* poderia se referir tanto ao subgênero da *house music* quanto ao LSD, enquanto esse amarelo vibrante também evocava os *shows* de luz *laser* das casas noturnas.

Embora a cultura *rave* já não esteja mais em seu auge, sua mascote informal, a aparentemente inofensiva carinha sorridente (*smiley*) em amarelo ácido, continua radiante. Para uma nova geração, ela sinaliza algo muito diferente. Acredita-se que o primeiro *emoticon* sorridente apareceu em um *e-mail* seco sobre humor escrito por Scott E. Fahlman, pesquisador da Carnegie Mellon, enviado em 1982: "Proponho (...) a seguinte sequência de caracteres como marcador de piadas :-)."[3] De um início tão desfavorável, o *emoticon* sorridente se tornou indispensável à comunicação moderna, e seus traços subversivos, por ora, foram esquecidos.

Amarelo de Nápoles

Em algum momento no início dos anos 1970, uma coleção de 90 frascos pequenos foi descoberta em uma antiga farmácia alemã perto de Darmstadt. Alguns eram redondos e simples como potes de geleia, outros pareciam tinteiros e outros lembravam minúsculos frascos de perfume com rolha. Cada um tinha sua própria etiqueta escrita com caligrafia cuidadosa, mas mesmo assim era difícil identificar o que cada um continha. Pós, líquidos e resinas eram rotulados com palavras tão desconhecidas e estranhas quanto "Virid aëris", "Cudbeard Persia" e "Gummi gutta".[1] Quando examinados em um laboratório de Amsterdã, descobriu-se que se tratava, na verdade, de um depósito de pigmentos do século XIX. Um deles, com a legenda "Neapelgelb Neopolitanische Gelb Verbidung dis Spießglaz, Bleies", era amarelo de Nápoles.[2]

O dono do pigmento ainda não sabia, mas na época em que foi guardado, os dias do amarelo de Nápoles como parte essencial da paleta do artista estavam contados. O nome se aplica adequadamente a uma preparação sintética de antimoniato de chumbo,[3] que geralmente é amarelo pálido com um toque muito leve de subtons vermelhos quentes. Acredita-se que o uso mais antigo do termo esteja em um tratado sobre afrescos escrito em latim entre 1693 e 1700 por Andrea Pozzo, irmão jesuíta italiano e pintor barroco. Ele menciona um pigmento amarelo, "*luteolum Napolitanum*", e ou o nome pegou, ou já era de uso comum. As referências ao *giollolino di Napoli* aparecem com mais frequência a partir do início do século XVIII, e o termo logo chegou à língua inglesa.[4]

Embora amado por sua cor e mais bem comportado que o amarelo de cromo (página 78), o amarelo de Nápoles estava longe de ser o mais estável dos pigmentos. George Field mencionou com aprovação sua "considerável reputação", opacidade e "matiz amarelo agradável, leve, quente", mas foi forçado a admitir que tinha grandes desvantagens. Além de "ar úmido e impuro poderem mudá-lo até mesmo para preto" se a velatura fosse feita de modo incorreto, também todo cuidado era necessário para que nenhum instrumento de ferro ou aço entrasse em contato com ele. Field sugeria usar uma espátula de marfim ou chifre.[5]

Parte do charme do pigmento residia no fato de que, tal como os frascos descobertos na farmácia alemã, ninguém sabia ao certo de onde vinha. Muitos – incluindo Field, escrevendo em 1835, e Salvador Dalí, escrevendo em 1948 – sugeriram que era extraído do Monte Vesúvio. Na verdade, o antimoniato de chumbo é um dos pigmentos sintéticos mais antigos. (Os antigos egípcios já o fabricavam, em um processo que exigia muita habilidade e conhecimento especializado, uma vez que os principais ingredientes – óxido de chumbo e óxido de antimônio – também tinham de ser produzidos quimicamente.)[6] Outra razão mais prática para a sua popularidade era que, com exceção dos amarelos ocre, que mesmo nas melhores condições tendiam a ser um pouco sem brilho e amarronzados, não existiam pigmentos amarelos completamente confiáveis até o século XX. O amarelo de Nápoles era um dos melhores de um grupo ruim e, apesar de suas desvantagens, permaneceu indispensável para muitos artistas. Em 1904, o pós-impressionista Paul Cézanne, ao ver a paleta de um colega artista desprovida do pigmento, ficou perplexo. "Você pinta só com isso?", ele exclamou. "Onde está o seu amarelo de Nápoles?"[7]

Amarelo de cromo

O final do verão escaldante de 1888 foi o mais feliz da vida de Vincent van Gogh. Ele estava na "Casa Amarela" em Arles, no sul da França, aguardando ansiosamente a chegada de seu ídolo, Paul Gauguin. Van Gogh esperava que juntos eles fundassem uma comuna de artistas em Arles e, pela primeira vez, sentia-se otimista em relação ao futuro.[1]

Ele escreveu ao irmão, Theo, na terça-feira, 21 de agosto, para dizer que tinha recebido um bilhete de Gauguin informando que estava "pronto para ir ao sul assim que a oportunidade surgisse", e Van Gogh queria que tudo fosse perfeito. Começou a trabalhar em uma série de pinturas de girassóis, com as quais planejava cobrir todo o seu ateliê. Ele disse a Theo que os estava pintando "com o gosto de uma marselhesa comendo *bouillabaisse*", e esperava que fossem uma sinfonia de "amarelos duros ou quebrados" e azuis "do mais pálido *veronese* ao azul *royal*, emoldurados com finos tornos pintados em laranja de chumbo". A única coisa que o atrasava, ao que parecia, era a própria natureza. Ele descobriu que só podia trabalhar de manhã cedo, "porque as flores murcham rapidamente e é preciso fazer tudo de uma só vez".[2]

Embora os artistas de vanguarda da época tivessem acesso a vermelhos e azuis maravilhosamente saturados, faltava-lhes um equivalente para a terceira cor primária: o amarelo. Sem isso, acreditavam eles, seriam incapazes de criar composições equilibradas ou combinações de cores complementares vivas o suficiente, das quais a arte impressionista dependia para criar impacto. O amarelo de cromo chegou a tempo, e Van Gogh foi um dos muitos a se apaixonarem por ele. Sua gênese deveu-se à descoberta, em 1762, de um cristal laranja-escarlate na mina de ouro de Beresof, no interior da Sibéria.[3] O mineral, chamado de crocoíta (da palavra grega para açafrão, *krokos* [página 98]) pelos cientistas que o descobriram e de *plomb rouge de Sibérie* (chumbo vermelho da Sibéria) pelos franceses, não era muito utilizado como pigmento – a oferta era irregular demais, e o preço, alto demais.

No entanto, o químico francês Nicolas Louis Vauquelin começou a trabalhar com crocoíta e logo descobriu que a pedra laranja continha um novo elemento.[4] Era um metal, que ele chamou de cromo ou *chromium*, em homenagem a outra palavra grega que significa "cor", porque seus sais pareciam vir em uma extraordinária variedade de matizes. O cromato de chumbo básico, por exemplo, podia variar do amarelo limão ao "um vermelho amarelado ou, às vezes, a um lindo vermelho profundo", dependendo do método usado para produzi-lo.[5] Em 1804, Vauquelin sugeriu que estes poderiam produzir pigmentos úteis; em 1809, eles já estavam nas paletas dos artistas.

Infelizmente para artistas e amantes da arte, o amarelo de cromo tem o péssimo hábito de escurecer à medida que envelhece. Pesquisas realizadas nas pinturas de Van Gogh em Amsterdã nos últimos anos mostraram que parte do amarelo de cromo nas pétalas das flores escureceu significativamente, devido à reação do amarelo de cromo a outros pigmentos sob luz solar.[6] Os girassóis de Van Gogh, parece, estão murchando, assim como seus pares da vida real.

Gamboge

Quando William Winsor e Henry C. Newton começaram a vender pigmentos artísticos em uma pequena loja na Rathbone Place nº 38, Londres, em 1832, o *gamboge*, um de seus principais pigmentos, chegava em encomendas regulares direto dos escritórios da Companhia das Índias Orientais. Cada pacote continha alguns cilindros finos, com circunferência de uma moeda de 10 centavos, mais ou menos, e cor de cera de ouvido velha, embrulhados em folhas.[1] Os trabalhadores da Winsor & Newton quebravam esses cilindros usando uma bigorna de metal e um martelo. Depois de esmagado, o pigmento era compactado em pequenos bolos acastanhados. Artistas experientes, porém, conheciam o segredo: quando tocados por uma gota d'água, esses blocos marrom-caramelo produziam uma tinta amarela tão viva e luminosa que quase parecia fluorescente.

Embora, nessa época, o *gamboge* já fosse presença garantida nas paletas há dois séculos – a Companhia das Índias Orientais o importou pela primeira vez em 1615 –, pouco se sabia sobre as suas origens.[2] Em seu tratado sobre pigmentos, de 1835, George Field foi evasivo: "[É] trazido principalmente, diz-se, de Cambaja, na Índia, e é, segundo dizem, o produto de diversas árvores."[3] Ele estava certo sobre as árvores. *Gamboge* é a seiva solidificada das árvores do gênero *Garcinia* e provém principalmente do Camboja, daí o nome de *gamboge*.[4] A sangria das árvores requer paciência. Elas precisam ter pelo menos uma década de idade, quando então é possível fazer sulcos profundos em seus troncos, por onde escorre a seiva, que é coletada com pedaços ocos de bambu. Leva-se mais de um ano até o pedaço de bambu encher e a seiva endurecer. Durante o governo do Khmer Vermelho, alguns coágulos resinosos não processados foram abertos e descobriu-se que continham balas perdidas, presas como insetos em âmbar.

Artistas no Japão, na China e na Índia há séculos já o utilizavam em pinturas em pergaminhos, capitéis ilustrados e miniaturas, mas, quando o pigmento chegou pela primeira vez à Europa – no casco de um navio comercial holandês, em 1603 –, os pintores ocidentais, sedentos de cor, apaixonaram-se pelo novo amarelo solar.[5] Rembrandt preferia usá-lo em suas pinturas a óleo, onde assumia um tom dourado que muitas vezes envolvia as pessoas.[6] Também foi encontrado na obra e nas paletas de J. M. W. Turner e Sir Joshua Reynolds.[7] William Hooker, o artista botânico da Royal Horticultural Society, misturou-o com um pouco de azul da Prússia para produzir o Verde Hooker, a cor perfeita para pintar folhas.[8]

Como muitos dos primeiros pigmentos, o *gamboge* ficava tão à vontade nas prateleiras dos boticários quanto na paleta dos artistas. Em uma palestra dada em 7 de março de 1836, Dr. Robert Christison o descreveu como "um purgante excelente e poderoso". Uma pequena quantidade era suficiente para produzir "evacuações aquosas abundantes"; doses maiores podiam ser fatais.[9] Os trabalhadores da Winsor & Newton que esmagavam o *gamboge* precisavam correr para o banheiro de hora em hora enquanto trabalhavam com ele. Não é um efeito colateral ilustre para um pigmento, mas talvez tenha sido a familiaridade da comunidade científica com o *gamboge* que levou o físico francês Jean Perrin a usá-lo em 1908 em seus experimentos para provar a teoria do movimento browniano,[10] uma ideia que Einstein propusera três anos antes. Usando pequenas poças de solução de *gamboge*, com apenas 0,12 mm de profundidade, Perrin mostrou que, mesmo depois de ficarem intocadas por dias, as pequenas partículas amarelas ainda se agitavam como se estivessem vivas. Ele recebeu o Prêmio Nobel de Física em 1926.[11] Àquela altura, o *gamboge* já havia sido substituído nas paletas dos artistas principalmente pelo aureolina, um amarelo artificial que, embora um pouco menos vivo e translúcido, era menos sujeito ao desbotamento. Winsor & Newton continuou a receber encomendas de *gamboge* bruto até 2005, quando a empresa finalmente parou de vendê-lo; um grande alívio, sem dúvida, para os trabalhadores, se não para os artistas.

Ouro-pigmento

Em seu *Il Libro dell'Arte*, Cennino Cennini escreve que o ouro-pigmento é "feito pela alquimia".[1] É verdade que, no início da Renascença, a maior parte dos pigmentos usados pelos artistas era fabricada, mas o ouro-pigmento é, na verdade, um mineral que ocorre naturalmente: um sulfureto de arsênico (As_2S_3) amarelo-canário, que contém cerca de 60% de arsênico.[2]

Em sua forma natural brilhante, vista como assemelhando-se ao ouro, era um dos pigmentos minerais (como a azurita e o minério de malaquita cobre esverdeado) e um dos dois amarelos, junto com o ocre, usados na arte egípcia antiga. Aparece em rolos de papiro e decora as paredes do túmulo de Tutancâmon, onde um pequeno saco do mineral foi descoberto no chão.[3] O amarelo intenso também pode ser encontrado iluminando o *Livro de Kells*, do século IX, as paredes do Taj Mahal e o texto medieval *Mappae clavicula*. Os romanos, que o chamavam de *auripigmentum*, "dourado, pigmento de outro", também tinham grande afeto por ele. Além de usá-lo como pigmento, eles acreditavam poder extrair ouro a partir dele usando um método misterioso. Plínio conta a história do imperador Calígula, por exemplo, que, ávido por riquezas, fundiu uma grande quantidade de ouro-pigmento bruto, mas sem sucesso. Além de esses experimentos serem inúteis (o ouro-pigmento não contém qualquer vestígio do metal precioso), a extração do mineral podia ser fatal para os escravos que a faziam.

Cennini alertou seus leitores: "Cuidado para não sujar a boca com ele, para não sofrer ferimentos."[4] Na verdade, o ouro-pigmento é mortal. Embora ocasionalmente ingerido em quantidades diminutas como purgante em Java, Bali e China, onde ocorre naturalmente e era popular como pigmento até o século XIX, os riscos de seu abuso eram bem conhecidos.[5] Um comerciante alemão com o encantador nome de George Everhard Rumphius relata a ocasião em que viu uma mulher que o havia consumido demais na Batávia (atual Jacarta), em 1660, em seu livro *The Ambonese*

Curiosity Cabinet. Ela ficou louca "e escalou os muros como um gato".⁶

Mesmo como tinta o ouro-pigmento tinha suas desvantagens. Secava mal em óleos e não podia ser usado em afrescos. Também reagia com uma série de outros pigmentos, especialmente aqueles que continham cobre ou chumbo. Artistas prudentes podiam utilizá-lo, como fez Paolo Veronese, artista renascentista radicado em Veneza, em seu *O sonho de Santa Helena* (c. 1570), desde que se certificassem de que fosse cuidadosamente afastado de outros pigmentos que poderia manchar.⁷ O ouro-pigmento só tinha mesmo uma coisa de interessante: a sua cor. Era, nas palavras de Cennini, "um belo amarelo, mais parecido com o ouro do que qualquer outra cor".⁸ E isso, ao que parece, era suficiente.

Amarelo imperial

Katharine Augusta Carl provavelmente se considerava inabalável: nascida em Nova Orleans dois meses antes do fim da Guerra Civil, instabilidade foi presença constante na sua infância. Mais tarde, ela passou a ser uma peregrina, primeiro deixando os Estados Unidos para estudar arte em Paris e depois viajando pela Europa e pelo Oriente Médio. Foi em uma visita à China, no entanto, que uma oportunidade decisiva se apresentou, quando lhe pediram para pintar o retrato da Imperatriz Viúva Cixi, a temida ex-concubina que governou a China durante mais de 40 anos. E foi assim que Katharine se viu, pouco antes das 11 horas do dia 5 de agosto de 1903, na sala do trono, no coração da Cidade Proibida, contemplando a mulher mais poderosa do mundo.[1]

Aumentando a sensação de intimidação estava o uso abundante do amarelo avermelhado dourado, estritamente reservado à realeza. Enquanto a maioria das casas chinesas, por exemplo, tinham telhas cinzas, as dos palácios reais eram douradas.[2] O vestido de Cixi era de seda em amarelo imperial, brocado com glicínias e decorado com fios de pérolas em formato de pera e borlas. O vestido parecia mais prendê-la do que vesti-la. Sua mão direita, com protetores de unhas em forma de garras com cinco centímetros de comprimento, estava em seu colo. Precisamente às 11h, horário mais auspicioso para a pintura de retratos segundo os áugures reais, todos os 85 relógios da sala do trono começaram a badalar; trêmula, Katharine estendeu a mão e começou a esboçar a imagem da imperatriz.[3]

Na China, mesmo o amarelo comum foi especial por mais de mil anos. Junto com vermelho, azul esverdeado, preto e branco, era uma das cinco cores da teoria dos Cinco Elementos. Cada cor correspondia a uma estação, direção, elemento, planeta e animal. O amarelo se unia ao elemento terra – um antigo ditado chinês diz que "O céu é azul escuro e a terra é amarela" – o centro, Saturno, o fim do verão ou o verão longo e o dragão. O *Chur Qiu Fan Lu* ("Anais do rico orvalho da primavera e do outono"), escrito em algum momento do século II a.C., descreve o amarelo como "a cor dos governantes". Eles logo começaram a proteger seu uso com cobiça, em especial o amarelo imperial: a primeira lei que o menciona foi aprovada em 618 d.C., no início da dinastia Tang. "Pessoas comuns e oficiais", dizia, "estão proibidos de usar roupas ou acessórios em amarelo avermelhado".

Mesmo para os padrões antigos, o método de tingimento era trabalhoso. O ingrediente principal era a *Rehmannia glutinosa*, ou dedaleira chinesa, uma planta com flores em forma de trompete e raízes que lembram a beterraba, só que mais alongadas e douradas. Para atingir a cor desejada, os tubérculos eram colhidos no final do oitavo mês lunar e moídos manualmente até formar uma pasta lisa. Eram necessários cerca de 1,2 litros de pasta para tingir uma peça de seda de 4,6 m^{2}.^{5} O mordente, substância que ajuda a cor a penetrar no tecido, era feito com cinzas de carvalho, amoreira ou artemísia; o caldeirão e não podia oxidar; as peças de seda passavam por duas cubas de tingimento, ligeiramente diferentes.

Embora nenhuma das duas mulheres presentes na sala do trono soubesse disso, os dias do amarelo imperial estavam contados. Seu prestígio tinha começado a cair nas décadas anteriores. Inicialmente reservado à realeza, começou sendo concedido à guarda real e, em alguns casos, como uma honra a pessoas do povo. Em um caso escandaloso, a própria imperatriz recompensou um humilde maquinista com um casaco amarelo imperial. Poucos anos depois de Katharine pintar a última imperatriz da China, a Revolução Xinhai derrubaria a dinastia Qing, a última da China. Com a queda do poder imperial, a cor talismânica foi despojada do significado simbólico que possuíra durante um milênio.

Ouro

Se alguém precisar de prova de que ouro é a cor do desejo basta ver o retrato de Adele Bloch-Bauer, imortalizado por Gustav Klimt, em 1907. Há nele tanto ardor e devoção que, quando chegou pela primeira vez à galeria do Palácio Belvedere, em Viena, as pessoas especularam que modelo e pintor estavam tendo um caso. Embora não haja provas de uma ligação, não há dúvida de que a pintura é uma expressão de reverência. Na obra, a última da "Fase Dourada" de Klimt, Adele está sentada em um campo do metal precioso, parte dele liso, parte trabalhado em um padrão de símbolos e mosaicos. O vestido dela também é um redemoinho complexo de ouro. Apenas as mãos, os cabelos e o rosto – lábios entreabertos, olhos intensos – retratam uma mulher mortal; o cenário e o figurino são de uma deusa.

    O ouro sempre foi a cor da reverência e a própria reverência. Parte do seu fascínio reside na escassez e na distribuição desigual do mineral. Embora minas sejam encontradas em todo o mundo, a corrida ao ouro indica que elas se esgotam rapidamente e são logo trocadas por outras recém-descobertas. A Europa tem relativamente poucos depósitos de ouro e, historicamente, dependeu do ouro comercializado da África e do Oriente.[1] Os cartagineses, cujo império cercava o Mediterrâneo nos milênios antes do nascimento de Cristo, foram por muitos anos o principal veículo do ouro africano para a Europa, um direito que defenderam vigorosamente.[2] (Porém, mesmo os seus suprimentos eram limitados. Após uma grave derrota militar em 202 a.C., eles não conseguiram pagar as reparações em ouro, então, pagaram em prata – um pouco menos de 360 toneladas ao longo dos 50 anos seguintes.)[3]

    O ouro também foi usado para inspirar admiração. Quando o piedoso Mansa Musa, Imperador do Mali, viajou pelo Cairo em sua peregrinação a Meca, em 1324, os comerciantes europeus e árabes viram com os próprios olhos a riqueza resplandecente do continente africano. O imperador viajou com uma caravana de 60 mil homens;

500 escravos caminhavam diante dele, cada um carregando um cajado de ouro pesando dois quilos; seu trem de bagagem de 80 camelos carregava mais de 100 quilos de ouro. Sua lendária viagem e generosidade deixaram o preço do ouro na região artificialmente baixo durante mais de uma década.[4]

O pano de ouro – tecido produzido com fios compostos por um núcleo de seda ou linho envolto em ouro – existia desde o período romano e era apreciado pela realeza europeia. O famoso encontro dos dois monarcas mais jovens e resplandecentes da Europa, os reis Henrique VIII da Inglaterra e Francisco I da França, que ocorreu em 1520, é conhecido como o Campo do Pano de Ouro, depois de os dois tentarem superar um ao outro com o esplendor dos seus séquitos. Henrique provavelmente venceu: sua tenda era feita inteiramente de pano de ouro.

Como os seus metais irmãos, ferro, cobre e prata, o ouro tem uma estrutura que contém elétrons móveis que refletem fortemente a luz, o que dá a esses metais o seu brilho característico.[5] O rico brilho do ouro, junto com a sua resistência ao escurecimento, torna-o um emblema fácil para a divindade. A igreja cristã medieval abusava do metal. A galeria Uffizi, em Florença, por exemplo, tem uma sala dedicada a três grandes retábulos, todos representando a Virgem e o Menino. A última das três, criada por Giotto por volta de 1310, foi pintada para a Capela Ognissanti, a poucos quarteirões da galeria. Como nos dois outros retábulos, as figuras de Giotto não aparecem em um cômodo ou uma paisagem, mas repousam sobre um fundo liso dourado. A moldura também é dourada, assim como as auréolas dos santos (as auréolas dos santos que estão na frente obscurecem os rostos dos santos que estão atrás, um grande escândalo na época, por ser considerado heresia) e a borda decorativa no manto azul profundo da Virgem.

Dourar esses painéis foi um trabalho árduo. O ouro vinha em folhas finas, cada uma com cerca de 8,5 cm^2, que haviam sido marteladas a partir de moedas; um bom batedor de ouro conseguia fazer até cem folhas com um único ducado. As folhas eram pegas uma a uma com uma pinça e pressionadas sobre o painel ou a moldura. Tão finas elas eram que quase qualquer cola podia ser usada – mel, goma arábica e uma cola feita de clara de ovo eram populares. Nesse momento, o ouro ainda parecia um pouco opaco, com um brilho desfocado pelas imperfeições da base; para brilhar, ele tinha que ser polido. Cennini recomenda o uso de hematita (página 150) (provavelmente por conta da associação medieval entre vermelho e ouro), uma pedra preciosa, como safira ou esmeralda ("quanto maior a qualidade da pedra, melhor ela é"), ou o dente de um leão, lobo, cachorro ou "de qualquer animal que se alimente decentemente de carne".[6]

Os objetos, quando representados em uma folha de ouro plana, não parecem reais; a luz incide sobre eles uniformemente, em vez de cintilar nas áreas claras e esmaecer nas áreas sombreadas, como faria naturalmente. Os artistas não usavam o ouro para ter um efeito realista, mas por causa de seu valor intrínseco, e mesmo quando, na Renascença, começaram a colocar seus modelos em cenários mais naturais e a dominar a perspectiva, ainda gostavam de usar tinta dourada.[7] A cor poderia indicar riqueza, se usada para destacar elementos decorativos em tecidos ricos, ou representar divindade. Em *O Nascimento de Vênus* (c. 1484–1486), Botticelli o teceu nos cabelos de Vênus.

O contraponto natural ao nosso desejo e devoção ao ouro é a sua tendência de trazer à tona os nossos instintos mais básicos: ganância, inveja e avareza. Essa ambivalência é evidente no mito do Rei Midas, a quem é concedido o tolo desejo de transformar tudo que toca em ouro maciço, apenas para descobrir que, desse modo, ele mata tudo o que toca e não pode comer. A repulsa pela preocupação humana com o ouro pode ser encontrada na obra *História Natural* de Plínio: "Nós exploramos as entranhas dela [da Mãe Terra], escavando veios de ouro e prata (...) nós arrancamos as entranhas dela (...) para usar em um dedo."[8] Hoje, aqueles que abusam do uso de ouro são considerados cafonas e de mau gosto. A pintura dourada de Klimt foi confiscada pelos nazistas durante a anexação da Áustria e, mais tarde, passou meio século em uma galeria do país, apesar do desejo de seu último proprietário, expresso em testamento, de que passasse aos seus herdeiros. Após uma longa batalha judicial com o governo austríaco, a obra foi devolvida à sobrinha de Adele. Bloch-Bauer agora olha, de sua preciosa mortalha dourada, para os visitantes da Neue Galerie, em Manhattan.

Laranja Holanda
Açafrão
Âmbar
Gengibre
Mínio
Nude

Laranja

Para quem já se perguntou quem veio primeiro, a cor ou a fruta, eis a resposta. É provável que a fruta tenha sido cultivada pela primeira vez na China e gradualmente se espalhado para o oeste, deixando um rastro com o seu nome como cascas espiraladas descartadas pelo caminho: de *nārang*, em persa, a *nāranj*, em árabe; depois *nāranga* (sânscrito), *naranja* (espanhol), *orenge* (francês) e *orange* (inglês). Como nome de cor, o laranja só surgiu no século XVI; antes disso, os falantes de inglês usavam o pesado composto *giolureade* ou amarelo vermelhado.[1] Um dos primeiros usos adjetivos da palavra de que se tem registro data de 1502, quando Elizabeth de York comprou "mangas em seda cor de laranja" para Margaret Tudor.[2]

No livro *Concerning the Spiritual in Art*, de 1912, o artista abstrato russo Wassily Kandinsky escreveu que "O laranja é como um homem, convencido dos seus próprios poderes".[3] Não há dúvida de que o laranja tem confiança em si. Se o azul é um substituto para o nebuloso desconhecido, o seu oposto no círculo cromático tem urgência. É usado para chamar a atenção para um perigo em potencial.[4] É a cor dos macacões dos prisioneiros de Guantánamo, do Agente Laranja e, desde o 11 de setembro, é o segundo nível mais elevado de ameaça terrorista nos Estados Unidos. O laranja é usado em sinalizações de trânsito e símbolos de alerta nas estradas, em parte porque tem um alto-contraste com o asfalto cinza azulado, mesmo com pouca luz.[5] As caixas-pretas nas aeronaves, que registram informações de voo, são, na verdade, laranjas, para que sejam mais fáceis de localizar em caso de acidente.

Graças à influência da Casa de Orange na Europa no início da era moderna, sua cor heráldica (página 96) teve um amplo alcance geográfico. Sua associação mais direta é com a os Países Baixos: as seleções holandesas jogam em *oranje*, e uma região da África do Sul controlada pelos bôeres era conhecida como Estado Livre de Orange – e tinha uma bandeira na mesma cor, é claro. A cor também está ligada ao protestantismo, especialmente na Irlanda, onde os protestantes são conhecidos como *Orangemen*.[6]

Em 1935, ao decidir sobre a cor da Golden Gate Bridge, ponte que liga a cidade de São Francisco ao condado de Marin, ambos nos Estados Unidos, o arquiteto Irving Morrow optou por um tom de ferrugem, hoje chamado de GGB International Orange; o tom se misturaria com as colinas, mas se destacaria contra o mar e o céu.[7] De vez em quando, o laranja também aparece na moda. As extravagantes ilustrações de capa estilo Art Déco feitas por Helen Dryden para a *Vogue* mostram o laranja como uma presença constante na moda dos anos 1920; a cor também ganhou destaque no final dos anos 1960 e nos anos 1970.[8] Foi a conveniência, porém, que a ajudou a se tornar a cor-assinatura de uma das marcas de luxo de maior sucesso do mundo, a Hermès. Antes da Segunda Guerra Mundial, a embalagem da empresa era creme; a escassez do período de guerra obrigou a mudança da cor para o mostarda e, por fim, na falta de escolha, para a última cor disponível na cartela: laranja.[9]

Kandinsky também descreveu o laranja como "o vermelho trazido pelo amarelo para mais perto da humanidade".[10] E, de fato, a cor parece estar eternamente em risco de escorregar para outra categoria: vermelho e amarelo, um de cada lado, marrom abaixo. Até os tons apresentados neste livro passaram por isso. Vários destinados inicialmente à categoria do laranja – cromo e ocre, para citar apenas dois – acabaram em outros lugares após pesquisas mais aprofundadas. Isso se deve, em parte, ao fato de que o laranja não era visto como uma cor em si até há relativamente pouco tempo e, portanto, mesmo cores que hoje são obviamente laranjas – mínio (página 107) é um bom exemplo – já foram consideradas vermelhas ou amarelas.

Foram os impressionistas que ilustraram de forma decisiva o poder do laranja. A pintura que deu nome ao movimento, *Impressão, nascer do sol*, de Claude Monet, tem, no centro, um sol laranja vívido. A nova escola de artistas, entusiasmada com as novas teorias ópticas de contraste das cores, usou o laranja em abundância. Combinados com os azuis (seu oposto no círculo cromático), os pigmentos superbrilhantes de cromo e cádmio produziam contrastes vibrantes, que foram utilizados repetidas vezes por artistas como Toulouse-Lautrec, Munch, Gauguin e Van Gogh.

Seja qual for o meio, não há como negar o ar fanfarrão do laranja. O *Godey's Lady's Book* o declarou "demasiado chamativo para ser elegante", em 1855.[11] Talvez Anthony Burgess estivesse pensando a mesma coisa quando intitulou o seu romance distópico de *Laranja Mecânica*, em 1962. (Ao longo de sua vida, foram várias as explicações que o autor deu para o título: certa vez disse ter ouvido a expressão "tão estranho quanto uma laranja mecânica" em um *pub* do East End de Londres; em outra ocasião, insinuou que era uma metáfora de sua própria autoria.) Os letreiros de neon, inventados em 1912, eram originalmente laranjas e talvez ainda sejam a forma de publicidade mais gritante disponível; a cor também segue popular em *outdoors* e fachadas de lojas. Muitas marcas, incluindo Nickelodeon, Easyjet e Hooters, usufruem de sua energia e visibilidade. Que Kandinsky nos perdoe, mas talvez uma melhor definição da cor seja: "O laranja é como um homem, procurando desesperadamente convencer os outros de seus poderes".

Laranja Holanda

Balthasar Gérard foi o Lee Harvey Oswald de sua época.
Em 10 de julho de 1584, ele entrou no Prinsenhof, a residência real dos governantes holandeses, e disparou três vezes contra o peito de Guilherme I, Príncipe de Orange, que pediu misericórdia ao povo holandês e depois morreu.

Para os holandeses, Guilherme I (William, ou Guilherme, o Silencioso) é o pai da sua nação – e o nascimento foi extremamente complicado. Em meados do século XVI, os Países Baixos do Norte não eram independentes, mas uma região majoritariamente protestante sob o domínio do fervoroso rei católico Filipe II, da Espanha. Guilherme I, ele próprio católico, mas que acreditava na liberdade religiosa, liderou a rebelião contra a Espanha. Durante séculos, a Casa de Orange continuou a exercer enorme influência na política europeia, e até hoje os membros da família real holandesa descendem de Guilherme.[1] Contudo séculos de turbulência deixaram marcas: os holandeses têm um orgulho ferrenho de sua história, de sua nação e da cor característica da família governante.

A Casa de Orange é a prova de que marca pessoal não é algo novo; em todos os retratos, os membros da família real são ornados em tons de laranja. Isso começou de forma sutil: em um estudo de Adriaen Thomasz Key, pintado em 1579, Guilherme I veste um belo casaco brocado em um elegante tom de preto, adornado com finos bordados em laranja e ouro.[2] Um retrato do rei Guilherme III da Inglaterra e Stadtholder holandês (o título honorário que os Oranges recebiam nos Países Baixos), atribuído a Thomas Murray, é menos sutil: de pé, em frente a uma faixa de brocado cor de ferrugem, o rei veste uma capa volumosa de veludo cor de fogo, adornada com pele de arminho e presa na frente por duas grandes borlas de seda em um chamativo tom de abóbora.

Os holandeses, em agradecimento a Guilherme I, adotaram a cor com gosto. (O tom exato preferido pelos holandeses mudou ao longo dos anos. Nas pinturas daquela época, o laranja usado pelos membros da Casa de Orange era quase um tom de âmbar queimado; o preferido hoje é um tangerina ensolarado.) Considere a humilde cenoura, por exemplo. Originalmente um tubérculo duro e amargo vindo da América do Sul, antes do século XVII, era quase sempre roxo ou amarelo. Nos 100 anos seguintes, contudo, os agricultores holandeses fizeram um cultivo seletivo para produzir variedades em laranja.[3] A bandeira holandesa, hoje azul, branca e vermelha, em sua origem era listrada em azul, branco e laranja para combinar com a indumentária de Guilherme I, mas, por mais que se tentasse, ninguém conseguia encontrar um corante que se firmasse no tecido: a faixa laranja ou desbotava para amarelo ou escurecia para vermelho. Na década de 1660, os holandeses desistiram e começaram a usar o vermelho.[4]

Talvez o melhor exemplo, embora de curta duração, da afinidade dos holandeses com esta tonalidade ígnea tenha ocorrido em 20 de julho de 1673. Nesse dia, os soldados holandeses tomaram a cidade de Nova York, marchando pela Broadway, a fim de recuperá-la das mãos dos britânicos.[5] Em triunfo, rebatizaram a cidade para Nova Orange, nome que manteve por menos de 12 meses. Os holandeses, envolvidos em várias guerras simultaneamente, não tinham nem dinheiro nem estômago para iniciar outra guerra em outra frente. Em 1674, foi assinado um tratado que cedeu a cidade – e o seu nome – aos britânicos.[6] (A bandeira de Nova York, ao contrário dos Países Baixos, ainda ostenta uma faixa laranja, revelando as suas origens holandesas.)

O legado de Guilherme I pode não ter dado aos holandeses uma base permanente no Novo Mundo, mas deu-lhes o dom da visibilidade. Nos eventos esportivos, eles são inconfundíveis: um bloco laranja muito alegre. Todo mês de abril, eles se reúnem como um bando de pássaros exóticos para celebrar o Koningsdag (Dia do Rei), muitos vestidos da cabeça aos pés de tangerina luminosa e cantando *Oranje boven! Orange boven!* ("Laranja no topo! Laranja no topo!") a plenos pulmões.

Açafrão

Imagine um campo coberto por uma névoa azulada logo antes do amanhecer de um dia de outono. O campo é pequeno, provavelmente no Irã, embora bem poderia ser na Espanha, Macedônia, Caxemira, França ou no Marrocos. Conforme o sol nasce, é possível ver que o campo, que na noite anterior era terra nua, está coberto por pequenas flores violetas: milhares de *Crocus sativus*. No centro de cada flor, projetando-se lascivamente do roxo das pétalas, há três estigmas vermelhos, parte dos órgãos sexuais femininos da flor, mais conhecidos (depois de removidos e secos) como açafrão. Antes de se transformarem em açafrão, porém, os crocos precisam ser colhidos, e o tempo urge: com o calor do dia, as flores começarão a murchar e, à noite, já terão murchado completamente.

Ninguém sabe ao certo quando ou onde a *C. sativus* foi cultivada pela primeira vez – as flores são, na verdade, estéreis e, por isso, não crescem na natureza –, mas há algumas pistas. Vestígios de açafrão foram descobertos em algumas pinturas rupestres no Iraque, feitas há 50 mil anos. Os gregos antigos usavam-no para tingir roupas, e sabemos que era comercializado, via Mar Vermelho, do Egito ao sul da Arábia durante o primeiro século d.C.[1] Era cultivado na Espanha pelo menos desde 961 d.C.[2] e chegou a ser cultivado na Inglaterra por séculos. Diz a lenda que, durante o reinado de Eduardo III (1312–1377), um peregrino retornou de Levante contrabandeando um único bulbo, escondido ou na aba do chapéu, ou em uma parte oca do cajado – as histórias diferem. O tal bulbo deve ter sido especialmente fecundo, pois logo diversas cidades britânicas se tornaram potências produtoras de açafrão. A mais famosa delas mudou de nome, durante o século XVI, para Saffron Walden, em homenagem ao seu produto estrela. (A cidade também mudou de brasão, adotando um trocadilho visual adorável: três crocos cercados por uma forte muralha, imagem que poderia ser descrita como "*saffron walled-in*", em uma brincadeira com a semelhança sonora das palavras "*walden*" e "*walled-in*" – em inglês, "murado".)[3]

A planta, porém, tinha uma relação turbulenta com sua xará citadina. Em 1540 e em 1681, a demanda despencou e, em 1571, o solo se degradou e as plantações adoeceram. Mesmo nos anos bons – como a abundante colheita de 1556, que levou os produtores de açafrão, ou "*crokers*", a gabarem-se dizendo que "Deus cagou açafrão" – a *C. sativus* não era pura dádiva. Em 1575, um decreto real determinou que os *crokers* não podiam mais descartar as flores no rio, sob pena de terem de passar dois dias e duas noites no tronco.[4]

O açafrão é, proporcionalmente, o tempero mais caro do mundo. Em 2013, 30 g de açafrão custavam $ 364,00, enquanto a mesma quantidade de baunilha custava $ 8,00 e, de cardamomo, insignificantes $ 3,75.[5] A dificuldade de cultivo das flores explica, em parte, essa diferença: de acordo com um relato do século XVI, a *C. sativus* prefere "noites quentes, orvalho doce, terra gorda e manhãs enevoadas". Além da breve floração dos brotos em si, a safra inteira dura 15 dias.[6] As flores precisam ser colhidas e os estigmas removidos de forma totalmente manual – todas as tentativas de mecanizar o processo foram em vão, pois as flores são demasiado delicadas. São necessárias entre 70 mil e 100 mil flores para produzir um quilo de tempero.[7] No entanto, para aqueles dispostos a tolerar os pecadilhos do açafrão, as recompensas são grandes. Há séculos, tem sido usado como afrodisíaco e remédio para os mais diversos males, de dor de dente a peste. Na gastronomia, confere uma bela cor aos alimentos, sendo valorizado também por seu aroma e sabor, diferentes de tudo: ao mesmo tempo doce, amargo e picante, com um gosto que às vezes lembra, de leve, feno, às vezes lembra algo um pouco mais terroso, como cogumelo.

No auge de seu poder, riqueza e influência, o Cardeal Wolsey espalhava no chão de seus aposentos em Hampton Court, a sudoeste de Londres, juncos cheios da especiaria para perfumar o ambiente.[8] Diz-se que Cleópatra, que ao longo dos séculos foi acusada de uma série de extravagâncias, banhava-se nele. O açafrão era tão caro que há muitos relatos de falsificações e outros crimes. Em 1374, o roubo de quase 400 quilos de açafrão no caminho para a Basileia foi o estopim para a Guerra do Açafrão, que durou 14 semanas. Enquanto estava em Nuremberg, em 1444, um homem chamado Jobst Finderlers foi queimado vivo pelo crime de adulterar seu açafrão com calêndula.[9]

Como cor, oscilando entre o amarelo e o laranja, o açafrão tem demanda igualmente alta. Seu uso mais conhecido é para as vestes budistas. O próprio Buda estipulou que as vestes só poderiam ser tingidas com corante vegetal, mas é claro que o açafrão é caro demais para esse fim, então cúrcuma e jaca são usadas como substitutas (embora hoje muitas vestes sejam tingidas sinteticamente).[10] Quando usado como corante, o açafrão confere uma cor intensa às roupas (ainda que não seja muito resistente ao desbotamento) e aos cabelos – Alexandre, o Grande, supostamente o usaria para dourar os cabelos.[11] Os sacerdotes zoroastristas usavam o açafrão para fazer uma tinta ensolarada, com a qual escreviam orações especiais para afastar o mal. Mais tarde, foi usado por iluminadores de livros monásticos como uma alternativa mais barata (e pouco convincente) ao ouro. De acordo com uma receita do início do século XVII, para transformá-lo em pigmento bastava adicioná-lo a um preparado de clara de ovo e deixar a mistura descansando por um dia e meio.[12]

A cor açafrão também está presente na bandeira nacional da Índia. Hoje diz-se que ela representa "coragem, sacrifício e espírito de renúncia", mas, quando a bandeira foi adotada, em 1947, o significado era um pouco diferente. Como explicou o Dr. S. Radhakrishnan na época, "a cor açafrão denota renúncia desinteressada. Nossos líderes devem ser indiferentes aos ganhos materiais e dedicar-se ao seu trabalho".[13] Infelizmente para os idealistas de 1947, os escândalos de corrupção continuam a assolar a Índia. Mas talvez isso não seja de todo surpreendente: poucas vezes o açafrão trouxe à tona o que há de melhor nas pessoas.

Âmbar

Em junho de 1941, havia dois anos que a Alemanha de Hitler e a União Soviética de Stalin mantinham um sombrio acordo de paz. A guerra, no entanto, estava a caminho. A invasão nazista conhecida como Operação Barbarossa começou em 22 de junho, quando cerca de 3 milhões de soldados alemães inundaram o território soviético.[1] Como sempre, o exército invasor estava interessado em tomar tesouros valiosos conforme avançava. Um dos maiores interesses dos nazistas estava escondido no palácio de Tsarskoye Selo e fora coberto por um fino papel de parede pelos russos, em uma tentativa desesperada de evitar que fosse saqueado. Tratava-se da Câmara de Âmbar, também conhecida como a "Oitava Maravilha do Mundo".

A sala era, na verdade, uma série de painéis e mosaicos ricamente esculpidos, feitos de âmbar reluzente cor de mel, cravejados de pedras semipreciosas e finalizados com folhas de ouro. Foi desenhada por um alemão, o escultor barroco do século XVII, Andreas Schlüter, e feita em 1701 por um artesão dinamarquês, Gottfried Wolfram. Em 1716, Frederico I da Prússia deu a sala de presente a Pedro, o Grande, para celebrar a aliança entre a Prússia e a Rússia contra a Suécia. Os painéis – cuidadosamente embalados em 18 caixas grandes – foram imediatamente enviados da residência de Frederico I, o Palácio de Charlottenburg, em Berlim, para São Petersburgo. Foram transferidos novamente, 40 anos depois, para Tsarskoye Selo, apenas alguns quilômetros ao sul, onde foram reconfigurados e ampliados para ocupar um espaço novo e maior. Os painéis – hoje medindo mais de 16 m^2, pesando cerca de 6 toneladas e custando, estima-se, 142 milhões de libras em valores atuais – tornaram-se o orgulho da realeza da Rússia. A Czarina Elizabeth utilizava a Câmara de Âmbar como espaço de meditação; Catarina, a Grande, recebia convidados lá; Alexandre II usou-a como pano de fundo para os seus troféus.[2] Em 1941, porém, o papel de parede não foi suficiente para cobrir um tesouro tão famoso, e a Câmara de Âmbar foi embalada em apenas 36 horas e enviada para Königsberg.

Uma das poucas joias orgânicas, o âmbar é extremamente antigo. É feito de resina de árvores fossilizadas, que outrora vertia de espécies de cedro e outras coníferas há muito extintas.[3] (O âmbar jovem, ainda não totalmente fossilizado, é conhecido como copal.) Para muitos, o âmbar evoca a cena do filme *Jurassic Park*, no qual um cientista extrai o DNA de um inseto que foi preso e preservado em uma gota pegajosa de resina. A preservação de insetos no âmbar não é tão rara, provavelmente porque o âmbar é um ótimo conservante natural. (Os antigos egípcios, percebendo essa qualidade, usavam-no em seus rituais de embalsamamento.) Em 2012, pesquisadores encontraram uma aranha sepultada no exato momento de ataque à sua presa, uma cena dramática miniaturizada que permaneceu congelada por 100 milhões de anos. No início do mesmo ano, cientistas fotografaram o ácaro parasita mais antigo já descoberto, preso em uma gota de âmbar do norte de Itália, há 230 milhões de anos.[4]

O âmbar é mais encontrado nos arredores do mar Báltico, onde, no passado, cresciam vastas florestas de coníferas; ainda aparece nas praias, trazido pelo mar, depois das tempestades. Em outros lugares, porém, é raro e, consequentemente, valorizado. Pode ser queimado e usado para perfumar ambientes, tendo um aroma semelhante ao de pinho queimado. Sua transparência e cores – que, na maioria das vezes, vai do tom de mel claro ao de brasa incandescente, mas também pode ser preto, vermelho ou mesmo azul – tornaram-no valioso na joalharia e na decoração.

Etruscos e romanos adoravam-no, apesar da crença de um historiador romano de que o âmbar, que ele chamava de *lyncurius*, era feito da urina seca de lince. Peças de âmbar esculpidas em formato de cabeças de carneiros, macacos e abelhas foram encontradas em muitos locais de sepultamento antigos. Um naco escuro no formato de cabeça de Medusa, esculpido no século I d.C., faz parte da J. Paul Getty Collection.[5] Os gregos chamavam a gema de *elektron*, associando-a à luz do Sol (essa, aliás, é a origem das palavras "elétrico" e "elétron"). Em um famoso mito, Faetonte, o filho bastardo de Hélios, deus do Sol, pega emprestada a carruagem que o pai usa para puxar o Sol pelo céu e, desesperado por provar seu valor, decide cumprir o dever do pai por um dia. Jovem, vaidoso, imprudente e ambicioso, Faetonte carece fatalmente da força e das habilidades equestres do pai. Os cavalos sentem sua fraqueza e disparam, chegando cada vez mais perto da Terra, chamuscando-a e devastando terras férteis. Vendo as nuvens de fumaça negra, Zeus derruba Faetonte com um raio e Hélios retoma o controle. Menos conhecido é o destino das irmãs de Faetonte, as Helíades, cuja dor pela morte do irmão é tão intensa que são transformadas em árvores de álamo, e suas lágrimas copiosas são transfiguradas em gotas de âmbar dourado.[6]

Alguns acreditam que o âmbar, assim como a opala, atrai azar, e o destino final da Câmara de Âmbar permanece apropriadamente obscuro. O rastro esfria em 1943, quando os painéis ainda estavam instalados em Königsberg; um ano depois, a cidade foi bombardeada pelas tropas aliadas e o museu onde ficava a sala foi dizimado. Alguns acreditam que os painéis foram removidos antes do bombardeio. Os otimistas defendem que a sala ainda está escondida em algum lugar da cidade. Em um livro publicado em 2004, Adrian Levy e Cathy Scott-Clark afirmam que foi o próprio Exército Vermelho que destruiu a preciosa obra de arte russa, seja por falta de disciplina, seja por ignorância, e que os soviéticos abafaram o assunto por vergonha. No final da década de 1970, os russos começaram a trabalhar em uma reconstrução; 25 anos e 11 milhões de libras depois, hoje a réplica pode ser vista no restaurado Palácio de Catarina, em São Petersburgo, congelada na história.

Gengibre

A família de plantas *Zingiberaceae* é muito ativa. Entre seus membros estão *Curcuma longa* (cúrcuma), *Elettaria cardamomum* (cardamomo) e *Zingiber officinale*, uma planta perene com folhas longas e estreitas, flores amarelas e, escondido sob o solo, um rizoma pardo-claro conhecido como gengibre. Originário das florestas tropicais do sul da Ásia, o gengibre foi uma das primeiras especiarias comercializadas para o Ocidente (por volta do século I d.C.), e o nosso apetite por ele segue firme. É usado para dar vida a todos os tipos de alimentos, de refogados a pães de mel. No paladar, é quente e picante, forte e exótico. E, em algum momento, foram essas qualidades que levaram à sua associação com um determinado grupo de pessoas: os ruivos.

Assim como os loiros, os ruivos são minoria (o que deve explicar os muitos nomes nem sempre lisonjeiros a eles atribuídos: cabeça de fósforo, água de salsicha, mico-leão-dourado, ferrugem e, em inglês, *ginger* ou gengibre). Representam menos de 2% da população mundial, embora sejam mais – cerca de 6% – no norte e oeste da Europa e chegaram a 13% da população da Escócia.[1] Aqueles com cabelo ruivo são estereotipados como fogosos e intensos – assim como a raiz de gengibre. Jacky Collins Harvey, autora de *Red* e, ela mesma, ruiva, lembra-se de ter ouvido da avó que Deus deu às mulheres cabelos ruivos pelo mesmo motivo que deu listras às vespas.

Sem dúvida esse mito parece se expressar em alguns famosos membros da realeza britânica. Dião Cássio descreveu Boadiceia, a rainha que por um curto período aterrorizou os invasores romanos, como tendo uma massa esvoaçante de cabelos ruivos. (Embora ele talvez tenha dito isso apenas para fazê-la parecer ainda mais assustadora e exótica aos olhos de seus leitores gregos e romanos de cabelos escuros, uma vez que escreveu quase 100 anos após a morte dela.) O rei Henrique VIII, porém, célebre por seu temperamento nada doce, era definitivamente ruivo. Em 1515, quando o rei tinha 24 anos, o embaixador veneziano escreveu que "Sua majestade é o mais belo potentado que já vi; mais alto do que a média, com uma panturrilha extremamente fina para a sua perna, tez muito clara e vivaz, cabelo *sauce* (pardo avermelhado) penteado liso e curto, à moda francesa".[2] (Mas mesmo isso é confuso: *sauce* começou se referindo a um amarelo ou marrom pálidos, uma espécie de *off-white*, mas, durante os séculos XVI e XVII, mudou de significado para um castanho avermelhado mais profundo.) A filha de Henrique com Ana Bolena – cuja cor de cabelo possivelmente também era avermelhada (as descrições variam) – foi a rainha Elizabeth I, a governante ruiva por excelência. O tom preciso de seu cabelo, porém, é incerto: loiro avermelhado em um retrato, vermelho dourado em outro, *sauce* acobreado em um terceiro.

Também fora do trono britânico, os ruivos, especialmente as mulheres, excedem em muito as expectativas em termos de visibilidade cultural. Muitas personagens femininas da ficção, incluindo Annie, Jessica Rabbit e Wilma Flintstone, têm cabelos ruivos. Depois, há as ruivas da arte. Enquanto Ticiano preferia mechas cor de caramelo rosado e Modigliani preferia cabelos rútilos, Rossetti e sua irmandade pré-rafaelita não eram tão exigentes – desde que os cabelos de suas modelos fossem ruivos. Elizabeth Siddal, poetisa com cabelos cor de cobre, foi a musa de vários pré-rafaelitas: ela é a "Ofélia" de Sir John Everett Millais e a "Beata Beatrix" de Rossetti. Ela também foi amante de Rossetti e, mais tarde, esposa. Quando ela morreu de *overdose* de láudano, Rossetti enterrou junto com ela um livro de poemas dele, mas anos depois ele a exumou para pegá-lo de volta. Uma testemunha disse que o cabelo flamejante de Siddal continuou a crescer, de modo que enchia o caixão quando o abriram. Rossetti nunca se recuperou totalmente.

Embora a origem e o paradeiro dos primeiros ruivos ainda seja um mistério, algumas evidências de sua história vieram à tona em 1994. Duas mandíbulas foram descobertas na caverna de El Sidrón, no norte da Espanha. Como os ossos estavam em boas condições, a princípio presumiu-se que fossem relativamente recentes, talvez do período da Guerra Civil Espanhola. À medida que mais ossos começaram a surgir, com marcas onde facas haviam cortado músculo do osso, a cena começou a assumir o caráter sombrio de um massacre canibal. Polícia e cientistas forenses foram acionados e descobriram que, de fato, um crime havia ocorrido, mas que estavam 50 mil anos atrasados para capturar os culpados.[3]

A caverna continha os restos mortais de uma família de Neandertais: três homens, três mulheres, três adolescentes, duas crianças e um bebê. Restavam provas suficientes de que dois dos indivíduos tinham cabelos ruivos intensos.[4] Eles eram as vítimas, e não os agressores.

Mínio

Nas páginas iniciais dos manuscritos de Gladzor, o texto aparece abaixo de um frontão dourado, decorado com o retrato de um santo tonsurado. Ao redor do santo há uma explosão de plantas coloridas encaracoladas, cheias de criaturas fantásticas. Acima do frontão, duas criaturas azuis com asas vermelhas e verdes, semelhantes a grous, estão de frente uma para a outra, com os bicos abertos em gritos silenciosos. Espalhados pela página há um pavão assustado e quatro pássaros que lembram perdizes, cada um com uma folha vermelha em forma de coração presa no bico. Algumas páginas estão tão saturadas de plantas douradas e figuras bizarras que parece que as palavras foram uma consideração secundária.

Antes da invenção da imprensa com tipos móveis por Johannes Gutenberg, por volta de 1440, os livros eram restritos a nobres, clérigos e alguns poucos, como escriturários, que precisavam ser alfabetizados para realizarem seu trabalho. Os livros também eram caros. Os manuscritos eram criados à mão – em latim *manu* significa "mão" e *scriptus* significa "escrito" – e, geralmente, eram encomendados por alguém poderoso como forma de expressar sua devoção e *status*. Cada livro significava centenas de horas de trabalho e era totalmente único, desde as peles de animais que compunham as folhas de pergaminho e os pigmentos utilizados nas iluminuras até a caligrafia dos escribas.

Os manuscritos de Gladzor foram feitos durante o século XIV, em uma pequena região da Armênia central entre os mares Negro e Cáspio. Naquela época, assim como hoje, a Armênia se via dividida tanto política quanto culturalmente entre o Oriente e o Ocidente, o mundo muçulmano e o mundo cristão. Sob o governo de Gregório, o Iluminador, foi o primeiro país do mundo a converter-se ao cristianismo, em 301 d.C.[1] Talvez o orgulho por esse fato, junto com a ansiedade em relação à ocupação mongol, tenha provocado um frenesi de criatividade naqueles que trabalharam no manuscrito e em suas ilustrações. Como na maioria das realizações monásticas, a produção desse manuscrito exigiu uma divisão precisa do trabalho. Primeiro, os escribas copiavam o texto, deixando espaço para as pinturas; depois uma equipe de artistas iniciava as ilustrações.[2] Se a equipe fosse grande o suficiente, seria responsabilidade exclusiva de uma pessoa adicionar as capitulares, os títulos e os caldeirões (¶) em um tom específico de vermelho alaranjado tão vibrante que esses elementos saltavam da página.

O pigmento utilizado era o mínio. A pessoa que trabalhava com ele era chamada de miniador, e seu trabalho, um símbolo ou título vistoso em um manuscrito, era chamado de *miniatura*. (Essa é a origem da palavra "miniatura", que, em seu sentido original, não significava "pequeno".)[3] O mínio foi muito usado na iluminação de manuscritos durante a Idade Média, e seu uso só foi desaparecendo conforme o vermelhão (página 144) se tornou mais facilmente disponível, a partir do século XI.[4]

Embora o mínio, ou tetróxido de chumbo (também conhecido como zarcão), possa ser encontrado em depósitos naturais, esses são raros, por isso é mais comum que seja fabricado. O processo é, em essência, uma continuação daquele usado para fazer branco de chumbo (página 43) e foi descrito, de maneira encantadora, no texto *Mappae clavicula*, do século XI:

> (...) em um recipiente nunca usado, coloque folhas de chumbo. Encha o recipiente com vinagre bem forte, tampe-o e sele-o. Coloque o recipiente em local aquecido e deixe-o descansar por um mês. Após (...) chacoalhe os depósitos em torno das folhas de chumbo dentro de uma panela de cerâmica e coloque-a no fogo. Mexa o pigmento sem parar e, quando ele se tornar branco como a neve, use a quantidade que desejar; esse pigmento é chamado de branco de chumbo básico ou ceruse. *Em seguida, pegue o que restou no fogo e mexa sem parar até ficar vermelho.*"[5]

Era comum o mínio ser empregado como uma alternativa barata ao vermelhão e ao cinábrio; na verdade, os três pigmentos costumavam ser confundidos, embora o mínio tenda a ser muito mais amarelo que os outros dois (Plínio, o Velho, descreveu-o como "da cor da chama").[6] Talvez a confusão fosse, em parte, a expressão de um desejo: embora fosse barato, vibrante e fácil de fazer, o mínio estava longe de ser o pigmento ideal. Ainda que, assim como o seu parente próximo branco de chumbo, tenha sido utilizado como cosmético na Grécia e na China antigas, ele é venenoso.[7] Outro grande problema é que não se mistura bem com outros pigmentos, incluindo o quase onipresente branco de chumbo, e tem, conforme relatou George Field em 1835, uma tendência a escurecer no ar impuro.[8] Para a sorte dos historiadores, o ar armênio mostrou-se à altura do desafio. Embora as paredes de pedra do monastério de Gladzor tenham desaparecido há muito tempo, o mínio desse manuscrito em particular segue iluminado como nunca.

Nude

O guarda-roupa das mulheres na política muitas vezes causa alvoroço, mas em maio de 2010, os centímetros de colunas dedicados a uma roupa específica se alongaram mais do que o normal. Em um jantar de Estado oferecido na Casa Branca em homenagem ao Presidente da Índia, a primeira-dama (e primeira primeira-dama afro-americana), Michelle Obama, escolheu um vestido creme e prata desenhado por Naeem Khan. A escolha foi um ato sutil de diplomacia *fashion*: Khan nasceu em Mumbai.[1] O problema surgiu, porém, quando a história foi divulgada. A Associated Press chamou o vestido de "cor de pele"; outros usaram a descrição do próprio Khan: "vestido de lantejoulas prateadas, floral abstrato, sem alças, *nude*". A resposta foi imediata. Como disse Dodai Stewart, jornalista do *site Jezebel*: "*Nude*? Para quem?".[2]

Os termos para este tom pálido específico – "*nude*" ("nu" em inglês) e "cor da pele" – pressupõem um tom de pele caucasiano e são, portanto, problemáticos. Apesar de estarem muito fora de sintonia com o mercado global da moda, eles são, curiosamente, persistentes. Os sapatos de salto *nude* são itens básicos do guarda-roupa; batons *nude* são aplicados em milhões de lábios todos os dias. No vestuário, os termos persistem, apesar de haver uma infinidade de alternativas: areia, champanhe, creme, pêssego e bege (página 58). Inicialmente, o uso da cor se popularizou nas roupas íntimas femininas – espartilhos, cintas, meias-calças e *bralettes* –, nas décadas de 1920 e 1930. Logo a associação entre a pele nua e essas roupas íntimas sedosas deu à cor uma carga erótica. Os *designers* recorreram a ela repetidas vezes, em especial na década de 1990 e no início da década de 2000, com o surgimento do "*underwear-as-outerwear*" (roupa íntima como tendência de moda).[3]

A ideia por trás das roupas íntimas "nuas" era, supõe-se, que elas ficariam menos visíveis através de tecidos translúcidos. É claro que, assim como seus equivalentes modernos, elas só combinavam com a cor da pele de um grupo seleto, mesmo entre as mulheres caucasianas. Uma pessoa que entende muito bem essa relação é a fotógrafa brasileira Angélica Dass. Desde 2012, Angélica trabalha em um "inventário cromático" do tom da pele humana. O projeto contínuo "Humanæ" hoje é composto por mais de 2.500 retratos de diferentes pessoas de todo o mundo. Em todos os retratos, os modelos – aparentemente nus, embora apenas a cabeça e os ombros sejam visíveis – são fotografados nas mesmas condições de iluminação, com uma luz limpa e forte. O que torna os retratos especiais são os fundos. Cada fundo é pintado de modo a combinar com a cor de pele do modelo (é feita uma amostra do rosto), e o código alfanumérico Pantone correspondente é impresso na parte inferior da imagem. Angélica é Pantone 7522 C.[4] Entretanto é quando se olha os retratos em conjunto que se percebe o verdadeiro poder deles, e fica imediatamente claro quão fracos e inadequados são os rótulos "branco" e "preto". A variedade de tons de pele impressiona e é estranhamente comovente.

É possível argumentar que "*nude*", como termo para cor, já está desassociado de qualquer tom de pele real o suficiente para ser inofensivo. O problema, porém, não está na cor, nem mesmo na palavra em si, mas no etnocentrismo por trás dela. "Aqueles de nós com pele mais escura do que '*nude*'", escreveu Dodai Stewart em 2010, "percebem como a cor é não inclusiva – de *band-aids* a meias-calças e sutiãs – há anos". É claro que houve avanços: há menos marcas de maquiagem fazendo de conta que um tom de base areia claro "ajusta-se a todos os tons de pele", e, em 2013, Christian Louboutin lançou uma linha de sapatos em cinco tons de pele diferentes, do claro ao escuro.[5] Todos sabemos que "*nude*" é um espectro, e não uma cor; já é hora de o mundo ao nosso redor expressar isso também.

Rosa Baker-Miller
Rosa Mountbatten
Puce
Fúcsia
Rosa-choque
Rosa fluorescente
Amaranto

Rosa

Meninas usam rosa, meninos usam azul, e as provas estão por toda parte. Em "Pink & Blue Project", iniciado em 2005, a fotógrafa sul-coreana Jeongmee Yoon captura imagens de crianças rodeadas por seus pertences. Todas as meninas, invariavelmente, parecem uma ilha em um mar cor-de-rosa.

O interessante é que essa divisão estrita de meninas–rosa, meninos–azul surgiu apenas na metade do século XX. Poucas gerações atrás, a situação era completamente diferente. Segundo um artigo sobre roupas de bebê, publicado no *New York Times* em 1893, a regra ditava que "devíamos sempre dar rosa a um menino e azul a uma menina". Nem a autora, nem a mulher da loja que ela entrevistava sabiam ao certo por que, mas a autora arriscou um palpite irônico. "A perspectiva do menino é tão mais rósea que a da menina", escreveu ela, "que pensar em viver uma vida de mulher neste mundo é suficiente para deixar uma menina azul de tristeza".[1] Em 1918, uma publicação comercial afirmou que aquela era a "regra comumente aceita" porque o rosa era uma "cor mais assertiva e forte", enquanto o azul era "mais sensível e delicado".[2] É provável que essa ideia esteja mais próxima da verdadeira explicação. O rosa, afinal, é apenas um vermelho desbotado – o qual, em época de soldados em casacos escarlates e de cardeais em hábitos vermelhos, era a cor mais masculina, enquanto o azul era o tom característico da Virgem Maria. Na virada do século, a ideia de roupas diferentes para crianças de sexos diferentes era um pouco estranha. As taxas de mortalidade e natalidade eram tão altas que todas as crianças com menos de dois anos usavam vestidos de linho branco fáceis de alvejar.

A própria palavra *pink*, em inglês, é relativamente jovem. A primeira referência da palavra no *Oxford English Dictionary* usada para descrever vermelhos claros é do final do século XVII. Antes disso, *pink* costumava se referir a um tipo de pigmento. Esses pigmentos eram feitos pela ligação de um corante orgânico, como bagas de espinheiro ou extrato de giesta, a uma substância inorgânica, como o calcário, que lhe dava corpo. Eles vinham em uma variedade de cores – podiam ser rosa esverdeados, *rosés* ou rosa amarronzados –, mas eram, na maioria das vezes, amarelos.³ É curioso notar que, enquanto os vermelhos claros ganhavam um nome próprio, isso quase nunca acontecia com os verdes e os amarelos claros (embora vários idiomas, incluindo o russo, tenham palavras diferentes para os azuis claro e profundo). A maioria das línguas latinas utiliza uma variação da palavra *rosa*, nome da flor, para designar a cor. Embora não se saiba ao certo, é provável que o inglês tenha derivado a palavra para a cor de outra flor, a *Dianthus plumarius*, também conhecida como *pink*.*

O cor-de-rosa, porém, é muito mais do que a cor das flores e dos vestidos de princesa. Vestidas (ou não) com sedas cor de salmão, as mulheres retratadas pelos artistas rococó do século XVIII, como François Boucher e Jean-Honoré Fragonard, ainda que estivessem longe de serem *pin-ups* feministas, certamente eram mostradas como tendo total controle sobre o fascínio que exerciam. A figura de proa desses artistas era Madame de Pompadour, amante do rei Luís XV da França e consumidora experiente, que ajudou a popularizar a porcelana de Sèvres em rosa vibrante. Rosas ousados e cheios de energia fizeram sucesso entre mulheres fortes e com muita personalidade. Era um dos tons favoritos da colunista e editora de moda Diana Vreeland, que gostava de chamá-lo de "o azul marinho da Índia".⁴ Elsa Schiaparelli, estilista italiana, Daisy Fellowes, herdeira e editora de moda, e Marilyn Monroe, que dispensa apresentações, todas fizeram do rosa choque (página 126) a cor preferida das mulheres do século XX que queriam ser vistas e ouvidas.

---

* N. de T. Em inglês, são usadas palavras diferentes para designar a flor – "*rose*", equivalente ao nosso "rosa" – e a cor – "*pink*", equivalente ao nosso "cor-de-rosa". Em línguas de origem latina, como o próprio texto explica, em geral usa-se a mesma palavra para designar flor e cor.

O problema de imagem que o rosa enfrenta hoje deve-se, em parte, à reação feminista contra o sexismo A cor é vista como ao mesmo tempo infantilizante e, desde que os artistas misturaram pela primeira vez cochonilha, ocre e branco para retratar a pele feminina nua, sexualizante. Os nus ainda são, em maioria esmagadora, femininos. Em 1989, enquanto 85% dos retratos de nu do Metropolitan Museum eram de mulheres, apenas 5% dos artistas ali expostos o eram. Em um artigo recente, as Guerrilla Girls, grupo que pressiona o mundo da arte por maior diversidade, afirmaram que, desde então, os números pioraram.[5] A ideia de que o rosa seria a cor da objetificação feminina perdeu força apenas na década de 1970, com uma surpreendente descoberta feita sobre uma tonalidade específica (página 118).

Pesquisas recentes revelaram que produtos direcionados às mulheres, de roupas a capacetes de bicicleta e absorventes para incontinência urinária, custam mais do que produtos quase idênticos voltados para homens e meninos. Em novembro de 2014, o secretário de Estado francês para os direitos das mulheres, Pascale Boistard, exigiu saber, "*Le rose est-il une couleur de luxe?*" ("O rosa é uma cor de luxo?"), quando se descobriu que a rede varejista Monoprix vendia pacotes de cinco lâminas de depilação descartáveis cor-de-rosa por € 1,80, enquanto um pacote de dez lâminas de barbear descartáveis azuis custava € 1,72.[6] O fenômeno passou a ser conhecido como "*pink tax*" (ou "imposto rosa"). As preferências de cor podem ter se invertido ao longo do século passado, mas parece que, em muitos aspectos, a perspectiva dos meninos permanece mais otimista.

Rosa Baker-Miller

No final da década de 1970, as cidades americanas estavam sendo assoladas por uma epidemia de uso de drogas e pelo aumento nos índices de violência. Diante desse cenário, o país ficou de orelha em pé quando, no final de 1979, um pesquisador anunciou que tinha encontrado uma forma de tornar as pessoas menos agressivas. O segredo, divulgou Alexander G. Schauss no periódico *Orthomolecular Psychiatry*, era um tom enjoativo de rosa vivo.

Ao longo do ano anterior, Schauss realizara vários testes. Primeiro, ele mediu a força física de 153 homens jovens, dos quais metade olhou para um pedaço de cartolina azul escura por um minuto e a outra metade para um pedaço de cartolina rosa.[1] Todos os que olharam para o rosa, exceto dois, demonstraram menos força que a média. Intrigado, ele usou um dispositivo de medição de força mais preciso, um dinamômetro, para testar 38 homens: o efeito do rosa sobre eles foi o mesmo que o corte de cabelo para Sansão. Fora do laboratório, a tonalidade parecia igualmente eficaz. Em 1º de março de 1979, dois comandantes do Centro Correcional Naval dos Estados Unidos em Seattle, Washington, Gene Baker e Ron Miller, pintaram uma de suas unidades de detenção de rosa para ver se a cor teria algum efeito sobre os prisioneiros. Eles misturaram meio litro de tinta vermelha semibrilho a um galão de tinta látex em branco puro para obter o tom de Pepto-Bismol perfeito e então revestiram paredes, teto e grades das celas.[2] Antes, a violência era um "problema monstruoso", disse Baker, mas, nos 156 dias que se seguiram à pintura, não houve um único incidente.[3] Resultados semelhantes foram relatados no Centro Juvenil Kuiper, em San Bernardino; na verdade, relatou o Dr. Paul Boccumini com alegria, "funcionou tão bem que o pessoal precisa limitar a exposição [dos delinquentes], porque os jovens ficam fracos demais".[4]

Schauss começou a fazer aparições públicas para demonstrar como o recém-batizado rosa Baker-Miller (em homenagem aos dois comandantes em Seattle) poderia solapar a força até mesmo do homem mais durão. Durante uma memorável aparição na televisão, ele testou a cor no Mr. California da época; o pobre homem mal conseguia completar uma rosca bíceps. A cor logo se tornou uma espécie de fenômeno da cultura *pop* nos Estados Unidos. Ela aparecia nos bancos dos ônibus, nos muros dos conjuntos habitacionais, nas celas para bêbados das cidades pequenas (daí seu outro apelido, "*drunk-tank pink*", ou "rosa de cela para bêbado") e, por fim, nos vestiários dos times visitantes dos estádios de futebol americano universitário (o que levou à regra de que os times de futebol poderiam pintar os vestiários dos visitantes da cor que quisessem, desde que o vestiário do time da casa tivesse uma cor que combinasse).[5]

O meio acadêmico, naturalmente, reagiu. Durante a década seguinte, cientistas investigaram a eficácia do rosa Baker-Miller em tudo, de níveis de ansiedade ao apetite e à capacidade de escrever código. Os resultados foram contraditórios. Um estudo de 1988 não conseguiu estabelecer uma relação entre a cor e a pressão arterial ou a força, mas observou efeitos significativos na velocidade e na precisão dos participantes de um teste de símbolos e dígitos padrão.[6] Um estudo de 1991 descobriu que houve reduções na pressão arterial sistólica e diastólica de participantes emocionalmente instáveis que foram colocados em uma sala pintada de rosa. Outro estudo, realizado com prisioneiros e estudantes universitários do sexo masculino fingindo ser prisioneiros, descobriu que tanto as paredes pintadas de Baker-Miller quanto a luz com filtro rosa poderiam reduzir o tempo necessário para as pessoas expostas se acalmassem.[7]

Hoje, porém, o rosa Baker-Miller é muito raro, mesmo nas prisões. Parece que, à medida que os índices de criminalidade nos Estados Unidos – o país onde a maioria esmagadora dos testes foi realizada – começaram a cair, as prioridades mudaram. Além disso, é uma cor bastante enjoativa, por isso pode ser que os guardas, enfermeiras e diretores não desejassem mais estar rodeados por ela, assim como os que estavam sob os seus cuidados. Por ora, o interesse mundial pelo rosa Baker-Miller segue adormecido, e centenas de perguntas permanecem sem resposta – talvez até a próxima onda de crimes.

Rosa Mountbatten

Durante as primeiras seis décadas do século XX, todas as quintas-feiras, precisamente às 16h, a buzina de um grande navio de cruzeiro soava pelo estuário de Southampton Water, na Inglaterra, e um navio da Union-Castle deixava o cais rumo ao sul, com destino à Cidade do Cabo. Mesmo que não seguissem um cronograma tão rígido, seria impossível confundir esses navios com outros: a chaminé era escarlate com uma faixa preta no topo; o convés superior era branco brilhante; e o casco tinha um tom indeterminado de rosa arroxeado acinzentado dessaturado. Essa era uma característica muito explorada pelos cartazes publicitários da empresa: o casco rosado cortando orgulhoso as ondas azuis, com paisagens ensolaradas ao fundo.

No entanto, é provável que essas imagens tão garbosas não fossem o motivo da preocupação de Lord Mountbatten, o estadista britânico, enquanto navegava em seu navio, o HMS (Her/His Majesty's Ship, ou "navio de sua majestade") *Kelly*, em 1940.[1] No primeiro ano da Segunda Guerra Mundial, a Marinha Real britânica sofrera perdas tremendas: a Luftwaffe, a força aérea alemã, avistava os comboios de cima, enquanto os U-boats, os submarinos alemães, se aproximavam por baixo. A perda de vidas já era terrível o suficiente, mas, durante a guerra, a Grã-Bretanha ficou totalmente dependente dos suprimentos trazidos de fora. Estava muito claro que algo precisava ser feito. Os capitães começaram a testar diferentes tipos de camuflagem, na esperança de escapar de seus caçadores. Alguns se debruçaram sobre a ideia da camuflagem disruptiva, algo já empregado na Primeira Guerra Mundial, cujo objetivo não era esconder os navios, mas, como as listras de uma zebra, confundir os inimigos, dificultando estimar ângulo, velocidade e distância dos navios pintados dessa forma. Outros tentaram usar dois tons de cinza – escuro no casco, claro nas superestruturas – para que a coloração dos navios mimetizasse a diferença entre o céu e o mar.[2]

Talvez fossem esses esforços que rondavam a mente de Mountbatten quando ele percebeu que um navio da Union-Castle requisitado pela Marinha, ainda com suas cores civis, desapareceu nas sombras bem antes dos outros navios do comboio. Ele então se convenceu de que a cor característica dos cascos da Union-Castle poderia ser exatamente o que a Marinha vinha procurando. Embora se destacasse durante o dia, ao amanhecer e ao anoitecer – dois dos horários mais traiçoeiros para ataques a navios –, a cor avermelhada dessaturada parecia desaparecer. Em pouco tempo, todos os navios de combate da flotilha de Mountbatten foram pintados de cinza médio com um toque de vermelho veneziano, um tom que rapidamente ficou conhecido como rosa Mountbatten.

Outros capitães seguiram o exemplo, e a cor poderia ter se espalhado por toda a Marinha britânica não fosse pela seção de camuflagem oficial do Almirantado, que começou a usar cores e padrões diferentes em suas unidades. Os navios logo foram pintados com as cores de camuflagem oficiais: uma versão em cinza e azul suaves do *design* disruptivo.

Não se sabe se o Almirantado incluiu o rosa Mountbatten em seus testes; também não ficou registrado como os marinheiros se sentiam em relação à constante mudança de cores dos navios. Sabemos, porém, que na época em que a cor começou a ser retirada, em 1942, muitos estavam convencidos de sua eficácia. Uma história em particular sobre o milagroso poder de ocultação do rosa Mountbatten ainda é lembrada. Nos últimos meses de 1941, o HMS *Kenya* – apelidado de "The Pink Lady" por sua pintura – foi alvo de ataque pesado perto da ilha de Vaagso, nas proximidades da costa norueguesa. Embora metralhado por duas armas grandes por minutos a fio, o navio escapou apenas com danos estéticos e sem vítimas. Prova, ou assim pareceu a alguns, de que este tom específico de rosa era exatamente o que a Marinha vinha procurando.

Puce

A França pré-revolução estava inundada de nomenclaturas evocativas para as cores. Listras em verde-maçã e branco, por exemplo, eram chamadas de "a pastora alegre". Outros tons agraciados incluíam "queixas indiscretas", "ótima reputação", "suspiro abafado" e "os vapores".[1] Naquela época, assim como hoje, deixar-se levar pela última moda era sinal de *status*, riqueza e de um sentimento de pertencimento tribal à câmara de eco adornada de joias da corte francesa. Foi nesse ambiente entorpecente que o *puce* se tornou a cor da temporada.

No verão de 1775, Maria Antonieta, então com 20 anos, era rainha da França havia um ano e seu reinado não ia nada bem. Na primavera, uma onda de protestos sobre o preço dos grãos – conhecida como a Guerra da Farinha – convulsionara o país, e a rainha estrangeira estava rapidamente se tornando objeto de aversão. Corriam boatos sobre sua jogatina voraz, suas extravagâncias como leiteira de faz-de-conta no Petit Trianon, nos arredores de Versalhes, e seus guarda-roupas abarrotados de roupas e chapéus caríssimos. Para seus súditos famintos, esse esbanjamento era perturbador. Alarmada com os relatos vindos da França, a mãe da rainha, a magnífica Imperatriz Maria Teresa da Áustria, escreveu para repreender a filha por suas "extravagâncias de moda", dizendo-lhe que estava "lançando-se ao abismo". "[Uma] rainha", escreveu ela, "apenas se desgraça (...) com dispêndios impróprios, especialmente em tempos tão difíceis".[2] Mas a jovem rainha não deu ouvidos.

O marido dela, o rei Luís XVI, sentindo que as indulgências de moda da esposa eram perigosamente inadequadas, não ficou nada feliz quando a viu experimentando um novo vestido em tafetá de seda brilhante em um tom peculiar entre marrom, rosa e cinza. Se estivesse em um espírito mais cavalheiresco, poderia tê-lo chamado de "cor da rosa murcha", mas, em vez disso, observou que se assemelhava à *couleur de puce* – a cor das pulgas.[3] Se a intenção do rei era envergonhar a esposa, suas palavras saíram pela culatra. "No dia seguinte", relembrou Baronne d'Oberkirch, "todas as damas da corte vestiam algum tom de *puce* – pulga velha, pulga jovem, *ventre de puce* [barriga da pulga], *dos de puce* [costas da pulga]".[4] Passando aquele verão na corte francesa, Lady Spencer descreveu o *puce*, em carta para filha, como "o uniforme de Fontainebleau e a única cor que pode ser usada".[5]

Poucos dias após a queda da monarquia, 17 anos mais tarde, em 10 de agosto de 1792, a família real Bourbon se via em circunstâncias drasticamente diferentes. Sua residência pós-revolução era nada mais que uma suíte apertada e suja, semelhante a uma cela, na Pequena Torre do Templo (La Petite Tour du Temple), em Paris. Lá o casal real foi mantido preso até sua execução, no ano seguinte. Naturalmente, Maria Antonieta não tinha muitas roupas e, as que tinha, precisavam se adequar à nova realidade. Elas tinham que sobreviver à imundice dos novos aposentos e às repetidas lavagens, além de sinalizar sua condição de prisioneira e de "assassina do povo". Seu enxoval era composto por várias túnicas brancas simples, uma saia de musselina bordada, duas capas curtas e três vestidos: um *toile de Joüy* marrom estampado; um *chemisier* simples com gola estilo equestre, na cor conhecida como "lama de Paris"; e um vestido de tafetá cor de pulga.[6]

Fúcsia

Fúcsia é uma das muitas cores que deve seu nome a uma flor[1] e, embora as flores de fúcsia, com sua dupla camada de pétalas, apresentem uma variedade de tons de bailarina – incluindo brancos, vermelhos, rosas e roxos –, foi um tom de rosa com fundo azulado dolorosamente saturado que adotou o seu nome. Hoje isso pode não ser lá uma grande honra; fúcsia foi eleita uma das três cores menos populares do Reino Unido em 1998, e, há anos, a palavra tem sido o carrasco dos participantes de concursos de soletração.[2] A história por trás do nome da flor, no entanto, é, em essência, de amor: o amor pela botânica.

Hipócrates, nascido por volta de 460 a.C. na ilha de Kos, na Grécia, foi talvez a primeira pessoa conhecida a demonstrar um considerável interesse pela vida vegetal. Seu estudo estava relacionado à prática da medicina: muitas plantas eram usadas para tratar doenças, ou para causá-las, e um bom médico precisava saber qual era qual. Mais tarde veio outro grego, Teofrasto (c. 371–287 a.C.), que publicou o primeiro tratado sobre o assunto; depois veio Plínio, o Velho (23–79 d.C.), que mencionou mais de 800 espécies de flora em sua *História Natural*; e Avicena, o prodigioso filósofo, cientista e escritor persa – cerca de 240 de seus títulos ainda sobrevivem –, que nasceu por volta de 980 d.C.[3] Quase 700 anos mais tarde, porém, quando Leonhard Fuchs, estudante de medicina da Baviera, começou suas próprias pesquisas sobre plantas, o campo mal havia avançado.

Para corrigir a situação, Fuchs começou a criar um jardim, que encheu com todo tipo de plantas que pôde encontrar. (Todas as imagens dele da época mostram um homem com uma planta na mão e uma expressão notadamente concentrada.) Ele contatava amigos de toda a Europa e aqueles que partiam para explorar o Novo Mundo, implorando que lhe enviassem amostras ou descrições de plantas que encontrassem. Fruto de todo esse trabalho árduo, o livro primorosamente ilustrado *De historia stirpium commentarii insignes* (Comentários notáveis da história das plantas) foi, por fim, publicado em 1542.

"Dedicamos o maior esforço", escreveu Fuchs orgulhoso, "para que cada planta fosse representada com suas próprias raízes, caules, folhas, flores, sementes e frutos".[4] Três artistas trabalharam nas 512 imagens do livro. Ao todo, o livro descrevia cerca de 400 plantas selvagens e 100 cultivadas, incluindo descrições de espécies do Novo Mundo que poucos europeus tinham visto, como a pimenta malagueta – o nome que deu à planta significava "grande vagem" em latim. Ele também deu nomes evocativos a plantas que as pessoas já tinham visto centenas de vezes, como o belo *Digitalis purpurea* (que significa "dedos roxos") à dedaleira comum.[5]

Curiosamente, Leonhard Fuchs nunca viu a planta que agora leva seu nome. Embora hoje comum em grande parte do mundo, o primeiro exemplar conhecido pelos europeus só foi encontrado em 1703 – cerca de 40 anos após a morte de Fuchs –, crescendo selvagem na ilha de Hispaniola, no Caribe. O homem que o encontrou, Père Charles Plumier, era botânico e, querendo honrar o seu ídolo, deu-lhe o nome em homenagem a Fuchs.

Rosa-choque

Conhecida por Winston e Clementine Churchill como "o imbróglio", Daisy Fellowes era, de fato, uma mulher muito chocante.[1] Nascida em Paris, na última década do século XIX, era a única filha de um aristocrata francês e de Isabelle-Blanche Singer, a herdeira da máquina de costura. Nas décadas de 1920 e 1930, ela era uma notória *bad girl* transatlântica: aplicava cocaína em seu professor de *ballet*, editava a revista *Harper's Bazaar* francesa, tinha uma sucessão de casos com pessoas proeminentes e organizava festas para as quais convidava apenas pares de inimigos mortais. Ela era, segundo um artista amigo, "a bela Madame de Pompadour da época, perigosa como um albatroz"; para Mitchell Owens, colaborador do *New York Times*, ela era "um coquetel molotov vestido de Mainbocher".[2]

Um de seus inúmeros vícios eram as compras, e foi uma de suas compras na Cartier que soltou esse tom escandaloso de rosa no mundo. O *Tête de Bélier* ("cabeça de carneiro"), um diamante rosa intenso de 17,47 quilates, já tinha pertencido à realeza russa.[3] Fellowes o usava quando se encontrou com uma de suas estilistas favoritas, a brilhante *couturière* surrealista Elsa Schiaparelli (Fellowes era uma das duas únicas mulheres com coragem suficiente para usar o infame chapéu de salto alto desenhado em colaboração com Salvador Dalí. A própria Schiaparelli era a outra). Foi amor à primeira vista. "A cor brilhou diante dos meus olhos", escreveu Schiaparelli mais tarde. "Brilhante, impossível, atrevido, atraente, revigorante, como todas as luzes e os pássaros e os peixes do mundo juntos, uma cor de China e Peru, mas não do Ocidente – uma cor chocante, pura e não diluída."[4] Ela adotou a cor imediatamente na embalagem de seu primeiro perfume, lançado em 1937.[5] O frasco, desenhado pela pintora surrealista Leonor Fini, foi inspirado no torso voluptuoso da atriz Mae West e vinha em uma caixa rosa choque inconfundível. Seu nome, claro, era "Shocking" (chocante). A cor se tornou uma referência para a estilista, aparecendo repetidamente em suas coleções e até na decoração da própria casa: sua neta, a modelo e atriz Marisa Berenson, lembra-se da cama de Schiaparelli coberta com almofadas rosa choque em formato de coração .[6]

O tempo não diminuiu o charme da cor. Nos ousados anos de 1980, Christian Lacroix costumava combiná-la com vermelho vivo; a maioria, porém, usa-a com moderação. Uma exceção notável pode ser vista no filme *Os homens preferem as loiras*. Em 1953, o figurinista William Travilla foi chamado com urgência ao *set*. Os produtores estavam em pânico, pois um calendário com fotos de nu da estrela do filme, Marilyn Monroe, acabara de ser lançado, e a imprensa estava em alvoroço. O estúdio decidiu que os dotes da atriz precisavam ser guardados com mais zelo. "Fiz um vestido *muito coberto*", escreveu Travilla mais tarde, "um vestido em um rosa muito famoso, com um grande laço nas costas".[7] É essa roupa que Monroe veste quando canta a música que ajudou a selar o seu lugar no panteão de Hollywood, "Diamonds are a Girl's Best Friend" ("Diamantes são o melhor amigo de uma garota"). Sem dúvida, Daisy Fellowes, então já uma senhora elegante de 63 anos, concordou plenamente.

Rosa fluorescente

Em 21 de abril de 1978, a banda *punk* britânica X-Ray Spex lançou uma edição limitada, com 15 mil cópias, de seu novo *single*, "The Day the World Turned Day-Glo", em um vinil laranja abóbora de 18 centímetros. A capa trazia um globo terrestre colorido em uma mistura de amarelo, vermelho e rosa ofuscante contra um fundo verde limão. A letra da música – quase incompreensível nos uivos estridentes do vocalista Poly Styrene – lamenta a artificialidade que se infiltra no mundo.

As cores fluorescentes eram uma novidade na década de 1970, versões em potência aumentada das cores vivas amadas por publicitários e artistas *pop* na década de 1960. Em 1972, a Crayola lançou uma caixa de edição especial com oito lápis fluorescentes que brilhavam com muita intensidade sob luz negra, incluindo as cores ultrarrosa e magenta quente. A ousadia estridente das cores superbrilhantes também combinava perfeitamente com a estética do emergente movimento *punk* . Rosas fluorescentes muitíssimo saturados foram usados para pintar moicanos e o *lettering* de vários álbuns *punk* clássicos da época, como o *design* rosa e amarelo do álbum *Never Mind the Bollocks*, dos Sex Pistols, desenhado por Jamie Reid em 1977.

A maioria das cores que consideramos fluorescentes são, na verdade, apenas tons de intensidade muito alta. Os fluorescentes verdadeiros são assim tão brilhantes não só porque as cores são muito saturadas, mas também porque a estrutura química do corante ou do material absorve a luz de ondas muito curtas na porção ultravioleta do espectro, invisível a humanos, e a reemite em comprimentos de onda mais longos, que podemos ver.[1] É isso que lhes confere aquele brilho específico à luz do dia, e também é a razão pela qual brilham sob luz negra.

Um dos usos preferidos dessa tecnologia em todo o mundo é no humilde marcador. Criados nos anos de 1960, originalmente os marcadores eram apenas canetas com pontas de feltro e tintas finas à base de água, que permitiam ver o texto através delas.

Uma década depois, corantes fluorescentes foram adicionados aos marcadores para que as partes de texto sobre as quais passaram se destacassem ainda mais. A Stabilo já vendeu mais de 2 bilhões de marcadores até o momento e, embora estejam disponíveis em uma variedade cada vez maior de cores, duas delas se destacam das demais: 85% das vendas são de amarelo e rosa.[2]

Amaranto

"Uma rosa e um amaranto floresceram lado a lado em um jardim", começa a fábula de Esopo. O amaranto, uma planta pernalta com folhas verdes frescas e flores densas, semelhantes a amentilhos, fala com sua vizinha. "Como invejo sua beleza e seu doce perfume! Não admira que você seja a favorita todos." Mas a rosa responde, um pouco triste: "Eu floresço, mas por certo tempo: minhas pétalas logo murcham e caem, e então eu morro. Mas suas flores nunca murcham (...) elas são eternas".[1]

O público de Esopo saberia exatamente o que ele queria dizer. Embora muitas das cerca de 50 espécies que compõem o gênero tenham apelidos nem sempre lisonjeiros – "crista-de-galo", "rabo-de-raposa", "suspiro", além de "cururu" e "bredo" –, o amaranto é reverenciado há muito tempo. Seu nome é um homônimo, referindo-se à planta e significando "eterno". Guirlandas de amaranto eram usadas para homenagear heróis como Aquiles porque aludiam, com suas flores duradouras, à imortalidade.[2] Esse simbolismo tornou-o irresistível para escritores: em *Paraíso perdido*, John Milton deu às hostes angelicais coroas de amaranto e ouro (página 86).

Entretanto, o povo com a relação mais rica com o amaranto era o povo asteca, que o chamava de *huautli*. A evidência arqueológica mais antiga do amaranto vem do que hoje é o México e data de 4 mil a.C. A planta era um alimento importante: as folhas podem ser cozidas como espinafre e as sementes, do tamanho de cabeças de alfinete, podem ser torradas, moídas ou estouradas como milho.[3] O amaranto também era cultivado em jardins flutuantes especiais – barcos cheios de terra deixados à deriva em lagos; a água ajudava a regular a temperatura do solo e impedia que os animais chegassem à plantação.[4] Todos os anos, os agricultores entregavam cerca de 20 mil toneladas de sementes a Montezuma (1466–1520), o último governante asteca.[5]

Os conquistadores espanhóis viam o amaranto com grande suspeita. O problema não era o papel que desempenhava na dieta dos astecas, mas na religião deles. A planta era considerada sagrada e desempenhava um papel fundamental em muitos rituais. Os católicos espanhóis se incomodavam particularmente com a prática de misturar um pouco de sangue de sacrifícios humanos na massa de amaranto e de assá-la em bolos, que eram então partidos e comidos pelos fiéis. Era tudo muito próximo a uma paródia da Sagrada Comunhão para eles engolirem.[6] Cultivar, comer e até possuir amaranto passou a ser proibido.

O que salvou o amaranto foi a sua resistência e fecundidade. Uma única inflorescência pode conter 500 mil sementes, que crescerão em qualquer lugar. Por mais que tentassem, os espanhóis não conseguiram eliminar o amaranto por completo, nem apagar a sua associação com o divino. Em 1629, um padre queixou-se de que os habitantes locais complementavam suas devoções cristãs com pequenas figuras comestíveis de Cristo assadas com massa de amaranto. Há relatos do século XIX de rosários feitos de amaranto, e a semente de amaranto estourada, misturada com mel, ainda é usada no México para fazer um doce chamado *alegria*.[7]

Também como cor, o amaranto entrou em declínio. Era conhecida nos séculos XVIII e XIX o suficiente para aparecer tanto em dicionários quanto em matérias de moda. Em maio de 1890, por exemplo, a *Harper's Bazaar* recomendou a cor para sedas e lãs, junto com beringela, ameixa e borra de vinho.[8] Amaranto foi também o nome dado a um azocorante tom de framboesa criado na década de 1880. Ele ainda é utilizado como aditivo alimentar (com o nome E123) na Europa, onde confere às cerejas maraschino sua coloração característica, mas foi proibido nos Estados Unidos, porque é considerado cancerígeno.

Embora o nome ainda seja usado ocasionalmente, não há consenso sobre se ele se refere a um vermelho-cereja, a um uva desbotado ou a um ameixa rico. O tempo, infelizmente, desmentiu Esopo: a beleza da rosa continua amada como sempre, enquanto a sorte do amaranto murchou.

Escarlate
Cochonilha
Vermelhão
Rosso corsa
Hematita
Garança
Sangue de dragão

Vermelho

Em 2012, um estudo publicado no *Journal of Hospitality &*
Tourism Research aconselhava as garçonetes a usarem vermelho.
Por quê? A pesquisa concluiu que, se vestissem a cor, as gorjetas de
clientes do sexo masculino aumentariam em até 26%. (A cor não
teve efeito sobre as clientes do sexo feminino, que, de um jeito ou de
outro, tendiam a ser mais pão-duras com as gorjetas.)[1]

Há muito, a influência do vermelho sobre a psique humana
fascina os psicólogos. Um estudo de 2007, por exemplo, testou
o efeito da cor no desempenho intelectual. Os sujeitos do
experimento precisavam resolver anagramas. Aqueles cujos testes
tinham capa vermelha tiveram um desempenho pior do que aqueles
com capa verde ou preta; eles também escolheram opções mais
fáceis, quando tinham essa escolha.[2] Nos Jogos Olímpicos de 2004,
em Atenas, os atletas de esportes de combate que usaram vermelho
venceram 55% das vezes. E, em um estudo sobre jogos disputados
desde a Segunda Guerra Mundial, as equipes de futebol que
usaram a cor tiveram maior probabilidade de serem campeãs e, em
média, terminaram mais bem colocadas nas ligas do que as equipes
de outras cores.[3] Também não somos a única espécie suscetível a
ela. Macacos como o macaco-rhesus e o mandril têm áreas cor de
cereja em nádegas, rosto e genitália, que indicam seus níveis de
testosterona e agressividade.[4] (Contudo, o animal mais famoso por
se enfurecer com o vermelho, o touro, seja daltônico. É ao agitar
e balançar da pequena capa dos toureiros, a *muleta*, que os touros
reagem – testes mostraram que eles atacam o *capote*, que é magenta
[página 167] de um lado e azul do outro, com a mesma fúria.)

Acredita-se que as pessoas começaram a tingir tecidos em
algum momento entre o sexto e o quarto milênio a.C. A maior
parte dos restos de tecido tingido dessa época até o período romano
eram coloridos em um tom de vermelho.[5] (Tão especial era a cor
que, para os romanos, as palavras *colorido* [*coloratus*] e *vermelho*
[*ruber*] eram sinônimas.) Os antigos egípcios enrolavam as múmias
em tecidos tingidos com hematita (página 150); Osíris, deus da

vida após a morte e do submundo, também era conhecido como o "senhor do tecido vermelho".[6] É, junto com o preto, uma das cores que os antigos chineses associavam à morte, e o par contrastante é visto com frequência em tumbas e sepulturas. Mais tarde, passou a compor o influente sistema dos cinco elementos, associado ao fogo, ao verão e a planeta Marte.[7] Hoje, além da ligação com o Partido Comunista, os chineses a veem como a cor da alegria e da boa sorte: presentes em dinheiro, chamados *hongbao*, são entregues em envelopes vermelhos em ocasiões especiais, como casamentos.

Como a cor do sangue, o vermelho também está fortemente associado ao poder. Diz-se que a divindade inca Mama Huaco emergiu da Caverna de Origem usando um vestido vermelho.[8] Plínio mencionou que o corante vermelho cochonilha era reservado aos generais romanos e, desde então, a cor, embora ostensiva e pouco prática, tem sido muito usada por soldados, incluindo os casacas-vermelhas britânicos. Os astecas depositavam, com a maior paciência, ovos de cochonilha (página 141) em folhas de cacto, usando pincéis de pelo de raposa, para que seus governantes tivessem um estoque sempre disponível de cocares com franjas vermelhas e para que seus sacerdotes pudessem atrair a atenção dos deuses durante os rituais.[9] Do outro lado do Atlântico, tanto reis quanto cardeais tinham excessiva afeição por roupas vermelhas suntuosas. Em 1999, a cor aparecia em 74% das bandeiras do mundo, tornando-se, de longe, a cor mais popular para representar a identidade de uma nação.

Além do poder, o vermelho tem associações mais vulgares com a luxúria e a agressão. O diabo é tradicionalmente representado em vermelho. A associação entre vermelho e sexo no Ocidente remonta, pelo menos, à Idade Média. Foi, muitas vezes, a cor atribuída às prostitutas nas muitas leis suntuárias aprovadas ao longo do período.[10] Não é de se admirar que tenha tido uma relação tempestuosa com as mulheres. Hester Prynne, a heroína de *A letra escarlate*, fascina tanto os leitores desde a publicação do romance, em 1850, porque desafia a categorização fácil. Por um lado, ela despreza a pureza sexual convencional de sua idade e sexo, mas, por outro, aceita a condenação dos seus vizinhos puritanos e usa humildemente um "A" escarlate como castigo. A relação ambivalente entre as mulheres e o vermelho pode ser vista em outras obras de ficção, incluindo *Felicidade de mentira*, "Chapeuzinho vermelho" e *E o vento levou*.

Essa potente mistura de poder e sexualidade torna a cor uma escolha ousada, mas complicada para as marcas. A Virgin talvez seja o melhor exemplo de empresa que conseguiu usar o poder do vermelho a seu favor, mas porque se posicionou como uma forasteira ousada. A Coca-Cola deve suas cores à bandeira vermelha e branca do Peru, que é de onde a empresa obtinha as folhas de coca e a cocaína que suas bebidas continham até a década de 1920.[11] Artistas de todos os estilos contavam muito com os tons entre sangue de boi e caqui para trazer dramaticidade, erotismo e profundidade aos seus trabalhos. Para os pré-rafaelitas, os vermelhos – e as ruivas (página 104) – eram quase talismânicos. Rothko, que escreveu que a principal preocupação da arte dele era "o elemento humano", sobrepunha tom sobre tom de vermelho em suas telas gigantes. Ele o identificava, como disse a crítica de arte Diane Waldman, "com o fogo e com o sangue". Anish Kapoor, um ávido usuário de cores, passou a década de 1980 fazendo versões de suas esculturas piramidais, fálicas e semelhantes a vulvas em um vermelho tão vívido que quase vibra. Seu *Svayambh* (2007) era um lento trem rubro de pigmento e cera que se espremia para frente e para trás pelas portas triunfais da Royal Academy, em 2009, parecendo, absurdamente, um voluptuoso batom acima do peso. Essa obra de arte móvel, assim como o sinal vermelho do semáforo, parava as pessoas.

Escarlate

Em 8 de fevereiro de 1587, Mary Stuart, a rainha da Escócia, foi executada depois de passar 18 anos presa. Relatos da época sobre sua morte no Castelo de Fotheringhay são horríveis: vários dizem que foram necessários dois golpes para cortar seu pescoço, outros dizem que, quando sua cabeça foi erguida, a peruca caiu e revelou o couro cabeludo quase careca de uma velha doente. O que muitos relatam em comum é que, antes da execução, Mary Stuart removeu cuidadosamente suas roupas de cima para revelar um vestido escarlate intenso. Os espectadores com o mínimo de compaixão não teriam dificuldade de desvendar a mensagem pretendida: o escarlate era associado ao martírio na Igreja Católica. Para aqueles hostis à rainha escocesa e à sua fé, no entanto, o vestido vermelho vivo fazia uma relação clara com o arquétipo da mulher escarlate, a Prostituta da Babilônia, da Bíblia.

Essa leitura binária é típica do escarlate. Embora valorizada há muito tempo como uma cor para pessoas prestigiadas e poderosas, desde o início foi vítima de significados não intencionais. O próprio nome, por exemplo, inicialmente não se referia a uma cor, mas a um tipo de tecido de lã muito admirado. A partir do século XIV, como era mais comum colorir os tecidos finos com quermes, o corante mais intenso e resistente até então conhecido, a palavra passou a denotar a cor.

Assim como a cochonilha (página 141), o corante quermes era feito do corpo de insetos tão pequenos que, muitas vezes, eram confundidos com sementes ou grãos.[1] (Plínio, escrevendo no primeiro século d.C., descreveu-o como "uma baga que se transforma em verme".) Para produzir um único grama desse vermelho precioso, eram necessárias até 80 fêmeas de besouros quermes importadas do sul da Europa, o que o tornava muito caro; além disso, obter o tom exato exigia habilidade. O produto final, porém, era um corante tão intenso e resistente ao desbotamento que os tecidos tingidos com ele se tornaram o epítome do luxo. Em um livro contábil do reinado de Henrique VI, que governou a Inglaterra durante o século XV, consta que um mestre de obras precisava trabalhar um mês inteiro para ganhar o suficiente para comprar um único metro do tecido escarlate mais barato; o mais caro custava o dobro.[2]

Diz-se que Carlos Magno, o rei franco que governou durante o início da Idade Média, usou sapatos de couro escarlate quando foi coroado Sacro Imperador Romano, em 800 d.C. Ricardo II, da Inglaterra, repetiu a indumentária 500 anos depois. As leis suntuárias aprovadas em Leão e Castela no século XIII restringiam o uso da cor aos reis.[3] A ruiva Elizabeth I, que sabia uma coisa ou outra sobre o poder das aparências, gostava de usar escarlate quando princesa. A cor, porém, não era adequada para a rainha virgem e, por isso, após a sua coroação em 1558, ela passou a usar tons neutros ou mais fracos, como fulvo, dourado e cinza. Entretanto, esse símbolo de majestade era útil demais para ser descartado completamente: Elizabeth adotou o estratagema de vestir suas damas de companhia e criadas de escarlate, para que atuassem como um dramático pano de fundo simbólico. William Shakespeare, na posição de ator da realeza, recebeu mais de quatro metros de tecido para confeccionar uma roupa escarlate, a ser usada na coroação do sucessor de Elizabeth, Jaime I.[4] E aonde vai a riqueza, o poder vai logo atrás. Em 1464, o Papa Paulo II decretou que seus cardeais deveriam usar túnicas em um escarlate rico, em vez de roxo; os pobres moluscos roxos de Tiro (página 162) estavam quase extintos naquela época.[5] O hábito pegou, e o escarlate se tornou intrínseco às insígnias, especialmente na Igreja e na academia, uma herança à qual Mary Stuart recorreu em sua execução.

Embora muitos associem os britânicos à ideia de uniformes militares vermelhos, o jogo amoroso entre o escarlate e os homens uniformizados remonta a muito mais tempo. Os postos mais altos dos generais romanos usavam *paludamenta* vermelha brilhante – uma capa presa sobre um ombro, que sinalizava liderança.[6]

A cor foi adotada pelos ingleses sob o comando de Oliver Cromwell, que especificou que os casacos dos oficiais deveriam ser tingidos de escarlate em Gloucestershire, usando uma receita recém-descoberta.[7]

Em 1606, o cientista holandês Cornelis Drebbel, o primeiro homem a construir um submarino funcional, estava montando um termômetro em seu laboratório, em Londres. Conta a história (provavelmente apócrifa) que ele ferveu uma solução de cochonilha vermelho-arroxeada e a deixou no peitoril da janela para esfriar. De alguma forma, um frasco de *acqua regia*, uma mistura de ácido forte, quebrou e derramou o líquido sobre o marco de latão da janela, que respingou na cochonilha e tornou a solução instantaneamente em escarlate brilhante.[8] O manual de um tintureiro chamou o resultado de "escarlate cor de chama". "A cor mais fina e luminosa", escreveu o autor, "no lado do laranja, cheia de fogo e de um brilho que deslumbra os olhos".[9]

Naturalmente, esse vermelho vibrante também teve muitos detratores. Era um dos favoritos da Mulher de Bath, a personagem moralmente ambivalente de Chaucer em "Contos da Cantuária". Shakespeare usou-a junto com hipócritas, indignação e pecado.[10] Uma passagem rebuscada do Livro das Revelações da Bíblia do Rei James – "Eu vi uma mulher sentada sobre uma besta de cor escarlate" – levou os puritanos a alegarem que toda a Igreja Católica, então conhecida pelos cardeais vestidos de vermelho, era má. Foi nessa herança que Aleister Crowley, o ocultista do século XX, baseou-se ao criar a Mulher Escarlate, a divindade thelêmica do desejo e da sexualidade femininos. E, embora a tonalidade quase não saia de moda desde o século XIV, nem todos a aprovam. O escarlate "é uma cor charmosa", admitiu a revista *Arthur's* em fevereiro de 1885, "apesar de ser a favorita dos índios e dos bárbaros em geral".[11]

Cochonilha

A olho nu, a fêmea de *Dactylopius coccus* poderia ser confundida com uma sementinha ou um grão de areia; pouco maior que a cabeça de um alfinete, é oval, acinzentada e levemente estriada. Somente quando uma delas foi examinada ao microscópio, no final do século XVII, é que o que restava de dúvida foi dissipado: *Dactylopius coccus* é, sim, um inseto. E, embora possa parecer irrelevante, este inseto criou e derrubou reis e impérios – e ajudou a moldar a história.

Hoje, é mais comum encontrar o *coccus* no México ou na América do Sul, em um amontoado branco como a neve no lado ensolarado de uma folha de palma redonda, um tipo de cacto do qual se alimenta exclusiva e vorazmente.[1] Se você pegar um e espremê-lo com força até esmagá-lo, seus dedos culpados ficarão manchados de vermelho intenso. É relativamente fácil transformar esse caldo vermelho de insetos em corante, muitas vezes chamado de carmim: basta os insetos e um mordente, geralmente alume, para ajudar a cor a aderir ao tecido; usando outros aditivos, como ácidos ou metais como o estanho, a cor do corante pode mudar, indo do rosa-claro a um vermelho tão escuro que é quase preto.[2] São necessários muitos insetos – cerca de 70 mil insetos secos por 500 g de cochonilha bruta –, mas o resultado final é um dos mais fortes e intensos que o mundo já conheceu. Diz-se que o corante (principalmente ácido carmínico) feito de 500 g de *coccus* "domesticados" ou cultivados equivale a mais de 4 ou 5 kg de quermes (página 138).[3]

O segredo colorido da cochonilha é há muito tempo conhecido. Era usada como corante nas Américas Central e do Sul pelo menos desde o século II a.C. e tornou-se essencial aos impérios asteca e inca. Um registro escrito por volta de 1520 listava os tributos que os astecas exigiam de seus súditos: o povo mixteca deveria dar 40 sacos de cochonilha por ano; os zapotecas, 20 sacos a cada 80 dias.[4] Também foi usado para sinalizar poder pessoal na região. O capitão Baltasar de Ocampo, que, em 1572, testemunhou a execução de Túpac Amaru, o último representante da linhagem real inca, descreveu em detalhes a roupa do rei em um comovente relato em primeira mão de sua morte.

> *[Vestido com] manto e gibão de veludo carmesim. Seus sapatos eram feitos de lã do campo, de diversas cores. A coroa ou cocar, chamado de* mascapaychu, *estava na cabeça, com franja na testa, sendo esta a insígnia real dos Incas.*[5]

Quando sua cabeça caiu, o governante inca estava vestido com uma sinfonia de cochonilha.

A cochonilha foi um dos motivos da morte desse rei inca – e de muitos outros governantes sul-americanos. A Espanha estava desesperada para explorar os recursos naturais da região e não demorou a capitalizá-los depois de assumir o controle. Junto com o ouro (página 86) e a prata (página 49), a cochonilha era fonte da força financeira da qual dependia o império espanhol. Um observador escreveu que, só no ano de 1587, cerca 72 toneladas de cochonilha foram enviadas de Lima para a Espanha.[6] (Isso equivale a cerca de 10.080.000.000 de insetos.)

Assim que os carregamentos chegavam ao país europeu – até o século XVIII, eles eram legalmente obrigados a desembarcar em Sevilha ou Cádis –, a cochonilha era exportada para pintar de vermelho as cidades e as pessoas do mundo. Ela tingiu os famosos veludos venezianos da metade do século XVI, financiou a indústria holandesa de tingimento, vestiu cardeais católicos-romanos, deu um rubor rosado às bochechas das mulheres e também foi usada como remédio. O rei Filipe II da Espanha bebia uma mistura repugnante de insetos esmagados e vinagre quando se sentia indisposto.[7] Mais tarde, passou a ser comercializado com Camboja e Sião, e, por volta de 1700, o imperador chinês Kangxi mencionou um corante estrangeiro chamado *ko-tcha-ni-la*, mais tarde rebatizado como *yang hong*, ou "vermelho estrangeiro".[8]

Os americanos, desesperados pelo corante brilhante, mas furiosos por custar tão caro, já que só podiam comercializá-lo via Espanha, vasculhavam navios naufragados em busca de cochonilha. O *Nuevo Constante*, por exemplo, navio que afundou na costa da Louisiana em 1766, continha mais de 4 mil quilos de corante em sacos de couro.[9] Tão valioso era esse corante que houve várias tentativas de capturar a cochonilha a fim de quebrar o monopólio espanhol. Em 1777, uma tentativa temerária de Nicolas-Joseph Thierry de Menonville, botânico de Lorena, foi secretamente financiada pelo governo francês.[10]

Até hoje, os besourinhos são colhidos para produzir a cochonilha utilizada nas indústrias cosmética e alimentícia. Ela está em tudo, de M&Ms a salsichas, de *cupcakes* sabor *red velvet* à Coca-Cola Chery (para os mais sensíveis, ela costuma estar escondida sob o código muito mais inofensivo E120). Há sinais, no entanto, de que o apetite da humanidade pela cochonilha esteja finalmente diminuindo: em 2012, a Starbucks deixou de usá-la como o principal corante alimentar vermelho em *frappuccinos* de morango e bolos no palito, após protestos de vegetarianos e muçulmanos. Uma ótima notícia para o *Dactylopius coccus*, mas talvez nem tanto para alguns cactos.

Vermelhão

No início do século XX, Pompeia já era um sítio arqueológico há mais de 150 anos. O que começou como um revirar de terra para retirar troféus antigos para a coleção particular do rei Carlos III, rei da Espanha, se tornou um esforço de preservação das maravilhas da cidade que foi, simultaneamente, destruída e preservada pela erupção do Vesúvio, em 79 d.C. Em abril de 1909, quando parecia que Pompeia já tinha revelado a maior parte dos seus segredos, os arqueólogos descobriram uma casa luxuosa com grandes janelas, voltada para o mar. Uma semana após a primeira escavação, foi descoberto um mural vermelho tão bem conservado, detalhado e incomensurável que, desde então, o local é conhecido como *Villa dei Misteri* – "Vila dos Mistérios".

As paredes da sala estão cobertas por imagens expressivas de pessoas sobre um fundo intenso de vermelho profundo. Em um canto, uma figura alada levanta um chicote para golpear as costas de uma mulher nua, ajoelhada e com o rosto enterrado no colo de outra. Perto da entrada, um menino está perdido na leitura de um pergaminho; no centro, um homem bêbado se recosta na saia de uma figura sentada. São infinitas as possibilidades de significado para tudo isso, mas o uso extravagante do vermelhão indica que, qualquer que fosse o propósito da sala, a intenção era impressionar: o vermelhão era o pigmento vermelho mais cobiçado disponível na época.

A fonte natural do vermelhão (sulfeto de mercúrio) é o mineral cinábrio. A pedra em vermelho-vinho é o principal minério do mercúrio metálico – e foi descrita de forma pitoresca pelo arquiteto romano Vitrúvio como rochas vermelho-escuras suando gotas de mercúrio. Para se tornar um pigmento útil, basta moê-lo em um pó fino. Os romanos adoravam-no. Um jarro de cinábrio moído, do tipo usado na vila, foi descoberto em uma loja de pigmentos na cidade abaixo da *Villa dei Misteri*. Plínio escreveu que era usado em festejos religiosos, quando era passado no rosto das estátuas de Júpiter e no corpo dos fiéis.[1] O vermelhão, porém, era escasso. A maior parte do suprimento romano vinha, sob vigília constante, de Sisapu, na Espanha, e custava 70 sestércios por 500 g, dez vezes mais que o ocre vermelho.[2]

Entretanto foi a descoberta de como fabricar o vermelhão artificialmente, por meio de uma reação que lembrava mágica, que intensificou o desejo pelo pigmento. Ninguém sabe ao certo quem fez a descoberta, ou quando: os alquimistas gostavam de usar códigos complexos para ingredientes e sugerir que tinham conhecimentos especiais, sem revelar com precisão que conhecimentos seriam esses. O alquimista grego Zósimo de Panópolis insinuou que conhecia o segredo por volta de 300 d.C., mas a primeira descrição clara aparece em *Compositiones ad tingenda* ("Receitas para colorir"), um manuscrito latino do século VIII.[3]

A razão para tanto subterfúgio reside na obsessão dos alquimistas em criar ouro (página 86), que, para eles, era vermelho em vez de amarelo e que, por isso, foi associado ao novo pigmento vermelho. Ainda mais relevante era o fato de que a produção de vermelhão exigia combinar e transformar dois ingredientes alquímicos essenciais: mercúrio e enxofre. Os alquimistas que forjavam o vermelhão estavam convencidos de que o segredo para produzir quantidades ilimitadas de ouro não estava longe.

A descrição mais sugestiva do que ficou conhecido como vermelhão de método seco foi escrita pelo monge beneditino do século XII, Teófilo. Ele descreveu a mistura de uma parte de enxofre moído com duas partes de mercúrio, que era então cuidadosamente selada em um jarro:

> *Em seguida, enterre [o jarro] sob brasas e, assim que começar a esquentar, você escutará o barulho trepidante do mercúrio se unindo ao enxofre em chamas.*

Se conduzida sem cuidado, a reação poderia ser ainda mais dramática do que o pretendido. Não fossem os jarros selados de forma adequada, liberariam vapores de mercúrio tão venenosos que o processo acabou sendo proibido em Veneza, em 1294.[4]

O vermelhão já foi tão caro e precioso quanto o ouro.[5] Ele reinava absoluto como o vermelho dos artistas medievais e era usado, com reverência, junto com folhas de ouro e azul ultramarino, em capitulares de manuscritos e em painéis de têmpera. Era velado com uma mistura repulsiva de gema de ovo e cera de ouvido.[6]

Esse príncipe dos vermelhos, porém, era lucrativo demais para que receitas e fabricantes permanecessem escassos. Em 1760, Amsterdã, a principal fonte holandesa de vermelhão de método seco durante os séculos XVII e XVIII, exportou um pouco menos de 15 mil quilos para a Inglaterra.[7] Um método úmido de fabricação, descoberto pelo químico alemão Gottfried Schulz em 1687, tornou-o ainda mais comum. Já no século XV, os artistas usavam-no quase sem pudor; Leonardo da Vinci de vez em quando aplicava-o como camada de base para as suas pinturas.[8] Não só o vermelhão estava se tornando mais comum, como também foi afetado negativamente pela ascensão dos óleos como meio de pintura preferido no Ocidente a partir do século XV: o pigmento era mais transparente em óleos e, portanto, funcionava melhor como camada de base para outros vermelhos ou mesmo como camada de velatura.

Em têmpera e laca, porém, sua cor é de tirar o fôlego e já seduziu artistas do mundo todo. Uma pintura chinesa em rolo, *Tribute Horse and Groom*, de Chao Yung, mostra um homem em um casaco vermelho fogo com gola azul índigo e um estranho chapéu pontudo cor de ferrugem, conduzindo um lindo cavalo cinza malhado. Embora tenha sido pintado em 1347, o casaco pintado com vermelhão ainda atinge os olhos como um soco. O mesmo efeito foi usado três séculos mais tarde por Peter Paul Rubens no painel central do seu tríptico *A descida da cruz* (1612–14), embora o uso do pigmento tenha decaído a partir de então.[9] Em 1912, poucos anos depois de a Vila dos Mistérios ter sido descoberta, Wassily Kandinsky descreveu a cor do vermelhão como "uma sensação de nitidez, como aço incandescente que pode ser resfriado pela água".[10]

Rosso corsa

Em setembro de 1907, um homem bem constituído, com um bico de viúva profundo e um nariz grande senta-se à mesa de trabalho em seu palácio neogótico na Isola del Garda, na Itália. Embora já tivesse decorrido um mês desde o seu regresso à ilha, ele ainda estava queimado de sol e dolorido pela viagem e, mesmo sabendo que era impróprio demonstrá-lo, estava bastante satisfeito consigo mesmo. "Algumas pessoas dizem que nossa jornada provou uma coisa acima de tudo", escreveu o homem que as páginas da sociedade conheciam como Príncipe Scipione Luigi Marcantonio Francesco Rodolfo Borghese. "A saber, que é impossível ir de Pequim a Paris de carro."[1] É claro que ele estava sendo jocoso, pois ele acabara de fazer exatamente isso.

Tudo começara uns meses antes, quando o jornal francês *Le Matin* publicou um desafio na primeira página da edição de 31 de janeiro de 1907: "Alguém aceitaria ir, neste verão, de Pequim a Paris de automóvel?".[2] O Príncipe Borghese, que já havia viajado pela Pérsia e pegado gosto por aventura, aceitou prontamente, junto com outras quatro equipes, três francesas e uma holandesa. O único prêmio era uma caixa de champanhe Mumm – e uma honra nacional. Como o orgulhoso aristocrata italiano que era, Borghese, naturalmente, insistiu que o seu veículo fosse um produto do seu país. A tecnologia ainda engatinhava – o primeiro automóvel construído celebrava seu vigésimo primeiro ano na época –, e as opções eram poucas. Borghese escolheu o Itala 40 HP de Turim, um modelo "poderoso, mas pesado", pintado em um estridente vermelho-papoula.[3]

Os competidores percorreram cerca de 19 mil quilômetros, passando pela Grande Muralha da China, pelo deserto de Gobi e pelos Montes Urais. Borghese estava tão confiante na vitória que desviou centenas de quilômetros da rota para que ele e seus passageiros pudessem ir a um banquete realizado em sua homenagem, em São Petersburgo. Tanto eles quanto o carro sofreram com a longa viagem. Antes da partida, Luigi Barzini, jornalista e um dos companheiros de Borghese no desafio, escreveu sobre o Itala: "transmite um senso imediato de propósito e ímpeto". Em Irkutsk, cidade no sudeste da Rússia, o estado do carro era um pouco mais lastimável. Mesmo depois de uma "toalete externa cuidadosa" feita por Ettore, o mecânico de Borghese, "estava castigado pelo tempo e, como nós, tinha adquirido uma tonalidade mais escura". Quando chegaram a Moscou, estava "cor da terra".[4]

Nada disso, no entanto, importou – nem para os competidores, nem para os seus fãs italianos – quando a equipe rugiu vitoriosa pelas avenidas de Paris. Em homenagem à vitória, a cor original do carro tornou-se a cor nacional da Itália para corridas e, mais tarde, a cor adotada por Enzo Ferrari para os seus carros: *rosso corsa*, ou vermelho de corrida.[5]

Hematita

Quando Wah, um superintendente de depósitos do antigo Egito, foi mumificado, por volta de 1975 a.C., ele foi primeiro enrolado em linho não tingido. Amuletos e pequenos ornamentos foram colocados entre as camadas de linho, e então, como toque final, ele foi envolto em um tecido vermelho hematita que tinha as palavras "linho do Templo para proteger" em uma das bordas. Osíris, o antigo deus egípcio da vida após a morte, era, afinal, chamado de "senhor do tecido vermelho" no Livro dos Mortos, e nunca é demais comparecer a um grande evento com a roupa apropriada.[1]

O uso da hematita na preparação de Wah para a vida após a morte é apenas um exemplo do papel central que ela desempenhava em inúmeros serviços espirituais. Para fins de simplificação, *hematita*, que é, estritamente, a forma mineral do óxido de ferro, aqui também inclui outros tipos de óxido de ferro vermelhos e ocres. Todos devem a sua coloração ao mesmo composto: Fe_2O_3, óxido de ferro anidro ou, de forma mais simples, ferrugem.[2] Esta família incestuosa de pigmentos ocorre naturalmente em toda a crosta terrestre. Eles vêm em muitos tons de vermelho, do rosa ao caiena; quando aquecido, o ocre amarelo pode até ficar vermelho.

Objetos tingidos de vermelho profundo acompanham a habitação humana desde o Paleolítico Superior, há cerca de 50 mil anos.[3] Embora não seja onipresente, o uso da hematita é tão difundido que, em um artigo de 1980, o antropólogo Ernst E. Wreschner chegou a chamar sua coleta e uso de uma das "duas regularidades significativas na evolução humana"; a outra era a fabricação de ferramentas.[4] Ferramentas, conchas, ossos e outros pequenos objetos manchados com hematita foram encontrados em sítios paleolíticos em Gönnersdorf, na Alemanha, no Norte da África, na Mesoamérica e na China.[5] Talvez por se assemelhar ao sangue, também era amplamente utilizada em antigos rituais funerários. Às vezes, parece que acabou de ser salpicada pelo corpo, mas, em outros casos, seu uso é mais elaborado. Na China, é frequentemente encontrada em par com preto.[6] No Egito, foram encontrados tecidos manchados com hematita, como os usados para envolver o corpo de Wah, que datam do segundo milênio a.C.

As fontes naturais de hematita eram muito valorizadas. No século IV a.C., foi aprovada uma lei que concedia aos atenienses o monopólio de uma variedade particularmente rica na ilha de Kea, que utilizavam em tudo, da construção naval à medicina e à fabricação de tinta.[7] (A tinta era tão popular para títulos e subtítulos que a palavra latina "*rubrica*" – ou ocre vermelho – evoluiu a partir dessa prática.)

Mas, afinal, por que todo esse encanto com o vermelho desde a pré-história? A resposta parece estar na afinidade humana com o vermelho. A maioria dos antropólogos e arqueólogos acredita que, como cor do sangue, o vermelho está associado à vida – celebração, sexo, alegria –, ao perigo e à morte. Como veículo para tantos significados simbólicos úteis, a hematita tinha muito valor. O destino do mineral como pigmento fornece provas convincentes para duas teorias: se a primeira é que a cor vermelha ocupa um lugar especial na psique humana, a segunda certamente é que as pessoas sentem uma atração descarada por cores vivas. A hematita – que, embora vermelha, não é viva – foi rebaixada no instante em que uma alternativa mais vibrante se tornou disponível. Parece que a humanidade, ou pelo menos o seu gosto por vermelhos, deixou-a para trás de forma bastante ingrata.

Garança

"A flor é muito pequena e de cor amarelo-esverdeada", disse o homem. "A raiz é cilíndrica e carnuda, e de cor amarelo-avermelhada."[1] O público ainda não sabia disso, mas a palestra proferida na Royal Society of the Arts, em Londres, na noite de 8 de maio de 1879, seria longa. Embora o palestrante fosse um homem distinto, com um bigode cheio e imponente, ele não era naturalmente divertido nem breve. Por várias horas, William Henry Perkin, o cientista e empresário que descobriu o *mauve* (página 169) e revolucionou a indústria de corantes, falou aos ouvintes ali reunidos, com detalhes ricos e exatos, sobre outra descoberta: a síntese da alizarina. No final, apenas os ouvintes mais determinados teriam compreendido o significado do seu feito. Alizarina era o corante vermelho presente nas raízes de *Rubia tinctorum*, *Rubia peregrina* e *Rubia cordifolia*, mais conhecidas como garança. Perkin conseguira criar em laboratório algo até então produzido apenas pela natureza.

Como ele explicou aos seus ouvintes cada vez mais desatentos, a garança é um corante antigo. Embora as plantas de garança sejam pouco atraentes, suas raízes rosadas, quando secas e esmagadas, trituradas e peneiradas, liberam um pigmento em pó fofo, marrom-alaranjado, que é uma fonte de vermelho de longa data. A garança foi usada no Egito por volta de 1.500 a.C., e tecidos tingidos com a raiz da planta foram encontrados na tumba de Tutancâmon.[2] Plínio escreveu sobre sua importância no mundo clássico, e foi descoberta entre as mercadorias da oficina de um fabricante de tintas na fossilizada cidade de Pompeia.[3] Depois que o uso de mordentes se difundiu, tornando a garança mais resistente ao desbotamento, sua influência cresceu ainda mais. Os tecidos de chita da Índia eram estampados com ela; ela tingia roupas de casamento medievais com um tom apropriado para a celebração; e era usada como uma alternativa mais barata à cochonilha (página

141) para os casacas-vermelhas britânicos.[4] Também podia ser usada para fazer tinta garança rosa, um pigmento artístico vermelho-rosado vivo, sobre o qual George Field falou de forma apaixonada em *Chromatography*, em 1835.[5]

Era como corante, porém, que a garança podia ser muito lucrativa. Por muito tempo, os turcos detiveram o monopólio de um método especial de uso da garança para obter um vermelho tão vivo que quase superava os seus rivais mais caros. No século XVIII, primeiro os holandeses, depois os franceses e, por fim, os britânicos descobriram o segredo fétido do vermelho turco – um processo tortuoso que envolvia óleo de rícino rançoso, sangue de boi e estrume.[6] O comércio deve ter parecido inviolável. Em 1860, as importações para a Grã-Bretanha valiam mais de £ 1 milhão anuais, mas muitas vezes eram de baixa qualidade. Os franceses foram acusados de adulterar a sua garança com tudo, de pó de tijolo a aveia.[7] O custo também disparou: em 1868, um quintal (50,8 kg) custava 30 xelins, o salário semanal de um trabalhador. Contudo, um ano mais tarde, o preço para a mesma quantidade despencaria para apenas 8 xelins.[8] O motivo foi, naturalmente, a descoberta simultânea pelo Sr. Perkin, na Inglaterra, e por três cientistas alemães, em Berlim, do processo de síntese da alizarina. Pela primeira vez na história, as roupas puderam ser tingidas de vermelho-garança sem que uma única *Rubia tinctorum* fosse arrancada.

Sangue de dragão

Na manhã de 27 de maio de 1668, um cavalheiro cavalgava por um canto remoto de Essex, no sudeste da Inglaterra, quando encontrou um dragão. Ele estava tomando sol ao lado de um bosque de bétulas, mas se levantou de repente, quando o homem se aproximou. Era enorme: tinha três metros da ponta da língua sibilante à cauda, quase tão grosso quanto a coxa de um homem, e com um par de asas coriáceas que pareciam pequenas demais para levantar o seu peso no ar. O homem esporeou o cavalo e "com velocidade alada partiu, feliz por ter escapado de um perigo tão eminente".

Mas a história da besta ainda não tinha acabado. Homens da aldeia vizinha, Saffron Walden, talvez preocupados com a possibilidade de o dragão ficar com fome e começar a fazer incursões em seus rebanhos de gado, ou talvez entediados e céticos, partiram em sua perseguição. Para a surpresa de todos, encontraram-no quase exatamente no mesmo lugar. Mais uma vez, ele ergueu a frente do corpo no ar e, sibilando alto, desapareceu na vegetação rasteira. Os aldeões viram-no repetidas vezes nos meses seguintes, até que um dia, sem explicação, perceberam que o bosque de bétulas estava novamente livre de dragões. A saga foi escrita em um panfleto, "The Flying Serpent or Strange News out of Essex", cuja cópia está exposta na biblioteca local.[1]

É estranho pensar que, no mesmo instante que os aldeões vasculhavam o campo tentando afastar um dragão, a cerca de 65 km de distância, em Londres, Isaac Newton começava a fomentar a revolução científica. Talvez a aparição do dragão tenha sido o último suspiro de uma criatura que estava prestes a ser levada para sempre ao domínio do mito pelo avanço do Iluminismo. E com o dragão, claro, foi-se o seu sangue, que era um pigmento exclusivo desde antes do nascimento de Cristo. Quando Plínio, ao lastimar a diversificação cada vez maior das paletas, que distrairia os artistas da seriedade da arte, escreveu que "a Índia contribui com o lodo dos seus rios e o sangue de dragões e elefantes", ele estava se referindo ao pigmento sangue de dragão.[2] A crença era que os elefantes tinham o sangue refrescante e que os dragões ansiavam por algo fresco para matar a sede durante a estação de seca. Os dragões se escondiam no topo das árvores, à espreita de algum elefante que pudesse passar por debaixo delas e então atacar. Às vezes, eles conseguiam matar os elefantes e beber seu sangue, mas às vezes o elefante esmagava o dragão e eles morriam juntos, seus dois sangues se misturando para formar uma substância vermelha e resinosa chamada sangue de dragão.[3]

Tal como acontece com a maioria dos mitos, este contém um fundo de verdade sobreposto a muitos floreios. Para começar, nenhum animal de qualquer espécie, mesmo mitológico, é ferido na produção de sangue de dragão. Mas, de fato, o pigmento existe, vem do Oriente e as árvores desempenham um papel importante em sua produção. Trata-se de uma resina vermelha, extraída com frequência, mas não exclusivamente, do gênero de árvores *Dracaena*.[4] George Field, escrevendo em 1835, não era um grande entusiasta do produto. A cor do pigmento não só "se aprofundava com o ar impuro e escurecia com a luz", mas também reagia com o onipresente branco de chumbo, além de levar uma eternidade para secar em óleos. "Ele não merece", concluiu o Field com gravidade, "a atenção do artista."[5]

Naquele momento, ele pregava para um coro de artistas desencantados: era-lhes de pouca serventia mais um vermelho, especialmente um com limitações tão óbvias. Sem a crença generalizada em dragões para sustentá-lo, o sangue de dragão seguiu a serpente alada de Saffron Walden até a obscuridade.

Púrpura tíria
Orceína
Magenta
Mauve
Heliotropo
Violeta

Púrpura

Em *A cor púrpura*, romance de Alice Walker vencedor do Prêmio Pulitzer, à primeira vista a personagem Shug Avery dá a impressão de ser uma mulher bela e superficial. Ela é, conforme dito ao leitor, "tão na moda que é como se as árvores em volta da casa tivessem se espichado um pouco mais pra ver melhor".* Mais tarde, porém, ela revela ter uma perspicácia inesperada, e é dela que vem o título do romance. "Eu acho que Deus deve ficar fora de si", diz Shug, "se você passa pela cor púrpura num campo qualquer e nem repara". Para Shug, o púrpura é uma evidência da glória e da generosidade de Deus.

A crença de que o púrpura, ou roxo, é especial e significa poder é surpreendentemente difundida. Hoje é visto como uma cor secundária, prensada no círculo cromático entre as primárias vermelho e azul. Do ponto de vista linguístico, também tende a ser subordinado a categorias de cores mais amplas – vermelho, azul ou até mesmo preto. O púrpura em si sequer faz parte do espectro de cores visíveis (embora o violeta, o comprimento de onda mais curto que humanos podem ver, faça).

A história do púrpura é demarcada por dois grandes corantes. O primeiro deles, púrpura tíria (página 162), símbolo dos ricos e da elite, ajudou a estabelecer a ligação com o divino. O segundo, *mauve* (página 169), uma maravilha química feita pelo homem, inaugurou a democratização da cor no século XIX. A tonalidade exata do púrpura tíria, o corante-maravilha do mundo antigo, permanece um mistério. Na verdade, o termo "púrpura" era um tanto fluido. As palavras antigas grega e latina para a cor, *porphyra* e *purpura*, respectivamente, também eram usadas para se referir a tons carmim profundos, como a cor do sangue. Ulpiano, jurista romano do século III, definiu o *purpura* como qualquer coisa vermelha, exceto as tingidas com corantes de *coccus* ou carmim.[1]

---

* N. de T. WALKER, A. *A cor púrpura*. 10.ed. Trad. Betúlia Machado, Maria José Silveira e Peg Bodelson. Rio de Janeiro: José Olympio, 2016.

Plínio, o Velho (23–79 d.C.) escreveu que o melhor tecido tírio era tingido de preto.[2]

Mesmo que ninguém tenha certeza da aparência real do púrpura tíria, todas as fontes concordam que era a cor do poder. Ainda que se queixasse de seu odor, que flutuava entre o cheiro de marisco podre e o de alho, Plínio não tinha dúvidas sobre a sua autoridade:

> *Este é o púrpura para a qual os fasces e machados romanos abrem caminho. É a insígnia da juventude nobre; distingue o senador do cavaleiro; é convocado para apaziguar os deuses. Ele ilumina todas as vestimentas e compartilha com o ouro a glória do triunfo. Por essas razões, devemos perdoar o desejo louco pelo púrpura.*[3]

Por causa desse desejo louco e do custo para produzir púrpura tíria, o púrpura tornou-se a cor-símbolo da opulência, dos excessos e dos governantes. "Nascer em púrpura" significava nascer na realeza, segundo o costume bizantino de enfeitar os aposentos reais para parto com pórfiro e tecido tírio, para que fosse a primeira coisa que os novos príncipes vissem. O poeta romano Horácio, na obra *Arte poética,* escrita em 18 a.C., cunhou a frase "prosa púrpura": "Sua abertura é muito promissora, / E ainda assim manchas púrpura vistosas; como quando / Descrevendo um bosque sagrado, ou o altar de Diana".[4]

O *status* especial do púrpura não se limitou ao Ocidente. No Japão, um púrpura profundo, *murasaki*, era *kin-jiki*, ou cor proibida, fora do alcance das pessoas comuns.[5] Na década de 1980, o governo mexicano permitiu que uma empresa japonesa, Purpura Imperial, coletasse o caramujo marinho local para tingir quimonos. (Sem surpresa alguma, uma espécie japonesa semelhante, *Rapana bezoar*, já quase desapareceu.) Enquanto o povo mixteca, que usava o *caracol* há séculos, extraía o púrpura dos caramujos sem matá-los, o método da Purpura Imperial era fatal, e a população de caramujos entrou em queda livre. Após anos de *lobby*, o contrato foi revogado.[6]

Como muitas coisas especiais, o púrpura sempre foi um ávido consumidor de recursos. Não foram só os mariscos, aos bilhões, que pagaram um preço alto para vestir os ricos: fontes de liquens de crescimento lento, como o *Roccella tinctoria*, usado para fazer orceína (página 165), foram exploradas à exaustão, forçando as pessoas a procurar mais longe ou abrir mão delas. Até mesmo o *mauve* necessitava de vastas quantidades de matéria bruta: nos estágios iniciais, a demanda por matéria-prima escassa era tão grande que seu criador, William Perkin, admitiu mais tarde que o processo estava perto de ser abandonado por completo.[7]

Para a sorte de Perkin, seu novo corante caiu nas graças da moda, e a perspectiva de fazer fortuna provocou uma explosão de outras cores de anilina, que seguiram rapidamente os passos do *mauve*. Se isso foi bom também para o púrpura é outra história. De repente, todos tiveram acesso à cor a um preço razoável, mas também tiveram acesso a milhares de outras cores. A familiaridade gerou pouco caso, e o púrpura tornou-se uma cor praticamente como qualquer outra.

Púrpura tíria

Um dos jogos de sedução mais notórios da história ocorreu no final de 48 a.C. Pouco antes, em 9 de agosto, Júlio César derrotara o exército muito maior de seu rival e genro, Pompeu, na Batalha de Farsália. Ele estava então no Egito, e a mulher mais famosa do mundo, com menos da metade de sua idade, havia passado furtivamente por seus guardas e entrado em seus aposentos enrolada em um tapete. Quando, nove meses depois, Cleópatra deu à luz um filho chamado Cesário, "Pequeno César", o pai orgulhoso regressou a Roma e adotou uma nova toga, que só ele estava autorizado a usar, na cor preferida de sua amante: púrpura tíria.[1]

Esse tom rico – idealmente a cor do sangue coagulado, de acordo com Plínio – era o produto de duas variedades de mariscos nativos do Mediterrâneo, o *Thais haemastoma* e o *Murex brandaris*. Quando se abria a concha de um desses gastrópodes carnívoros pontiagudos, era possível ver uma glândula hipobranquial pálida, ou uma "flor", atravessando seu corpo. Se fosse espremido, uma única gota de um líquido claro, com cheiro de alho, seria liberada. Em poucos instantes, a luz do sol tornaria o líquido primeiro em amarelo pálido, depois verde-mar, depois azul e finalmente vermelho-arroxeado-escuro. A melhor cor, tão profunda que se aproximava ao preto, era obtida pela mistura dos fluidos dos dois tipos de marisco.[2] O processo para que a cor aderisse e penetrasse no tecido era longo e fétido. O líquido colhido das glândulas do marisco era colocado em uma tina com urina velha (por conta da amônia) e deixado para fermentar por 10 dias antes de o tecido ser adicionado; alguns relatos recomendavam tratar o tecido com dois banhos separados.[3]

A evidência mais antiga do tingimento tírio data do século XV a.C.[4] O odor dos mariscos apodrecidos, da urina envelhecida e da mistura em fermentação devia ser avassalador – as tinturarias antigas tendiam a ser relegadas às periferias das vilas e cidades, segundo achados arqueológicos. O corante era particularmente associado aos fenícios, de Tiro, que lhe deram fama e fizeram fortuna comercializando-o em toda a região. Tecidos tingidos com tíria são mencionados na *Ilíada* de Homero (c. 1260–1180 a.C.) e na *Eneida* de Virgílio (c. 29–19 a.C.), e representações deles também foram encontradas no antigo Egito.

A popularidade da cor era uma péssima notícia para os *Murex* e os *Thais*. Como cada espécime continha apenas uma gota, eram necessárias cerca de 250 mil para produzir 30 g de corante.[5] As pilhas de conchas descartadas há milênios são tão grandes que se tornaram características geográficas espalhadas pela costa leste do Mediterrâneo. O imenso trabalho envolvido – por exemplo, os mariscos tinham de ser coletados um a um – teve dois efeitos relacionados. O primeiro foi que tornou o púrpura tíria absurdamente caro. Em meados do século IV a.C., o corante custava tanto quanto a prata; em pouco tempo, o tecido tingido com tíria valia, literalmente, seu peso em ouro. No século III, um imperador romano disse à esposa que não tinha dinheiro para comprar-lhe um vestido em púrpura tíria.[6]

O segundo efeito foi associar a cor ao poder e à realeza. Na Roma republicana, era um símbolo de *status* muitíssimo restrito. Generais triunfantes podiam usar uma túnica púrpura e dourada; aqueles no campo de batalha, púrpura simples. Senadores, cônsules e pretores (uma espécie de magistrado) usavam uma faixa larga cor tíria em suas togas; cavaleiros, uma faixa estreita.[7] Essa hierarquia visual mudou com o retorno de César a Roma, quando as regras se tornaram ainda mais draconianas. Por volta do século IV d.C., apenas o imperador tinha permissão para usar púrpura tíria; qualquer outra pessoa pega usando-o poderia enfrentar a morte.[8] Certa vez, o imperador Nero viu uma mulher vestida de *mauve* molusco em um recital. Ele a arrastou para fora do salão, despiu-a e a despojou de sua propriedade, tão séria era a equiparação que ele fazia entre cor e poder imperial. Diocleciano, governante romano mais pragmático (ou talvez apenas mais ganancioso) do que os outros, disse que qualquer um poderia usar a cor, desde que pudesse pagar uma taxa exorbitante – e todo o lucro ia para ele.⁹ Mais a leste, as rainhas bizantinas davam à luz em quartos em tom de vinho-escuro, para que se pudesse dizer que as crianças da realeza nasceram "em púrpura", consolidando assim o seu direito de governar.

    Para a felicidade dos pobres moluscos, a política internacional e o destino concederam-lhes um indulto antes que fossem exterminados. Em 1453, Constantinopla, capital do império romano e bizantino, caiu nas mãos dos turcos e, com isso, o segredo da fabricação do melhor púrpura do mundo foi perdido. Passaram-se mais quatro séculos até que um desconhecido biólogo marinho francês, chamado de Henri de Lacaze-Duthiers, deparou-se com o *Murex* e seu púrpura.¹⁰ Era 1856, o mesmo ano em que outro tom de púrpura, o *mauve* (página 169), começou a ser produzido.

Orceína

As cores podem ser encontradas nos lugares mais improváveis.
Orceína (também conhecido como orcina, orcela ou urzela) é um corante vermelho-arroxeado-escuro feito de liquens. A maioria das pessoas reconhece o líquen quando o vê crescendo em tijolos ou cascas de árvores, mas poucas dão atenção a ele. Olhando mais de perto, o líquen se revela algo mais intrigante. Não é um organismo único, mas em geral dois, normalmente um fungo e uma alga, vivendo uma relação simbiótica tão próxima que só é possível distinguir um do outro com um microscópio.[1]

Vários liquens podem ser usados para fazer corantes. Os primeiros tintureiros holandeses modernos produziam um chamado de Lac ou Litmus, que vendiam na forma de pequenos bolos azuis-escuros. (Os liquens são muito sensíveis a diferentes níveis de pH, por isso os médicos trituravam várias espécies e utilizavam-nas para testar a acidez da urina de pacientes, daí o nome "teste de litmus".) O mais usado para obter orceína é o *Roccella tinctoria*. Se visto agarrado a uma pedra, não parece nada promissor. Como a maioria dos liquens produtores de orceína, tem uma cor cinza-clara meio feiosa e cresce em pequenos aglomerados que lembram algas marinhas empalidecidas. Liquens como este crescem em muitos lugares, incluindo Ilhas Canárias e de Cabo Verde, Escócia e em vários locais na África, no Levante e na América do Sul.[2]

O segredo da produção de orceína parece ter se perdido no Ocidente até o século XIV, quando um comerciante italiano chamado Federigo viajou para o Levante e descobriu as propriedades corantes dos liquens locais.[3] Ao retornar a Florença, ele começou a usar os liquens para tingir lãs e sedas com a tão amada e rica cor púrpura, que antes era associada apenas aos pigmentos (muito mais caros) de *Murex*. Federigo ficou rico. Sua família, percebendo uma oportunidade de "*branding*", mudou de nome para Ruccellis.[4] Gradualmente, o conhecimento do corante se espalhou, primeiro para outros tintureiros italianos – um manual de tintureiros veneziano do século XV dedica quatro capítulos a ele – e depois a outros países europeus.

Produzir orceína era um trabalho árduo. Primeiro, era necessário descobrir uma fonte e, como as populações de líquen são frágeis, as fontes se esgotavam rapidamente.[5] Para alimentar o mercado, os liquens eram importados a um grande custo de locais cada vez mais distantes, o que só foi possível com o florescimento das rotas comerciais e dos impérios.[6] Os liquens tinham que ser cuidadosamente colhidos à mão – em maio e junho para algumas variedades, em agosto para outras – e moídos até virarem um pó fino. As etapas seguintes eram ainda mais delicadas. Os dois ingredientes essenciais eram amônia e tempo. Durante boa parte do período em que a orceína foi produzida, a maior fonte de amônia disponível era a urina humana pútrida. Uma receita veneziana de 1540 pedia a mistura de 45 kg de orceína em pó e 4,5 kg de um alume, como o potássio, com urina, até chegar à consistência de uma massa. A massa tinha que ser sovada com frequência, até três vezes ao dia, acrescentando-se vinho quando ficava muito seca, e guardada em local aquecido por até 70 dias. Após esse período, "ficará tão densa que estará boa para usar".[7] Mesmo as receitas modernas demandam até 28 dias para a produção da cor certa.[8]

Dizia-se que alguns liquens exalavam um cheiro maravilhoso – como de violetas – à medida que se transformavam em corante, mas mesmo assim o trabalho devia ser difícil, desagradável e fedorento na maior parte do tempo. As recompensas, porém, eram as cores produzidas no final. Uma delas era um púrpura puro, digno da realeza; outro era muito mais vermelho. Segundo uma história interessante, quando o exército de Napoleão desembarcou em Fishguard, Pembrokeshire, no País de Gales, em fevereiro de 1797, ficou assustado ao ver um grupo de mulheres galesas vestindo capas rosadas tingidas de líquen. Confundindo-as com uma tropa de casacas-vermelhas, os invasores se dispersaram sem ter disparado um único tiro.

Magenta

Durante a segunda metade do século XIX, enquanto ondas de colonos se instalavam em uma das fronteiras dos Estados Unidos, outra luta, no melhor estilo Velho Oeste, era travada sorrateiramente em toda a Europa. Nessa disputa europeia, porém, os despojos em jogo não eram territórios, mas cores.

As cores em questão eram os corantes de anilina, uma família de corantes sintéticos produzidos a partir de alcatrão de hulha preto e pegajoso. O nome *anilina* vem de *anil*, palavra espanhola para índigo (página 189), e foi cunhado em 1826 por Otto Unverdorben, químico alemão que vinha tentando isolar o corante da planta índigo em laboratório. A primeira anilina sintética foi o *mauve* (página 169), descoberto acidentalmente por um adolescente londrino em 1853. Isso, porém, foi apenas o começo. Logo ficou evidente que a anilina tinha muito mais a oferecer ao mundo das cores. Em todo o mundo, cientistas começaram a testar o novo composto com tudo e qualquer coisa que pudessem encontrar.

Um dos primeiros a ter sorte foi François-Emmanuel Verguin. Diretor de uma fábrica que produzia amarelo a partir do ácido pícrico, mas em 1858 ele mudou para uma empresa rival, a Renard Frères & Franc, e, em pouco tempo, criou uma cor rica, que ficava no limite entre o vermelho e o roxo, misturando anilina com cloreto de estanho.[1] Ele chamou sua nova criação de fucsina, em homenagem à flor (página 124). Quase ao mesmo tempo, a empresa britânica Simpson, Maule & Nicholson descobriu o vermelho-anilina. A cor marcante foi um sucesso imediato. Curiosamente, os primeiros clientes foram vários exércitos europeus, que utilizavam-na para tingir uniformes. Os nomes, porém – "*fuchsia*", na França, e "*roseine*", na Grã-Bretanha – não eram adequados a um tom tão ousado e assertivo; por isso ele ficou conhecido como "magenta", em homenagem a uma pequena cidade italiana perto de Milão onde, em 4 de junho de 1859, o exército franco-piemontês conquistou uma vitória decisiva contra os austríacos.

Logo o magenta estava sendo despejado de fábricas rivais em Mulhouse, Basle, Londres, Coventry e Glasgow diretamente no colo de um público ávido por roupas novas, de cor intensa e acessíveis. No espaço de alguns anos, uma série de outras anilinas – um amarelo, dois tons de violeta, verde-aldeído, azul de Lyon, azul de Paris, azul de Nicholson, dália (algo entre *mauve* e magenta) e um preto – inundaram o mercado. Os frequentadores do *pub* Black Horse, estabelecimento a poucos passos da tinturaria de Perkin, em Greenford Green, gostavam de dizer que seu trecho do Grand Junction Canal mudava de cor toda semana.[2]

Tanta experimentação, infelizmente, continha as sementes para o declínio do magenta na moda. Durante a década seguinte, a indústria ficou paralisada por conta de uma sucessão de processos judiciais, uma vez que as empresas começaram a tentar impor suas patentes e proteger sua propriedade intelectual. O próprio Verguin lucrou pouco com sua criação: o contrato que tinha com a Renard Frères & Franc cedia os direitos de qualquer cor que criasse em troca de um quinto do lucro.[3] No início do século XX, descobriu-se que várias dessas novas cores milagrosas continham níveis perigosos de arsênico, de até 6,5% em algumas amostras de magenta. De forma mais sutil, a grande quantidade de opções provocou neofilia no consumidor; magenta passou a ser só mais uma opção entre milhares. Sua sobrevivência se deve, em grande parte, à impressão em cores. Há uma associação quase exclusiva da cor à tinta de processo (definitivamente rosa) usada na impressão em cores CMYK.

Mauve

A malária era muito comum na Europa nos séculos XVIII e XIX.
Na década de 1740, Horace Walpole escreveu, com a preocupação típica de um turista sitiado, sobre "uma coisa terrível chamada *mal'aria* que chega a Roma todo verão e mata alguém". (A palavra *malária* é uma corruptela da palavra italiana para "ar ruim", pois se acreditava que a doença era transmitida pelo ar; a ligação com os mosquitos só foi estabelecida mais tarde.) Em 1853, metade dos pacientes internados no St Thomas's Hospital, em Londres, tinham diagnóstico de febre malárica.[1]

O quinino, o único tratamento conhecido na época, era extraído da casca de uma árvore específica da América do Sul e custava uma fortuna: a Companhia das Índias Orientais gastava cerca de £ 100 mil por ano com ele.[2] Os incentivos financeiros para a descoberta da síntese do quinino eram de conhecimento público. Foram em parte os incentivos, em parte o amor pela química que levaram um cientista de 18 anos a passar as férias enfiado em um laboratório improvisado no sótão da casa do pai, na região de Londres conhecida como East London, tentando sintetizar quinino a partir do alcatrão de hulha. Hoje, William Perkin é celebrado como um dos heróis da ciência moderna – não por conta do quinino, que ele nunca conseguiu produzir, mas por conta de um filão de produtos químicos que se abriu quando ele acidentalmente descobriu um tom específico de púrpura: o *mauve*.

Nos primeiros meses de 1856, as experiências de Perkin com alcatrão de hulha, o abundante subproduto preto oleoso da iluminação a gás, resultaram em um pó avermelhado que, quando processado mais um pouco, produzia não o quinino incolor, mas um líquido púrpura vivo.[3] A maioria dos químicos teria jogado esse resíduo fora. Perkin, que já sonhara em ser artista, mergulhou um pedaço de seda no béquer e percebeu que havia criado um corante estável à luz e resistente às lavagens.

Percebendo as possibilidades comerciais, inicialmente batizou a criação com o nome da cor exclusiva que havia sido extraída de moluscos pelos antigos gregos e bizantinos (página 162). Logo depois, porém, adotou o nome francês da planta de malva, *mauve*, cujas flores têm um matiz semelhante.⁴

O corante não foi um sucesso imediato. Os tintureiros, acostumados a trabalhar com extratos de plantas e animais, duvidavam do novo produto químico. Também era caro de fazer. Gastava-se 45 kg de carvão para produzir apenas 300 g de alcatrão de hulha que, por sua vez, rendia apenas 7 g de *mauve*.⁵ Para a sorte de Perkin, e a nossa também (sem a perseverança de Perkin, é possível que o alcatrão de hulha tivesse sido abandonado antes da descoberta de produtos hoje corriqueiros, incluindo tinturas de cabelo, quimioterapia, sacarina e almíscar artificial), a mimada e extravagante esposa de Napoleão III, a Imperatriz Eugénie, decidiu que a cor *mauve* combinava perfeitamente com seus olhos. *The Illustrated London News* contou a seus leitores sobre a preferência das mulheres mais elegantes do mundo pelo púrpura de Perkin, em 1857. A Rainha Vitória tomou nota e escolheu usar "um rico [vestido de] veludo *mauve*, com três fileiras de renda na barra" e anágua combinando em "*moiré antique mauve* e prata, com um babado de renda Honiton na barra" para o casamento de sua filha com o príncipe Frederick William, em janeiro de 1858.⁶ Em agosto de 1859, a *Punch* declarou que Londres estava "tomada pela febre do *mauve*", e Perkin, de 21 anos, havia se tornado um homem rico e respeitado.⁷

Logo, porém, o *mauve* entrou no estado mais vitoriano de todos: em declínio. O consumo excessivo, bem como a lealdade de uma geração mais velha, fez com que a cor logo se tornasse sinônimo de um tipo específico de senhora. "Nunca confie em uma mulher que veste *mauve*", declarou Oscar Wilde em *O retrato de Dorian Gray*, publicado em 1891. "Isso sempre significa que elas têm uma história." A rainha Elizabeth II, talvez com esse estigma em mente, vetou flores dessa cor nos arranjos florais do palácio. Personalidades mais despreocupadas, porém, recusaram-se a desistir dela. Neil

Munro Roger, o *couturier* que inventou as calças Capri e que era conhecido pelo apelido de infância de Bunny, tinha preferência pelo que gostava de chamar de "*mauve* menopausa". A cor se tornou uma marca registrada tão forte que no baile Ametista, dado em celebração ao seu 70º aniversário, ele a usou da cabeça, adornada com penas de garça, aos pés, coberto completamente por um macacão cintilante.

Heliotropo

Algumas cores povoam mais o imaginário popular do que a vida real. Tome o heliotropo como exemplo: uma planta cujo nome é a junção de duas palavras gregas, *helios*, "sol", e *tropaios*, "girar", porque suas flores roxas deveriam girar e seguir o Sol enquanto ele se move no céu. A cor, por sua vez, leva o nome das flores da planta. Na verdade, no entanto, esse arbusto segue a luz do sol tanto quanto qualquer outro, e a coisa mais marcante do *Heliotropium* é seu aroma doce de torta de cereja. Um dos primeiros ancestrais da planta era usado como ingrediente de perfumes no antigo Egito e comercializado com Grécia e Roma.[1]

O apogeu da cor ocorreu no final do século XIX, época do *boom* de muitos tons de púrpura. Parte do apelo da cor era a sua novidade. Antes do *mauve* de William Perkin (página 169), o púrpura era difícil de produzir e ainda mantinha o charme imperial de seu *status* na antiguidade, então é de se desculpar os vitorianos pelas combinações com heliotropo cada vez mais extravagantes que surgiram na década seguinte. Em 1880, era combinado com verde-claro ou damasco; mais tarde fez par com amarelo-canário, verde-eucalipto, bronze e azul-pavão. "Nenhuma cor parece brilhante o suficiente", disse um comentarista. "As combinações às vezes são um tanto espantosas."[2]

Na linguagem vitoriana das flores, heliotropo muitas vezes significava devoção, um dos motivos pelo qual era uma das poucas cores permitida às mulheres após a morte de um ente querido. O culto do luto atingiu seu apogeu durante o século XIX, com regras sociais cada vez mais elaboradas sobre o que as pessoas, especialmente as mulheres, podiam usar nos meses e anos seguintes à morte de um parente ou monarca. O heliotropo e outros tons suaves de púrpura eram obrigatórios durante o meio-luto. Para as viúvas, que passavam pelo mais alto grau de luto, o meio-luto só era alcançado depois de dois anos de uso de vestidos pretos lisos e foscos; para relações mais distantes, o luto era menos severo, e cores suaves eram permitidas desde o início. Um surto grave de gripe durante o inverno de 1890 resultou em uma onda de roupas pretas, cinzas e heliotropo no ano seguinte.³

Embora a sorte desse tom tenha virado no mundo real, ele leva uma vida distinta no mundo literário. Personagens de péssimo comportamento costumam usar a cor. A anti-heroína deliciosamente imoral de *Um marido ideal*, de Oscar Wilde, Sra. Cheveley, faz sua entrada vestida de heliotropo e diamantes, antes de fazer barulho pela peça e roubar as melhores falas para si.⁴ Alusões ao heliotropo também surgem nas obras de J. K. Rowling, D. H. Lawrence, P. G. Wodehouse, James Joyce e Joseph Conrad. A palavra é agradável de pronunciar, enchendo a boca como um molho rico e amanteigado. Além disso, a cor em si é intrigante: antiquada, incomum e um pouco atrevida.

Violeta

Em 1874, na cidade de Paris, um grupo de artistas fundou a Sociedade Anônima de Pintores, Escultores, Gravadores etc. e começou a organizar sua primeira mostra. Eles queriam que a exposição fosse também uma declaração de missão, um apelo à mobilização e, o mais importante, uma repreensão à Académie des Beaux-Arts, que tinha acabado de rejeitar seu trabalho para o prestigiado Salon anual. Os membros fundadores do novo grupo, Edgar Degas, Claude Monet, Paul Cézanne, Camille Pissarro e outros, achavam que o antigo estilo acadêmico de arte era muito sem graça, muito sóbrio e muito revestido por uma camada unificadora de verniz cor de mel para capturar o mundo como ele realmente era e, portanto, ter algum valor. O sistema vigente fora igualmente severo em relação aos impressionistas. Em uma crítica mordaz para o jornal *Charivari*, Louis Leroy acusou *Impressão, nascer do sol,* de Monet, de ser uma pintura inacabada, um mero esboço preparatório. Muitas outras críticas desse tipo foram dirigidas ao novo movimento nos anos seguintes, e um tema constante dessas críticas era a preocupação com uma cor: o violeta.

Edmond Duranty, um dos primeiros admiradores dos impressionistas, escreveu que suas obras *"procédent presque toujours d'une gamme violette et bleuâtre"* ("quase sempre evoluem de uma faixa violeta e azulada").[1] Para outros, esse tom violeta era mais preocupante. Muitos concluíram que os artistas eram, para um homem, completamente loucos, ou pelo menos sofriam de uma doença até então desconhecida, que apelidaram de "violetomania". Seria tão difícil convencer Pissarro de que as árvores não são violetas, brincou um, quanto convencer um homem internado em um hospício de que ele não é o Papa no Vaticano. Outro questionou se o fascínio dos artistas pela cor era resultado do fato de os impressionistas passarem muito tempo ao ar livre: a tonalidade violeta poderia ser o resultado de uma pós-imagem negativa permanente causada pela observação de paisagens amarelas ensolaradas por muito tempo. Alfred de Lostalot, em resenha sobre uma das exposições individuais de Monet, levantou a hipótese de que o artista poderia pertencer ao raro grupo de pessoas que conseguiam ver a parte ultravioleta do espectro. "Ele e seus amigos veem púrpura", escreveu Lostalot. "[A] multidão vê o contrário; daí o desacordo."[2]

A preferência dos impressionistas pelo violeta era resultado de duas teorias recém-descobertas. A primeira era a convicção deles de que as sombras nunca foram realmente pretas ou cinzas, mas coloridas; a segunda dizia respeito às cores complementares. Como a cor complementar ao amarelo da luz solar era o violeta, fazia sentido que essa fosse a cor da sombra. Logo, porém, o tom transcendeu seu papel nas sombras. Em 1881, Édouard Manet anunciou aos amigos que finalmente havia descoberto a verdadeira cor da atmosfera. "É violeta", disse ele. "O ar fresco é violeta. Daqui a três anos, o mundo inteiro trabalhará em violeta."[3]

Azul ultramarino
Azul-cobalto
Índigo
Azul da Prússia
Azul egípcio
Ísatis
Azul elétrico
Cerúleo

Azul

Durante a década de 1920, o artista catalão Joan Miró produziu um conjunto de pinturas radicalmente diferente de tudo que havia feito antes. Uma das suas *"peinture-poésie"*, uma grande tela criada em 1925, permanece quase completamente em branco. No canto superior esquerdo, a palavra "Photo" aparece em uma caligrafia cursiva elegante; à direita, há uma mancha de tinta azul em forma de pipoca e, abaixo dela, as palavras, em letras simples e despretensiosas, *"ceci est la coleur de mes rêves"* ("esta é a cor dos meus sonhos").

Apenas dois anos antes, Clyde Keeler, geneticista americano que estudava os olhos de camundongos cegos, fizera descobertas que sugeriam que Miró talvez estivesse no caminho certo. Inexplicavelmente, embora os camundongos não tivessem os fotorreceptores que permitem que os mamíferos percebam a luz, as pupilas deles ainda se contraíam em resposta a ela. Foram necessários três quartos de século até que a ligação pudesse ser definitivamente estabelecida: todo mundo, mesmo os que não enxergam, possui um receptor especial que detecta a luz azul. Essa característica é fundamental, pois a nossa resposta a essa porção do espectro, presente em concentrações mais elevadas na luz do início do dia, é responsável por definir nosso ritmo circadiano, o relógio interno que nos ajuda a dormir à noite e a permanecer alertas durante o dia.[1] Um problema é que nosso mundo moderno, repleto de espaços iluminados com luminárias do tipo *spot* e *smartphones* retroiluminados, sobrecarrega-nos com luz azul em horas estranhas do dia, o que tem efeitos negativos em nossos padrões de sono. Em 2015, adultos americanos relataram dormir, em média, 6,9 horas por noite em dias úteis; há 150 anos, esse tempo era de 8 a 9 horas.[2]

Os ocidentais têm histórico de subvalorizar todas as coisas azuis. Durante os períodos Paleolítico e Neolítico, vermelhos, pretos e marrons reinavam supremos; os antigos gregos e romanos admiravam o triunvirato simples de preto, branco e vermelho.

Para os romanos, em particular, o azul era associado à barbárie: escritores da época mencionam que os guerreiros celtas tingiam o corpo de azul, e Plínio acusou as mulheres de fazerem o mesmo antes de participarem de orgias. Em Roma, vestir azul estava associado ao luto e ao infortúnio.[3] (Exceções a esta antiga aversão ao azul são mais comuns fora da Europa; os antigos egípcios, por exemplo, evidentemente tinham grande apreço por dele [página 196].) A cor também estava ausente dos primeiros escritos cristãos. Uma pesquisa realizada no século XIX, sobre termos de cores usados por autores cristãos antes do século XIII, revela que o azul era o menos usado, com apenas 1% do total.[4]

Foi durante o século XII que a maré virou. O abade Suger, figura proeminente na corte francesa e um dos primeiros defensores da arquitetura gótica, acreditava fervorosamente que as cores – em especial os azuis – eram divinas. Ele supervisionou a reconstrução da Abadia de Saint-Denis, em Paris, nas décadas de 1130 e 1140. Foi lá que os artesãos aperfeiçoaram a técnica de colorir vidro com azul-cobalto (página 187) para criar as famosas janelas azuis que levaram consigo para as catedrais de Chartres e Le Mans.[5] Mais ou menos na mesma época, a Virgem passou a ser retratada cada vez mais com vestes azuis – anteriormente, costumava ser mostrada em cores escuras, que transmitiam seu luto pela morte do filho. À medida que aumentava o *status* de Maria e a devoção a ela na Idade Média, o mesmo acontecia com a sorte da cor por ela adotada.

Desde a Idade Média, o pigmento mais comumente associado a Maria era o precioso pigmento ultramarino (página 182), que por séculos foi o azul mais cobiçado de todos. Contudo essa não foi a única substância a ter um enorme impacto na história do azul: o índigo (página 189) também foi decisivo. Embora o primeiro seja um pigmento feito de uma pedra e o segundo um corante extraído de folhas de plantas fermentadas, eles compartilham muito mais do que se possa imaginar. Ambos exigiam cuidado, paciência e até reverência em sua extração e criação. Enquanto coloristas e pintores moíam laboriosamente um pigmento, tintureiros despidos até a cintura batiam ar nos tanques nauseantes do outro. O custo dos pigmentos ajudou a atiçar o desejo e a demanda, em um ciclo vertiginoso que só terminou com a criação de alternativas sintéticas, no século XIX.

Embora seja, tradicionalmente, a cor da tristeza, muitas culturas, incluindo os antigos egípcios, os hindus e os tuaregues, do norte da África, reservaram um lugar especial para o azul e as coisas azuis. Um grande número de empresas e organizações utilizam um tom escuro em logotipos e uniformes por sua confiabilidade anônima, talvez sem considerar que sua história de respeitabilidade dinâmica começou com as forças armadas, particularmente a marinha (daí o azul-marinho), que precisava tingir os uniformes com a cor que melhor resistisse à ação do sol e do mar.

No final do século XII, a família real francesa adotou um novo brasão – uma flor de lis dourada sobre fundo azul – em tributo à Virgem, e a nobreza da Europa aos poucos seguiu o exemplo.[6] Em 1200, apenas 5% dos brasões europeus continham azul; em 1250, esse número subiu para 15%; em 1300, 25%; e, em 1400, era pouco menos de 30%.[7] Uma pesquisa recente, realizada em 10 países em quatro continentes, concluiu que o azul é a cor preferida das pessoas por uma margem considerável.[8] Pesquisas semelhantes realizadas desde a Primeira Guerra Mundial tiveram resultados parecidos. Parece que o azul, antes considerado a cor dos degenerados e bárbaros, conquistou o mundo.

Azul ultramarino

Em abril de 630 d.C., Xuanzang, um monge budista em viagem à Índia, fez um desvio de 1.600 quilômetros até o Afeganistão. Ele fora atraído para fora de seu caminho por duas imensas esculturas de Buda talhadas diretamente na encosta de uma montanha, no Vale de Bamiyan, pouco mais de um século antes. Ambas eram decoradas com ornamentos preciosos. A maior – com 53 metros do calcanhar ao topo da cabeça – era pintada com carmim; a menor e mais antiga estava envolta em túnicas pintadas com o produto mais famoso da região: o azul ultramarino. Em março de 2001, quase 1.400 anos após a peregrinação de Xuanzang, as estátuas de Bamiyan foram declaradas falsos ídolos pelo governo talibã e destruídas com dinamite.[1]

Embora hoje muito remoto, o local dos budas de Bamiyan já esteve em uma das rotas comerciais mais movimentadas e influentes já conhecidas. A Rota da Seda, que atravessa as montanhas do Hindu Kush, era usada pelas caravanas que transportavam mercadorias entre o Oriente e o Ocidente. O azul ultramarino foi transportado pela primeira vez pela Rota da Seda por burros e camelos na forma de pedaços de lápis-lazúli. Quando chegavam à costa do Mediterrâneo na Síria, eram carregados em navios com destino a Veneza e dali comercializados para toda a Europa. Até mesmo a palavra *ultramarino*, do latim "além" (*ultra*) e "mar" (*mare*), denota que esta era uma cor pela qual valia a pena ir mais longe. Cennino Cennini, o pintor italiano da Renascença e autor de *Il libro dell'arte*, chamou-o de "ilustre, belo e mais perfeito, para além de todas as outras cores; não é possível dizer nada sobre ele, ou fazer qualquer coisa com ele, que sua qualidade não supere".[2]

A história deste azul começa nas profundezas da terra. O lápis-lazúli ("a pedra azul" em latim) hoje é extraído de países como China e Chile, mas a esmagadora maioria da rocha de cor noturna intensa usada no Ocidente para fazer o pigmento azul ultramarino até o século XVIII veio de um única fonte: as minas de

Sar-e-Sang, escondidas nas dobras montanhosas do Afeganistão, cerca de 640 quilômetros a nordeste de Bamiyan. Tal como as estátuas de Buda, as minas eram famosas; Marco Polo, que as visitou em 1271, escreveu sobre uma "montanha alta, da qual se extrai o melhor e mais fino azul".[3]

Embora o lápis-lazúli seja considerado uma pedra semipreciosa, na verdade ele é uma mistura de minerais. Sua cor azul profunda se deve à lazurita, enquanto os delicados rendilhados em branco e dourado são silicatos (incluindo calcita) e ouro de tolo (pirita de ferro), respectivamente. Pepitas da pedra eram usadas para fins decorativos no antigo Egito e na Suméria, mas ninguém parece tê-la usado como pigmento até muito mais tarde. Além de ser difícil de moer, o lápis-lazúli contém muitas impurezas, e o resultado pode ser uma cor acinzentada decepcionante. Transformá-lo em um pigmento utilizável é um exercício de extração da lazurita azul. Para isso, a pedra é moída em um pó muito fino e misturada com piche, mástique, terebintina e óleo de linhaça ou cera; a mistura é então aquecida até formar uma pasta. A pasta então é sovada com uma solução alcalina de soda cáustica – "tal como você trabalharia com a massa de pão", escreveu Cennini.[4] A soda cáustica gradualmente "lava" o azul, que se acumula no fundo do recipiente. É necessário sovar a pasta algumas vezes para remover toda a cor. Cada vez que a pasta é sovada, ela solta uma solução progressivamente mais cinzenta; a extração final produz uma cor pálida, conhecida como "cinzas de ultramarino".

Os exemplos mais antigos do uso de lápis-lazúli como pigmento são encontrados em um pequeno número de murais do século V, no Turcomenistão chinês, e em algumas imagens do século VII de um templo em uma caverna em Bamiyan. O uso europeu mais antigo conhecido está na igreja de San Saba, em Roma, e data da primeira metade do século VIII, quando o ultramarino era misturado com o azul egípcio (página 196). (Nessa época, o azul egípcio era o azul mais ilustre do mundo antigo, embora logo tenha sido substituído pelo azul ultramarino.)[5]

A longa viagem até as minas de lápis-lazúli não só aumentava o preço do pigmento, como também afetava a forma como – e mesmo se – o ultramarino era usado. Os artistas italianos, em especial os venezianos, que eram os primeiros na cadeia de abastecimento europeia e podiam adquirir o pigmento mais barato, eram relativamente esbanjadores com o precioso pigmento. Isso é evidente, por exemplo, na vasta faixa de céu estrelado em *Baco e Ariadne*, de Ticiano, pintado com azul ultramarino no início da década de 1520. Já os artistas do norte da Europa precisavam ser mais econômicos. Albrecht Dürer, o principal gravador e pintor da Renascença alemã, usava-o ocasionalmente, mas nunca sem reclamar amargamente do custo. Ao comprar pigmentos na Antuérpia, em 1521, ele pagou quase cem vezes mais pelo azul ultramarino do que pagou por alguns pigmentos terrosos.[6] Devido à diferença de preço e qualidade, fazia mais sentido para os artistas comprar pigmentos de Veneza se estivessem trabalhando em encomendas de prestígio. O contrato de 1487 de Filippino Lippi para os afrescos da Capela Strozzi, em Santa Maria Novella, Florença, incluía uma cláusula que determinava que uma parte do pagamento fosse reservada para quando "ele quisesse ir a Veneza". Havia uma cláusula semelhante no contrato de Pinturicchio de 1502 para os afrescos da Biblioteca Piccolomini, em Siena: 200 ducados foram reservados para uma expedição para comprar pigmentos venezianos.[7]

As razões para tanta cerimônia eram práticas e emocionais. Enquanto muitos outros pigmentos azuis são coloridos com verde, o ultramarino é um azul verdadeiro, ocasionalmente beirando o violeta, e é extraordinariamente duradouro. Também era valorizado pela estima que o lápis-lazúli bruto tinha. A ascensão da cor no Ocidente também coincidiu com a crescente preocupação da Renascença com a Virgem Maria. A partir de cerca de 1400, os artistas começaram retratar cada vez mais a Madonna usando mantos ou vestidos em azul ultramarino, um sinal material de sua estima e de sua divindade.[8] *A Virgem em oração* (1640–1650), de Giovanni Battista Salvi Sassoferrato, parece um tributo tanto ao ultramarino, em toda a sua beleza intensamente noturna, quanto a Maria. Ela está sentada, com a cabeça levemente inclinada, de modo que seus olhos encontram o chão, mas são as dobras grossas e cremosas de sua capa azul que capturam o olhar do espectador.

O uso preciso deste pigmento era um ponto chave em muitos contratos celebrados entre artistas e seus mecenas. O contrato de 1515 para a *Madonna das Harpias*, de Andrea del Sarto, estipulava que o manto da Virgem deveria ser pintado com azul ultramarino "pelo menos cinco florins largos por onça". Alguns clientes compravam eles próprios o pigmento para controlar seu uso; um documento de 1459 sugere que, enquanto Sano di Pietro trabalhava em um afresco em um portão de Siena, as autoridades da cidade retiveram o suprimento de ouro e azul ultramarino dele. Eles nem sempre estavam errados em desconfiar. Quase quatro séculos depois, enquanto Dante Gabriel Rossetti, William Morris e Edward Burne-Jones pintavam um conjunto de murais na biblioteca da Oxford Union, em 1857, um pote cheio de azul ultramarino foi derrubado em meio a "bagunça, barulho, estouro de rolhas, esguichos de tinta e brincadeiras em geral". Os clientes ficaram horrorizados.[9]

Para colocar sal na ferida, já havia, àquela altura, uma boa alternativa. Em 1824, a Société d'Encouragement pour l'Industrie Nationale, na França, ofereceu 6 mil francos a quem conseguisse criar um azul ultramarino sintético acessível.[10] Quatro anos mais tarde, o prêmio foi dado a Jean-Baptiste Guimet, um químico francês. (Embora Christian Gmelin, um rival alemão, tenha anunciado que havia seguido uma receita semelhante no ano anterior, o prêmio em dinheiro permaneceu com Monsieur Guimet, e a nova fórmula passou a ser conhecida como ultramarino francês.)[11] Para criar a versão sintética, são misturados e aquecidos caolim, sódio, carvão, quartzo e enxofre; o resultado, uma substância verde vítrea, é pulverizado, lavado e reaquecido para criar um rico pó azul.

    O ultramarino francês era exponencialmente mais barato. Em alguns casos, o produto real podia ser vendido 2,5 mil vezes mais caro do que o sintético.[11] No início da década de 1830, o original custava 8 guinéus cada 30 g, enquanto o ultramarino francês custava entre 1 e 25 xelins por 500 g; na década de 1870, o ultramarino francês já tinha se tornado o padrão. Apesar disso tudo, o intruso enfrentou resistência no início. Os artistas reclamavam que era muito unidimensional. Como as partículas eram todas do mesmo tamanho e refletiam a luz da mesma maneira, faltava-lhe a profundidade, a variedade e o interesse visual da coisa real.

    O artista francês do pós-guerra, Yves Klein, concordava. Ele patenteou o International Klein Blue em 1960 e o usou para criar sua marca registrada: as telas azuis lustrosas texturizadas, conhecidas como "IKB series", devido à cor. (Foram esses aparentemente simples monocromos que Klein mais tarde chamou, com orgulho, de sua "ideia pura".) Embora adorasse a intensidade do ultramarino sintético em pó bruto, ele ficou desapontado com a opacidade da tinta feita com ele. Então trabalhou com um químico por mais de um ano para desenvolver um aglutinante de resina especial, que, quando misturado ao ultramarino sintético para formar o IKB, permitia que o pigmento se aproximasse da limpidez e do brilho do original.

Azul-cobalto

Em 29 de maio de 1945, logo após a libertação da Holanda, Han van Meegeren, artista e negociante de arte, foi preso por ter colaborado com os nazistas. Além de ter acumulado uma fortuna suspeita durante a ocupação nazista, ele vendera *Cristo e a adúltera*, uma das primeiras obras de Vermeer, a ninguém menos que o *Reichmarschall* Hermann Göring, o mais alto comandante das forças armadas da Alemanha na época. Se fosse considerado culpado, ele poderia ser enforcado.[1]

Van Meegeren negou veementemente a acusação e respondeu com a sua própria versão dos fatos. O "Vermeer", disse ele, não era realmente um Vermeer: ele mesmo o pintara. Na pior das hipóteses, ele era culpado de falsificação e, já que tinha enganado o *Reichmarschall*, não deveria ser, na verdade, considerado um herói holandês? Algumas das pinturas que ele alegou ter falsificado – vários outros Vermeers e alguns Pieter de Hoochs, entre outros – estavam expostas em museus e foram aclamadas pelos críticos como obras-primas há muito perdidas. Van Meegeren afirmou ter ganhado 8 milhões de florins (cerca de US$ 33 milhões hoje). Quando diretores de museus e críticos de arte renomados se recusaram a acreditar nele, Van Meegeren se viu na posição inusitada de ter que persuadir as pessoas de sua culpa.

Ele se especializara em Vermeers, disse em juízo, por causa da enorme lacuna na obra daquele artista – a maioria de suas pinturas conhecidas são de quando ele era mais velho – e da dissonância entre seu estilo quando jovem e o de anos posteriores. Van Meegeren utilizou a composição de um Caravaggio para uma das falsificações – *Cristo e os peregrinos em Emaús* – sabendo que os historiadores da arte procuravam desesperadamente provas da teoria de que o estilo de Vermeer tinha origem italiana. Ele também prestou atenção aos detalhes técnicos. Em vez de usar o tradicional óleo de linhaça como *medium* de pintura, ele usou baquelite, um plástico que endurece quando aquecido. Com isso, ele conseguiu enganar os testes de raios X e de solventes padrão usados para determinar a idade das pinturas a óleo, que demoram muito mais para endurecer. Ele havia pintado em telas antigas, que tinham craquelé autêntico (a rede de pequenas fissuras que se desenvolvem em pinturas antigas), e usado apenas pigmentos que estariam disponíveis no século XVII[2] – exceto em um caso. A exceção era uma tonalidade específica que, após um exame mais detalhado, descobriu-se conter um pigmento que só foi criado 130 anos após a morte de Vermeer: o azul-cobalto.[3]

Não surpreende que Van Meegeren tenha deixado passar esse detalhe – afinal, o azul-cobalto era um dos azuis criados especificamente como substituto sintético do azul ultramarino.[4] Um químico francês, Louis-Jacques Thénard, decidira que a chave estaria no azul-cobalto, o elemento que os ceramistas de Sèvres usavam em seus esmaltes azuis, o mesmo usado para deixar as telhas dos telhados das mesquitas persas da cor do céu. Também estava presente no famoso vidro medieval azul íris nas catedrais de Chartres e Saint-Denis, em Paris, e no barato pigmento artístico vidro de cobalto. Em 1802, Thénard fez a sua descoberta: a mistura de arseniato de cobalto ou de fosfato de cobalto e alumina, torrada a altas temperaturas, produzia um belo azul profundo.[5] O químico e escritor George Field, escrevendo em 1835, descreveu-o como "o azul moderno e melhorado (...) que não tende nem para o verde, nem para o roxo, aproximando-se em brilho do mais fino ultramarino".[6]

A presença do azul-cobalto no trabalho de Van Meegeren o desmascarou, e suas obras foram discretamente retiradas das paredes dos museus e guardadas. Em novembro de 1947, dois anos após sua prisão, ele foi finalmente considerado culpado – não de colaboração com o regime nazista (embora um livro com seus desenhos tivesse sido encontrado na biblioteca pessoal de Hitler, com a inscrição "Ao meu amado Führer em grata homenagem"), mas de falsificação.[7] Ele foi condenado a um ano de prisão, mas morreu – dizem que de coração partido – no mês seguinte.

Índigo

Em 1882, o British Museum adquiriu um objeto que levaria 11 décadas para compreender. O artefato é uma pequena tábua de argila, com cerca de 7 cm² e 2 cm de espessura, coberta por um texto minúsculo escrito na Babilônia em algum momento entre 600 e 500 a.C. No início da década de 1990, quando os estudiosos finalmente decifraram o texto, descobriram que a inscrição feita na argila ainda úmida milhares de anos antes eram as instruções para tingir lã de azul-escuro. Embora não seja mencionado, a descrição do processo – com os seus repetidos banhos de imersão – indica que o corante era o índigo.

Durante muito tempo, presumiu-se que tanto as sementes das plantas que produzem índigo quanto o conhecimento de como transformá-las em um corante da cor do céu noturno tinham sido sopradas para o Oeste pelos ventos do comércio; da Índia ao Oriente Médio e à África. (Um registro dessa suposição sobrevive na própria palavra. Sua raiz etimológica vem do grego *indikon*, que significa "uma substância da Índia".) Hoje, porém, isso parece improvável. Tudo indica que as pessoas descobriram o processo de forma independente, e em momentos diferentes, em todo o mundo. Existem muitas espécies de plantas que produzem índigo – a ísatis (página 198) é uma delas –, mas a mais cobiçada por seu corante é a *Indigofera tinctoria*.[1] Para um burro de carga produtor de corantes, é um arbusto bonito, com folhas pequenas em um verde meio pálido, flores rosadas que se parecem com orquídeas em miniatura e vagens penduradas.[2]

Embora, ao contrário da ísatis, a *I. tinctoria* seja uma "fixadora de nitrogênio" e, portanto, boa para o solo, ainda assim é temperamental e propensa a contratempos.[3] Produtores da América Central e do Sul, por exemplo, tinham que lidar não só com os riscos habituais – flutuações no preço e chuvas, naufrágio de navios mercantes –, mas também com uma série de outros riscos de proporções bíblicas, incluindo terremotos e pragas de lagartas e gafanhotos.[4] Mesmo depois de feita a colheita, os pobres produtores não conseguiam dormir tranquilos. Ainda hoje, com mais produtos químicos e equipamentos à disposição, o processo de extração do corante das folhas é trabalhoso; o processo tradicional, feito inteiramente à mão, era muito pior. Primeiro, a vegetação era fermentada em solução alcalina. O líquido era então drenado e batido vigorosamente para arear. Isso provocava a formação de um sedimento azul, que então era seco em bolos ou blocos para serem enviados ao comércio.[5]

O resultado vale o esforço. Além da cor vibrante, o índigo envelhece graciosamente, como confirmará qualquer aficionado por *jeans* que preze seu *selvedge* japonês. É também o mais resistente ao desbotamento entre os corantes naturais. É frequente que, nas combinações com outros para criar cores como verde ou preto, seja o único a permanecer. O fenômeno é tão comum que se diz que a vegetação das tapeçarias renascentistas, que hoje é da cor do céu, sofre de "doença azul".[6] Ao contrário da maioria dos corantes, o índigo não precisa de um mordente para fixá-lo ao tecido. Enquanto o conteúdo relativamente pequeno de índigo na ísatis conseguia colorir fibras absorventes como a lã, o corante de outras plantas com índigo podia ser até dez vezes mais forte, mais do que poderoso o suficiente para saturar fibras vegetais menos flexíveis, como seda, algodão e linho.[7] O tecido mergulhado no tanque de corante verde amarelado muda de cor ao entrar em contato com o ar, passando de verde amarelado para verde mar antes de se firmar em um azul profundo imperturbável.

O índigo está presente nos costumes funerários de muitas culturas em todo o mundo, do Peru à Indonésia, do Mali à Palestina. Os antigos tintureiros egípcios começaram a costurar linhas finas de tecido azul na barra de tecidos de linho para mumificação por volta de 2.400 a.C.; uma túnica oficial encontrada no extenso guarda-roupas funerário de Tutancâmon, que reinou por volta de 1333–1323 a.C., era quase inteiramente índigo.[8] O corante também fez incursões em outras esferas culturais.

Os homens da tribo dos tuaregues, no norte de África, recebem *tagelmusts*, ou lenços de cabeça, em uma cerimônia especial que marca a sua transição de menino para homem. Os mais prestigiados de uma comunidade usam os *tagelmusts* índigo mais brilhantes, cujo tom glorioso é revelado por múltiplas rodadas de tingimento e batimento.⁹

Por ter sido sempre tão valorizado, o índigo se tornou, há tanto tempo quanto os registos e as suposições permitem determinar, um alicerce do comércio global. Os romanos mais ricos conseguiam importar índigo a 20 denários por 500 g, cerca de 15 vezes o salário diário médio (os preços eram tão altos que, ao que parece, alguns comerciantes arriscavam a sorte vendendo uma falsificação feita de esterco de pombo).¹⁰ Somando-se às despesas estavam as rotas comerciais restritas. Antes de Vasco da Gama contornar o Cabo da Boa Esperança com seu navio e abrir outra passagem para o Oriente, as mercadorias que viajavam para o Oeste tinham de seguir por terra através do Oriente Médio ou ao redor da Península Arábica. Essa rota era imprevisível e difícil de trilhar, propensa a instabilidades sociais e com tributos pesados, cobrados pelos vários governantes ao longo do caminho, o que aumentava o preço para quem estava no final da viagem. Os obstáculos eram infinitos. Em 1583, houve uma escassez de camelos após um período de seca extrema, e as caravanas pararam. Depois de quase causar um incidente diplomático em Bayana, na Índia, ao superar o lance dado pela mãe do imperador com "doze carroças carregadas de *nil* [índigo]", um comerciante britânico perdeu tanto a preciosa carga quanto a vida em Bagdá, na viagem de volta para casa.¹¹

Apesar da lenta adoção do índigo importado na Europa – principalmente devido à resistência dos produtores locais de ísatis –, a ascensão do colonialismo nos séculos XVI e XVII e a perspectiva de se fazer fortunas superaram a resistência; o comércio quase entrou em frenesi. Em apenas um ano, 1631, sete navios holandeses transportaram um total de 151.293 kg de índigo de volta à Europa, uma carga que valia cinco toneladas de ouro (página 86). No Novo Mundo, os espanhóis começaram a produzir índigo em escala comercial quase imediatamente após a conquista da Guatemala, em 1524; ele logo se tornou o principal produto de exportação da região.[12]

Novas rotas comerciais, combinadas com o amplo uso de trabalho escravo e forçado no Novo Mundo e na Índia, provocaram uma diminuição dos preços. Os exércitos começaram a usar o índigo em seus uniformes. A Grande Armada de Napoleão, por exemplo, consumia cerca de 150 toneladas por ano.[13] (A infantaria francesa usou calças em vermelho garança ou alizarina [página 152] até a Primeira Guerra Mundial, quando então as substituiu por índigo, porque percebeu que o vermelho tornava os soldados um alvo muito fácil.) Naturalmente, depois que William Perkin desvendou o segredo dos corantes de anilina, em 1856, desenvolver uma versão artificial do índigo foi apenas uma questão de tempo. Após um avanço inicial em 1865, foram necessários mais 30 anos até que o químico alemão Adolf von Baeyer, com o apoio financeiro no valor de 20 milhões de marcos de ouro da gigante farmacêutica alemã BASF, finalmente conseguisse colocar o "Pure Indigo" no mercado.

De um luxo equiparado ao púrpura tíria (página 162), o índigo tornou-se a cor da força de trabalho operária, não apenas na Europa, mas também no Japão e na China, onde o terno Mao em azul dessaturado se tornou onipresente no século XX.[14] Curiosamente, o legado mais duradouro deste pigmento está, justamente, nessa associação com o vestuário de trabalho, materializada pelo *jeans*.[15] Embora tenha atingido seu pico por volta de 2006, a indústria global de *jeans*, que é dominada pelo clássico azul índigo, ainda valia US$ 54 bilhões em 2011.[16] As calças *jeans* têm sido um item básico do guarda-roupa desde a década de 1960 e, como diz Giorgio Armani, "representam a democracia na moda". Com elas, é possível sentir-se em casa e ser compreendido em qualquer lugar do mundo.

Azul da Prússia

Em algum momento entre 1704 e 1706, em uma sala lúgubre em Berlim, o fabricante de tintas e alquimista Johann Jacob Diesbach preparava um lote de sua famosa laca vermelha de cochonilha (um tipo de tinta feita com um corante orgânico e um aglutinante inerte ou mordente) (página 141). O processo químico era relativamente simples, usando sulfato de ferro e potássio. Naquele dia, porém, quando chegou à fase crucial, Diesbach percebeu que tinha ficado sem potássio. Ele então comprou mais do fornecedor mais próximo e continuou, mas algo estava errado. Quando adicionou o potássio, a mistura não ficou vermelha forte, como deveria; em vez disso, ficou pálida e rosada. Perplexo, ele começou a tentar deixar o produto mais concentrado. Sua solução de "laca vermelha" ficou primeiro púrpura e depois azul profundo.

Diesbach procurou o homem que lhe vendera o potássio, um colega alquimista e farmacêutico de má reputação chamado de Johann Konrad Dippel, e exigiu uma explicação. Dippel deduziu que o sulfato de ferro tinha reagido estranhamente com o potássio porque este estava adulterado com óleo animal. A reação criou ferrocianeto de potássio (um composto conhecido até hoje em alemão como *Blutlaugensalz*, literalmente "sais alcalinos do sangue"), que se combinou com o sulfato de ferro e produziu ferrocianeto de ferro, um composto que hoje conhecemos como azul da Prússia.[1]

Aquele era um bom momento para o surgimento de um novo azul. O azul ultramarino (página 182) continuava sendo o ideal, mas ainda era terrivelmente caro e a oferta era inconstante. Havia também o vidro de cobalto, o azul *verditer*, o azurita e até o índigo (página 189), mas todos eram levemente esverdeados, tinham pouca cobertura e não eram muito confiáveis quando aplicados sobre a tela.[2] O azul da Prússia foi uma revelação. Uma cor profunda e fria, com tremendo poder de tingimento e capacidade de criar tons sutis, também se comportava bem com branco de chumbo (página 43) e se misturava com pigmentos amarelos, como o ouro-pigmento (página 82) e o *gamboge* (página 80), para produzir verdes estáveis. Em seu compêndio de pigmentos de 1835, George Field o chamou de "pigmento bastante moderno", "profundo e poderoso (...) de corpo vasto e transparência considerável".³

Dippel, que podia ser desonesto, mas que claramente tinha tino para os negócios, começou a vendê-lo por volta de 1710. A fórmula permaneceu em segredo até 1724, quando o químico inglês John Woodward publicou o método para produzir o azul da Prússia em *Philosophical Transactions of the Royal Society*.⁴ Em 1750, ele já era fabricado em toda a Europa. Ao contrário de muitos outros pigmentos da época (e apesar do "cianeto" em seu nome químico), ele não era tóxico; além disso, custava um décimo do preço do azul ultramarino. Ele tinha, porém, desvantagens, mudando de cor pela ação da luz intensa e de álcalis. W. Linton, autor de *Ancient and Modern Colors* (1852), admitia que era "um pigmento rico e fascinante para o colorista", mas alertava que "não dá para depender dele"; entretanto, ainda que com preocupação, era difícil evitá-lo.⁵

A cor é vista em obras de artistas tão diversos quanto William Hogarth, John Constable, Van Gogh e Monet. Pintores e xilógrafos japoneses ficaram encantados com ele. Foi também o azul que Picasso preferiu durante o seu período azul, nos primeiros anos do século XX, após a morte de um amigo; a transparência da tinta conferiu profundidades frias aos cenários melancólicos. Ele ainda é muito usado: a escultura topográfica achatada de Anish Kapoor, *A Wing at the Heart of Things*, criada em 1990, é feita de ardósia revestida de azul da Prússia.

O pigmento também se ocupou de colonizar outras indústrias: há muito tempo é usado em papéis de parede, tintas domésticas e corantes têxteis. John Herschel, químico, astrólogo e fotógrafo britânico do século XIX, descobriu como usá-lo em combinação com papel fotossensível para fazer uma espécie de protofotocópia. Os resultados, que apareciam como marcas brancas sobre um fundo azul, ficaram conhecidos como "*blueprints*", palavra que passou a denotar, em língua inglesa, qualquer desenho técnico.⁶ Também é utilizado no tratamento de intoxicação por tálio e césio-137, pois evita que o corpo os absorva. Seu único efeito colateral são fezes assustadoramente azuis.⁷

Surpreende que, durante a maior parte de sua história, ninguém soubesse exatamente o que era o azul da Prússia; sabia-se os passos necessários para produzi-lo, mas não se sabia exatamente o que estava reagindo e com o quê. Ou talvez isso não seja tão notável assim: o ferrocianeto de ferro, um sólido azul cristalino, é um composto complicado com uma estrutura molecular reticular vertiginosa. Parece quase um milagre que algo assim tenha sido criado por um feliz acidente. Como observou o químico francês Jean Hellot, em 1762:

> *Talvez nada seja mais peculiar do que o processo pelo qual se obtém o azul da Prússia, e deve-se admitir que, se o acaso não tivesse contribuído, seria necessária uma teoria profunda para inventá-lo.*⁸

Azul egípcio

William, a estatueta de cerâmica de um hipopótamo, hoje se encontra no Metropolitan Museum of Art, a 10 mil quilômetros e 3.500 anos de distância de seu ponto de origem: as margens do rio Nilo, no Egito. Embora aos nossos olhos ele pareça uma figura bastante bonita, com sua pele esmaltada azul-esverdeada decorada com flores, para seus criadores, ele teria parecido muito menos benevolente. Os hipopótamos eram criaturas perigosas, tanto na realidade quanto na mitologia, onde podiam atrapalhar a jornada de alguém ao submundo. Estatuetas como esta tinham suas pernas quebradas (as de William foram posteriormente reparadas) e eram colocadas em tumbas como talismãs para proteger seus ocupantes em suas próximas jornadas.

Os egípcios valorizavam o azul de forma incomum: a maioria das culturas ocidentais sequer tinham uma palavra específica para a faixa do espectro entre o verde e o violeta. Para os antigos egípcios, porém, a cor representava o céu, o rio Nilo, a criação e a divindade. Amon-Ra, a principal divindade do império, era com frequência retratado com pele ou cabelo azul, uma característica que outros deuses também apresentavam de vez em quando. Acreditava-se que a cor dissipava o mal e trazia prosperidade, e era muito procurada na forma de contas, que se acreditava possuírem qualidades mágicas de proteção.[1] Embora os egípcios também usassem e valorizassem outros azuis, incluindo turquesa e azurita, ambos tinham desvantagens: o primeiro era raro e caro; o segundo era difícil de esculpir. Assim, do momento em que o azul egípcio foi fabricado pela primeira vez, por volta de 2.500 a.C., ele passou a ser usado com frequência. Os escribas escreviam com ele em papiros, e também foi encontrado em hieróglifos em paredes, usado como esmalte em objetos funerários e como decoração de caixões.[2]

Os romanos foram os primeiros a se referirem ao pigmento como "azul egípcio"; seus inventores o chamavam simplesmente de *iryt* (artificial) *hsbd* (lápis-lazúli).[3] Seu nome químico é silicato de cálcio e cobre, e as matérias-primas utilizadas em sua fabricação eram gesso ou calcário, algum mineral contendo cobre, como a malaquita, que lhe confere a cor azul, e areia. Provavelmente eram queimados juntos entre 950 e 1.000 °C, para criar um sólido vítreo e quebradiço, que era triturado e queimado novamente entre 850 e 950 °C para produzir um azul intenso duradouro e versátil.[4] Além de ser resistente a álcalis e ácidos, também resistia bem à luz intensa. Ao ser moído, dependendo de quão fino fosse o pó, poderia ser tão escuro quanto lápis-lazúli ou tão claro quanto turquesa; se fosse aplicado sobre uma camada de base escura, poderia ficar quase elétrico. Produzi-lo era um desafio técnico extraordinário. Não só os ingredientes precisavam ser queimados a temperaturas precisas, mas também os níveis de oxigênio precisavam ser regulados.

    Misteriosamente, considerando a existência de textos que a descrevem, a fabricação do azul egípcio desapareceu.[5] Exemplos do século XIII foram encontrados na Itália, mas acredita-se que isso se deve ao reaproveitamento de antigos estoques de pigmentos – é comum encontrar pequenas bolas de azul egípcio em escavações romanas.[6] Em outros lugares, os artistas começaram a favorecer o ultramarino (página 182) por volta do século IX.[7] Uma explicação é que a diminuição na demanda de azul (antes do seu ressurgimento, no século XII) fez com que as pessoas parassem de se preocupar em repassar o segredo, e as habilidades técnicas foram perdidas. Outra explicação talvez esteja em uma mudança na ideia de preciosidade. Enquanto os químicos modernos se maravilhavam com a técnica necessária para produzir o azul egípcio, os artistas e clientes ocidentais pareciam preferir matérias-primas com valor intrínseco, como o ultramarino.

Ísatis

Merton Abbey Mills, em Surrey, no sul da Inglaterra, era sede de uma fábrica têxtil há mais de um século quando William Morris a comprou, em junho de 1881. Morris passou a juventude escolhendo e descartando carreiras – padre, artista, fabricante de móveis – antes de encontrar aquela que faria seu nome e fortuna: revitalizar *designs* góticos para tecidos e papéis de parede. Ele evitou usar muitos dos novos corantes sintéticos disponíveis, preferindo os de base vegetal e mineral, que adquiriam características interessantes à medida que envelheciam e eram mais fiéis aos intrincados padrões medievais dos quais gostava. Um de seus truques favoritos era mostrar aos visitantes da Merton Abbey as meadas de lã sendo mergulhadas em profundos tanques de ísatis. Elas emergiriam com um tom próximo ao verde grama e então, diante dos olhos atônitos dos visitantes, mudavam primeiro para um verde-mar profundo e depois para um azul vibrante.[1]

    A planta por trás dessa transformação milagrosa era a *Isatis tinctoria* (muitas vezes também chamada de pastel), um membro da família da mostarda, nativa de solos ricos em argila da Europa. É uma das cerca de 30 espécies de plantas que produzem o corante índigo (página 189). A extração de índigo de plantas de ísatis é longa, complicada e cara. Depois de colhidas, as folhas são moídas até formar uma pasta, moldadas em bolas e deixadas para curar. Após 10 semanas, quando as bolas perderam três quartos do tamanho e nove décimos do peso, adiciona-se água e a mistura é deixada para fermentar novamente. Depois de mais duas semanas, a ísatis estará bastante escura e granulosa, lembrando alcatrão. Essa mistura contém cerca de 20 vezes mais índigo que o mesmo peso em folhas frescas, mas ainda precisa passar por mais uma rodada de fermentação, desta vez com cinza de madeira, antes de poder ser usada para tingir tecidos.

    O processo era nocivo, exigindo muita água doce, produzindo resíduos que muitas vezes eram despejados diretamente no rio mais próximo e drenando os nutrientes do solo, deixando aqueles em áreas de cultivo de ísatis em risco de inanição. Antes do século XIII, a ísatis era produzida em escala muito pequena. Há evidências de que os povos antigos conheciam o processo: folhas e sementes foram encontradas em uma área *viking* chamada de Coppergate, no norte da Inglaterra, e a planta era cultivada propositalmente em vários locais pelo menos desde o século X.[2] Escritores clássicos descreveram que os celtas se pintavam de azul, aplicando a cor sobre a pele antes de batalhas ou se tatuando com ela. (Restos mortais de celtas tatuados foram encontrados tanto na Rússia quanto na Grã-Bretanha, embora seja impossível dizer se ísatis foi o corante usado.) Foi até sugerido que a palavra *briton* (bretão) deriva de uma palavra celta que significa "povo pintado".

Entretanto foi por volta do final do século XII que a sorte do ísatis começou a mudar. A inovação no processo de produção resultou em uma cor mais brilhante e mais forte, que atraiu a atenção de um mercado mais luxuoso.[3] Também ajudou o fato de o azul, uma cor anteriormente negligenciada, não fazer parte do sistema suntuário que regulava as cores que as pessoas podiam vestir, podendo ser usado abertamente por qualquer pessoa. Ao longo do século seguinte, a procura por roupas azuis começou a ultrapassar as proeminentes roupas vermelhas. Também era usado antes ou depois do tingimento de tecidos para aumentar a longevidade e criar outras cores, incluindo o famoso verde Lincoln e até alguns escarlates (página 138). Um elisabetano escreveu: "Nenhuma cor em *broadcloth* ou *kersey* [tecidos, geralmente de lã] será feita para durar sem ísatis".[4]

Por volta de 1230, a ísatis era cultivada, assim como a garança (página 152), em quantidades quase industriais,[5] o que gerou rivalidades ferozes entre os comerciantes de ísatis e garança. Em Magdeburg, centro do comércio de garança na Alemanha, os afrescos religiosos começaram a retratar o inferno em azul e, na Turíngia, os comerciantes de garança convenceram os artesãos que trabalhavam com vidro a retratar em azul os demônios dos vitrais da nova igreja, em vez do tradicional vermelho ou preto, tudo em um esforço para desacreditar a tonalidade emergente.[6]

Tais táticas mostraram-se inúteis. As áreas que cultivavam o "ouro azul" – como Turíngia, Alsácia, Normandia – enriqueceram. Ísatis, escreveu um contemporâneo na região de Languedoc, França, "tornou aquele país o mais feliz e mais rico da Europa".[7] Quando o imperador Charles V capturou o rei francês na Batalha de Pavia, em 1525, o fiador do exorbitante valor de resgate foi um comerciante de ísatis extremamente rico de Toulouse, Pierre de Berny.[8]

O fim do ísatis já estava à vista, com a descoberta de outras plantas produtoras de índigo, primeiro na Índia e depois no Novo Mundo. Em 25 de abril de 1577, representantes dos comerciantes e tintureiros do centro de Londres enviaram um memorando ao Privy Council solicitando permissão para usar o índigo importado da Índia para fazer um azul "oriental" mais barato. "Quarenta xelins concedidos ao mesmo rendem tanta cor quanto cinquenta xelins de ísatis."[9]

Tal como os produtores de garança tinham feito antes, os envolvidos no comércio de ísatis tentaram evitar o inevitável. Leis protecionistas foram aprovadas ano após ano. O imperador Fernando III da Alemanha declarou, em 1654, que o índigo era a cor do diabo; os tintureiros franceses não puderam tocá-lo, sob pena de morte, até 1737; enquanto em Nuremberg, os tintureiros seguiram fazendo um juramento anual de não o usar até o final do século XVIII. Houve até uma campanha difamatória contra o índigo importado: em 1650, oficiais em Dresden anunciaram que o recém-chegado "perde facilmente a cor" e "desgasta os tecidos".[10] Foi tudo em vão. Muitas vezes produzido com trabalho escravo, o índigo sempre conseguia bater o preço do ísatis e tinha um poder de tingimento muito maior. O comércio europeu de ísatis entrou em colapso, deixando apenas campos vazios e mercadores arruinados.

Azul elétrico

O som que o engenheiro nuclear de 24 anos Alexander (Sasha) Yuvchenko ouviu à 1h 23min da manhã de 26 de abril de 1986 não foi uma explosão, mas um baque, um tremor. Só dois ou três segundos depois, quando a radiação do núcleo do reator nuclear 4 atingiu o complexo nuclear de Chernobyl, onde trabalhava, é que ele ouviu o poderoso estrondo do maior desastre provocado pelo homem.[1]

Yuvchenko assumira o cargo porque Chernobyl era uma das melhores usinas nucleares da União Soviética, o salário era bom e o trabalho era interessante. Naquela noite, tudo deveria ser rotina: ele estava supervisionando o resfriamento do reator, que mais cedo havia sido desligado manualmente para um teste de segurança planejado. Ele estava em sua sala, conversando com um colega, enquanto as barras nucleares eram mergulhadas na água para serem resfriadas. Isso, no entanto, causou inadvertidamente uma oscilação de energia tão poderosa que a placa de mil toneladas que cobria o núcleo explodiu, desencadeando uma série de outras detonações e expelindo urânio radioativo, grafite em chamas e partes da edificação.[2] Em entrevista à *New Scientist*, em 2004, ele se lembrou do vapor, do tremor, das luzes se apagando, das paredes de concreto se deformando como se fossem de borracha e das coisas caindo ao redor dele; o primeiro pensamento que lhe veio à mente foi que uma guerra havia começado. Ele atravessou o prédio em ruínas, passando por corpos carbonizados,[3] antes de chegar ao buraco onde o prédio do reator estivera momentos antes. Foi só então que ele percebeu o brilho:

Pude ver um enorme feixe de luz se projetando ao infinito vindo do reator. Era como uma luz de laser, causada pela ionização do ar. Era azulado-claro e muito bonito.[4]

Não surpreende que um azul claro e brilhante tenha se tornado o tom da eletricidade no imaginário popular. Afinal, a misteriosa auréola vista em torno de materiais muito radioativos após testes nucleares, e em Chernobyl, é azul. Outros fenômenos de descarga elétrica observados e que intrigaram a humanidade desde os mais remotos tempos, como faíscas e relâmpagos, produzem efeitos semelhantes – o fogo de Santelmo, por exemplo, que dança nos mastros dos navios e nas janelas dos aviões durante tempestades, é azul brilhante, às vezes tingido de violeta (página 174). O efeito é causado pela ionização do ar: as moléculas de nitrogênio e oxigênio ficam tão agitadas que liberam fótons visíveis a olho nu.

A associação entre a cor azul e a eletricidade surgiu bem antes do que se possa imaginar. Um tom de pervinca dessaturado chamado de "azul elétrico" entrou em voga no final do século XIX, na mesma época que Joseph Swan e Thomas Edison buscavam uma maneira de aproveitar a eletricidade para produzir luz. Uma publicação comercial da associação britânica de vendedores de tecidos menciona "fazenda e veludo azul elétrico escuro" em sua edição de janeiro de 1874, enquanto o *Young Ladies' Journal* aponta a moda do vestido de passeio "de tecido duplo azul elétrico" em novembro de 1883.[5]

O azul elétrico sempre foi um sinônimo de modernidade. Para os vitorianos, testemunhar as mais recentes inovações elétricas saírem dos laboratórios e das fábricas e irem para os hotéis mais elegantes e depois para as casas das pessoas deve ter dado a sensação de que futuro e presente estavam se fundindo. Este tom tem dominado – exceto por um breve período nas décadas de 1980 e 1990 – nossa imaginação de um destino controlado pela tecnologia. Enquanto o filme *Matrix*, lançado em 1999, é coberto pela luz esverdeada fantasmagórica emitida pelas telas de computador monocromáticas (que, na realidade, foram praticamente eliminadas na década de 1980, mas que ainda são retratadas como futurísticas), a tecnologia de *Minority Report*, lançado apenas três anos depois, é alimentada por azul elétrico. Luz semelhante pode ser vista nos filmes *Tron*, de 1982 e 2010, em fotos publicitárias de *A origem* (2010) e no perturbador destino distópico que a humanidade enfrenta em *Wall-E* (2008). Embora a vejamos como a cor do futuro, o azul elétrico claramente nos deixa um tanto alarmados; talvez não confiemos em nós mesmos para controlar as forças à nossa disposição. Como Sasha Yuvchenko bem sabe, o custo dos nossos erros pode ser devastador.

Cerúleo

Em 17 de fevereiro de 1901, o poeta e artista espanhol Carlos Casagemas estava bebendo com amigos no novo café parisiense *l'Hippodrome*, perto de Montmartre, quando sacou uma arma e deu um tiro em sua têmpora direita. Os amigos ficaram muito perturbados, em especial Pablo Picasso, que nunca se recuperou totalmente de ver a irmã morrer de difteria, seis anos antes. A dor de Picasso lançou uma sombra sobre suas obras por vários anos. Ele abandonou quase toda a paleta cores, exceto a única cor que poderia expressar adequadamente sua dor e perda: o azul.

O azul ajuda as pessoas na expressão de questões do espírito. Quando, no final da Segunda Guerra Mundial, a ONU foi formada para manter a paz global, o símbolo escolhido para representá-la foi um mapa do mundo rodeado por um par de ramos de oliveira sobre um fundo cerúleo levemente acinzentado. Oliver Lundquist, o arquiteto e *designer* que criou a insígnia, escolheu esta tonalidade porque é "o oposto do vermelho, a cor da guerra".[1]

É espiritual e sereno. Muitos deuses hindus, incluindo Krishna, Shiva e Rama, são representados com pele da cor do céu, simbolizando a sua afinidade com o infinito. Os franceses chamam-no de *bleu céleste*, azul celeste. É também, de forma confusa, a cor de muitos dos edifícios da Gold Base da Igreja da Cientologia, na Califórnia – incluindo a mansão que aguarda a reencarnação do fundador da religião, L. Ron Hubbard. (O próprio, quando fundou a Cientologia, teria dito a um colega: "Vamos vender às pessoas um pedaço de azul celeste.") A Pantone nomeou o seu tom mais claro de miosótis como a cor do milênio, presumindo que os consumidores "estariam à procura de paz interior e realização espiritual no novo milênio".[2]

Um pigmento verdadeiramente cerúleo – da família do azul cobalto (página 187) – não estava disponível para os artistas até a década de 1860, e, a partir daí, estava disponível apenas como aquarela.³ Feito a partir de uma mistura de azul-cobalto e óxidos de estanho, conhecidos como estanato de cobalto, ele não progrediu muito até a década de 1870, quando foi finalmente lançado como tinta a óleo; nesse *medium*, perdeu o tom levemente esbranquiçado que tinha na aquarela e seduziu uma geração de pintores. Embora Van Gogh preferisse criar sua própria aproximação do tom usando uma mistura sutil de azul-cobalto, um pouco de amarelo cádmio e branco, outros eram menos preciosistas. Paul Signac, conhecido por seu pontilhismo arejado, usou até a última gota de incontáveis tubos de tinta, assim como muitos de seus colegas, incluindo Monet.⁴ Quando o fotógrafo e escritor Brassaï encontrou o fornecedor parisiense de tintas de Picasso, em novembro de 1943, o homem entregou-lhe um pedaço de papel branco preenchido com a letra de Picasso. "À primeira vista, parecia um poema", escreveu Brassaï, mas ele percebeu que era, na verdade, a última encomenda de tintas de Picasso. Em terceiro lugar na lista, logo abaixo de "Branco, permanente –" e "Branco, prateado –", estava "Azul, cerúleo".⁵

Verdete
Absinto
Esmeralda
Verde Kelly
Verde de Scheele
Terra verde
Abacate
Celadon

Verde

Há uma fábula budista sobre a cor verde. Nela, certa noite, uma divindade aparece em sonho a um menino e lhe diz que, para ter tudo o que deseja, basta que ele feche os olhos e não imagine o mar verde. A história tem dois finais possíveis. Em um deles, o menino em algum momento tem êxito e atinge a iluminação; em outro, seus sucessivos fracassos o consomem de tal forma que a vida e a sanidade gradualmente o abandonam.[1]

Hoje, o verde tende a evocar imagens reconfortantes do campo e de políticas ambientais. Apesar da sua associação com a inveja, em geral, é visto como uma cor pacífica e é, muitas vezes, associado ao luxo e ao estilo. Um tom glauco era o queridinho do movimento Art Déco; esmeralda foi a "cor do ano" da Pantone em 2013.

O antigo hieróglifo egípcio para a cor era o caule do papiro, uma planta que os egípcios tinham em alta estima. Em latim, a palavra para verde é *viridis* e está relacionada a um grande grupo de palavras que sugerem crescimento e a própria vida: *virere*, estar verde ou ser vigoroso; *vis*, força; *vir*, homem; e assim por diante.[2] Muitas culturas associam positivamente a cor a jardins e à primavera. Para os muçulmanos, para quem "paraíso" é quase sinônimo de "jardim", o verde ganhou importância a partir do século XII. Junto com o branco, era a cor preferida do profeta Maomé. No Alcorão, as vestes usadas no paraíso e os sofás de seda espalhados entre as árvores são da cor das folhas. Na poesia islâmica medieval, o Monte Qaf (a montanha celestial), o céu acima dele e a água a seus pés são representadas em tons de verde. É por isso que a cor aparece nas bandeiras de muitos países predominantemente islâmicos, incluindo Irã, Bangladesh, Paquistão e Arábia Saudita.[3]

No Ocidente, o verde era relacionado, em especial, aos rituais de primavera nas cortes. No dia 1 de maio, por exemplo, muitas cortes exigiam aos membros *s'esmayer* ou "vestir o maio", o que, na prática, significava usar uma coroa ou grinalda de folhas, ou vestir uma peça de roupa em que predominasse o verde. Aqueles que fossem *pris sans verd*, ou que aparecessem sem a cor, seriam zombados em voz alta.⁴ Possivelmente por causa de tais rituais e dos inevitáveis flertes e problemas que poderiam causar, o verde também se tornou o emblema da juventude e do amor jovem. A expressão "estar verde", que significa ser inexperiente, já era utilizada na Idade Média. Minne, uma deusa germânica que, como Cupido, gostava de atirar flechas de amor nas pessoas, usava um vestido verde, assim como as mulheres jovens férteis – esta é uma interpretação, por exemplo, de *O casal Arnolfini*, de Jan Van Eyck (c. 1435) (página 214).

Apesar de tais associações positivas, o verde tinha, pelo menos no Ocidente, uma espécie de problema de imagem. O motivo era, em parte, um mal-entendido inicial em torno da mistura de cores. Platão, o antigo matemático grego nascido em meados do século V a.C., sustentava firmemente que *prasinon* (cor do alho-poró) era feita pela mistura de *purron* (cor da chama) e *melas* (preto). Demócrito, pai da teoria atômica, acreditava que o verde-claro era um produto do vermelho e do branco.⁵ Para os antigos, o verde era, assim como o vermelho, uma das cores intermediárias entre o branco e o preto, e, na verdade, vermelho e verde eram linguisticamente confundidos com certa frequência: até o século XV, a palavra latina medieval *sinople* poderia se referir a ambos.⁶ Em 1195, o futuro Papa Inocêncio III reinterpretou o papel do verde na ordem divina em um tratado influente. A cor deve, escreveu ele, "ser escolhida para feriados e dias em que nem branco, nem vermelho, nem preto são adequados, porque é uma cor intermediária entre branco, vermelho e preto".⁷ Isto, teoricamente, deu a ela uma importância muito maior no Ocidente, mas, na prática, ela ainda era rara: nunca apareceu em mais do que 5% dos brasões.

Uma razão para isso é o antigo tabu em torno da criação de corantes e pigmentos verdes a partir da mistura de azul e amarelo. Além de ser mal compreendida durante muitos séculos – vide as afirmações de Platão –, também havia uma profunda aversão à mistura de substâncias diferentes, em um nível que hoje é difícil de entender. Os alquimistas, que misturavam elementos em sua rotina, eram motivo de desconfiança, e, na arte medieval, as cores geralmente aparecem em blocos não misturados, sem qualquer tentativa de mostrar perspectiva por sombreamento. Na indústria do vestuário, a questão ficava mais complicada devido às restrições impostas pelas guildas de ofício e ao elevado grau de especialização: em muitos países, os tintureiros de azul/preto eram proibidos de trabalhar com corantes vermelhos e amarelos. Em alguns países, tingir um tecido de verde usando a técnica de mergulhá-lo primeiro em ísatis (página 198) e depois em gauda, um corante amarelo, poderia gerar repercussões graves para a pessoa flagrada no ato, incluindo multas pesadas e exílio. Embora houvesse algumas plantas que produziam uma cor verde sem a necessidade de misturas, incluindo a dedaleira e a urtiga, elas não produziam o tipo de cor rica e saturada que as pessoas de bom gosto e influência queriam comprar. O efeito disso fica claro em um comentário informal do estudioso Henri Estienne, de 1566: "Na França, se um homem de qualidade for visto vestindo verde, poder-se-á pensar que o cérebro dele estava um pouco fora de si".[8]

Os artistas precisavam lidar com pigmentos verdes inferiores. O artista holandês Samuel van Hoogstraten escreveu, na década de 1670: "Eu queria que tivéssemos um pigmento verde tão bom quanto vermelho ou amarelo. Terra verde [página 227] é muito fraco, verde espanhol [página 214] é muito grosseiro e freixo [*verditer*] não é suficientemente durável".[9] Do início da Renascença, quando o tabu da mistura começou a desaparecer, até o final do século XVIII, quando novos verdes de cobre foram descobertos por um químico sueco chamado Carl Wilhelm Scheele (página 224), os artistas tinham que misturar suas próprias tintas verdes.

Mas até isso era complicado. O verdete tendia a reagir com outros pigmentos e até a escurecer sem motivo, e o terra verde tinha baixo poder de tingimento e luminosidade. Paolo Veronese, que trabalhou em Veneza durante a maior parte de sua carreira, no século XVI, e foi, assim como Ticiano antes dele, um colorista habilidoso e talentoso, era famoso por conseguir extrair cores esverdeadas vibrantes de pigmentos recalcitrantes. Seu truque era aplicar uma mistura precisa de três pigmentos em duas camadas e proteger as áreas verdes com camadas de verniz para evitar que reagissem. Mesmo ele, porém, tinha ocasionais contratempos com o verde, e, no século XIX, os artistas ainda tinham dificuldade de produzir um verde confiável. A grama em primeiro plano em *Uma tarde de domingo na ilha de La Grande Jatte*, de Georges Seurat, por exemplo, parece seca em algumas áreas devido ao mau comportamento dos pigmentos. Esse quadro, um dos exemplos mais conhecidos da técnica de pontilhismo, além de ser a obra que lançou o movimento Neoimpressionista, foi pintado em meados da década de 1880, o que demonstra que pintores brigavam com seus materiais até recentemente.

As dificuldades específicas que artesãos e consumidores tinham com o verde talvez tenham contribuído para a ligação simbólica da cor com capricho, veneno e até com o mal. A associação com veneno, pelo menos, passou a ter algum fundamento após o desenvolvimento e a explosiva popularidade dos novos pigmentos de arsenito de cobre, no século XIX. O verde de Scheele e o seu primo próximo – também chamado de verde Paul Véronèse, verde esmeralda, verde de Schweinfurt e verde de Brunswick – foram responsáveis por inúmeras mortes depois que consumidores desavisados começaram a cobrir a casa com papel de parede, vestir os filhos e embrulhar alimentos assados com uma nova tonalidade empolgante que continha doses letais de arsênico.

Outras acusações feitas contra o verde, no entanto, eram resultado de preconceitos mesquinhos. No Ocidente, o verde começou a ser visualmente associado ao diabo e às criaturas demoníacas a partir do século XII, talvez em função das Cruzadas e do crescente antagonismo entre cristãos e muçulmanos, para quem a cor era sagrada. Na época de Shakespeare, considerava-se que os figurinos verdes davam azar no palco, uma crença que persistiu até o século XIX. Em 1847, por exemplo, um autor francês ameaçou retirar uma das suas obras da Comédie-Française porque uma das atrizes se recusava a usar o vestido verde que ele havia especificado para a personagem que ela iria interpretar.[10] Talvez a palavra final sobre a antipatia irracional pelo verde deva ir para Wassily Kandinsky. "Verde absoluto", escreveu ele, "é a cor mais anestésica possível, semelhante a uma vaca gorda, cheia de saúde, deitada, enraizada, capaz apenas de ruminar e contemplar o mundo através de seus olhos estúpidos e inexpressivos".[11]

Verdete

Desde que o óleo secou na divertida e elaborada assinatura do artista – *Johannes de eyck fuit hic*, "Jan van Eyck esteve aqui" –, em 1434, *O casal Arnolfini* intrigou e enfureceu os amantes da arte em igual medida.[1] Na pintura, um casal está de pé, com o corpo voltado para o espectador. Ela usa um vestido verde garrafa com mangas muitíssimo longas; ele tem um olhar desconfiado e se parece um pouco com Vladimir Putin. Seria a mão esquerda da mulher, segurando a saia volumosa sobre a curva da barriga, o gesto protetor de uma futura mãe ou simplesmente uma indicação da indolência que estava em voga? É um casal recém-casado ou uma alegoria do abuso? Qual é o significado do cachorrinho? Das gárgulas? Dos tamancos jogados?

Uma coisa é certa: o vestido é prova incontestável da riqueza do casal. As mangas compridas e largas eram tão luxuosas que os camponeses escoceses foram expressamente proibidos de usá-las na década de 1430; para maior volume, o tecido de lã era forrado com a pele cor de creme de até 2 mil esquilos.[2] A cor verde seiva também indicava dinheiro. Um verde profundo e uniforme era uma cor difícil de conseguir. Geralmente, eram necessários dois banhos de tingimento, primeiro em ísatis e depois em gauda, uma prática que foi ilegal durante grande parte desse período por conta do tabu medieval sobre a mistura de cores. Em janeiro de 1386, Hans Töllner, tintureiro de terceira geração de Nuremberg, foi denunciado por fazer exatamente isso; ele foi multado, banido da profissão e exilado em Augsburg.[3] Van Eyck, usando seus pincéis mais finos para pintar os apliques em forma de cruz de Malta nas mangas compridas da mulher, deve ter se sentido igualmente frustrado. Tal como os tintureiros, que precisavam de grande empenho para obter o verde perfeito, os artistas também tinham dificuldade de extrair esta cor fresca e bela de matérias-primas ruins; neste caso, verdete.

O verdete é um carbonato natural que se forma no cobre e em sua liga de bronze quando são expostos a oxigênio, água, dióxido de carbono ou enxofre.⁴ É o acúmulo verde que se forma em antigas tubulações e telhados de cobre, e que dá à Estátua da Liberdade a cor verde azulada do mar enevoado que encara. foram necessários 30 anos de intemperismo para transformar a segunda estrutura mais famosa de Gustave Eiffel de um cobre rosado para totalmente verde – um tempo longo demais para um artista esperar por seu pigmento.⁵ Não se sabe exatamente quando a técnica para acelerar o processo foi descoberta, mas acredita-se que tenha viajado para o Oeste com a alquimia árabe. Vestígios dessa rota podem ser encontrados nos vários nomes do pigmento. O nome francês, *verdigris*, significa "verde da Grécia", enquanto seu nome alemão é *Grünspan*, ou "verde espanhol" – o estudioso do século XVI, Georgius Agricola, escreveu que fora trazido da Espanha.⁶ Com fabricação semelhante à do branco de chumbo (página 43), para produzi-lo, folhas de cobre eram colocadas em um recipiente com soda cáustica e vinagre ou vinho azedo. Os recipientes eram então lacrados e deixados para descansar por duas semanas, após as quais as folhas eram secas e o acúmulo verde era raspado, reduzido a pó e transformado em bolos com mais vinho azedo, prontos para serem vendidos.⁷

Como prova o vestido verde de *O casal Arnolfini*, o verdete poderia ser usado com efeitos espetaculares, mas era inconstante. Os ácidos usados para produzi-lo tendiam a atacar a superfície em que era usado, mordiscando as iluminuras medievais de papel e pergaminho como uma lagarta mastigando folhas. Também tinha tendência a descolorir e reagir com outros pigmentos. Como lamentou Cennino Cennini: "é bonito aos olhos, mas não dura".⁸ A verdade de suas palavras é evidente nas obras de todos, de Rafael a Tintoretto, em que a vegetação secou até chegar a um tom que se aproxima do café. Mesmo Paolo Veronese, um renomado mestre da cor verde, não era imune ao problema.⁹ (Talvez tais incidentes tenham sido o motivo pelo qual ele sonhou com "pigmentos verdes de qualidade tão boa quanto a dos vermelhos".¹⁰) O problema foi agravado pelo surgimento da tinta a óleo, no século XV. Embora o verdete seja perfeitamente opaco em têmpera de ovo, ele se torna transparente em óleos, motivo pelo qual muitas vezes era misturado com resina de terebintina de pinheiros para restaurar sua opacidade.[11] Isso o deixava ainda mais temperamental, e alguns começaram a dizer que não deveria ser usado com branco de chumbo, tornando-o praticamente inútil. Como havia poucas alternativas, os artistas não tinham outra escolha senão perseverar, ensanduichando o verde problemático entre camadas de verniz por precaução e torcendo pelo melhor. Para Van Eyck e seus clientes ricos, porém, o risco claramente valeu a pena.

Absinto

Nas últimas décadas do século XIX, uma ameaça verde assolou os cidadãos europeus. O absinto era feito de uma combinação de ervas e sementes aromáticas, incluindo losna, anis, erva-doce e manjerona selvagem, que eram primeiro esmagadas e depois embebidas em álcool e destiladas, criando um licor amargo cor de pera. Não era uma mistura inteiramente nova: os antigos gregos e romanos usavam receitas semelhantes como repelente de insetos e antisséptico. A versão moderna também se destinava ao uso medicinal. Pierre Ordinaire, um conhecido médico francês que viveu na Suíça logo após a Revolução Francesa, criou uma versão da receita da antiguidade como um tônico para seus pacientes.[1] Na virada do século, o tônico começou a ser comercializado, mas ainda era considerado majoritariamente medicinal: os soldados franceses que serviam na África recebiam-no para ajudar a combater a malária.

Logo, porém, as pessoas começaram a tomar gosto por ele. A princípio, não era muito diferente de qualquer outro aperitivo, uma pequena dose de bebida alcoólica a ser tomada antes do jantar, algo muito apreciado pelos franceses. Colocava-se uma medida de absinto em uma taça; sobre a taça, apoiava-se uma colher com um cubo de açúcar, sobre o qual era servida água gelada para diluir a bebida, o que deixava o líquido pálido e leitoso.[2] A diferença estava na visibilidade do absinto e, a partir da década de 1860, quando os produtores começaram a usar álcool de cereais mais barato, em sua popularidade explosiva. Embora inicialmente tenha sido associada a boêmios libertinos e artistas, como Vincent van Gogh, Paul Gauguin, Oscar Wilde e Edgar Allan Poe, seu charme logo encantou a todos. Na década de 1870, uma taça não custava mais do que 10 cêntimos, consideravelmente menos que o vinho, e o absinto representava 90% do consumo de aperitivos. Na segunda metade do século XIX, dizia-se que bairros inteiros de Paris cheiravam levemente a ervas entre as 17h e as 18h, uma hora que ficou conhecida como *l'heure verte* ("a hora verde"). Na França, o consumo aumentou de uma média de 0,04 litros por pessoa, em 1875, a 0,6 litros, em 1913.[3]

Nessa fase, o absinto tinha se tornado um sério motivo de preocupação, e não apenas na França, mas também na Suíça, onde muitas pessoas o bebiam, e no Reino Unido, onde se temia que muitos o fizessem em breve. Essa estranha bebida verde, segundo as autoridades, estava envenenando o corpo social, e um pânico moral se seguiu rapidamente. Em 4 de maio de 1868, o jornal britânico *The Times* alertou os leitores que o absinto ameaçava "tornar-se tão difundido na França e tão prejudicial por lá quanto o consumo de ópio é na China". O "veneno cor de esmeralda" estava transformando em "perfeitos idiotas" aqueles que tinham a sorte de sobreviver ao vício e à morte após bebê-lo. Pior ainda, cada vez mais pessoas respeitáveis flertavam com ele. "Homens letrados, acadêmicos, artistas, atores, músicos, financistas, especuladores, até mesmo lojistas" – aqui imaginamos os leitores apertando convulsivamente o pescoço com as mãos –; as mulheres estavam se tornando as "amantes ardentes" do absinto.[4]

Na França, os médicos começaram a suspeitar que se tratava realmente de uma droga venenosa. A "absintomania" era cada vez mais vista como uma queixa médica bastante distinta do mero alcoolismo. As pessoas relatavam alucinações e insanidade permanente. Para provar isso, dois cientistas expuseram um infeliz porquinho-da-índia a vapores de losna (a losna rapidamente se tornou a principal suspeita entre todas as plantas do absinto), e então ele "ficou pesado e entorpecido, e, por fim, caiu de lado, agitando os membros convulsivamente, espumando pela boca".[5] Dr. Valentine Magnan, uma autoridade em insanidade e diretor de um hospício parisiense, teorizou que a loucura provocada pelo absinto – ele conduziu suas experiências em um cachorro – era responsável por um colapso na cultura francesa.[6] Na Suíça, a gota d'água veio em 1905, quando um homem chamado Jean Lanfray matou a esposa grávida e as duas filhas, Rose e Blanche, depois de beber absinto. O caso foi apelidado de "assassinato do absinto", e a bebida foi proibida na Suíça três anos depois. A França seguiu o exemplo no início da Primeira Guerra Mundial, em agosto de 1914, em uma onda de fervor patriótico popular.

Testes posteriores mostraram que muitas das supostas provas dos efeitos deletérios do absinto eram absurdas. O absinto não causa alucinações e loucura. Embora a bebida contenha tujona, que é venenosa em grandes quantidades, a pessoa morreria de intoxicação por álcool muito antes de ingerir a dose necessária para uma *overdose* de tujona se tornar uma possibilidade. O verdadeiro problema do absinto é que é muito alcoólico, variando entre 55 e 75%, e, no final do século XIX e início do século XX, a Europa passava por uma convulsão social generalizada, do tipo que levou muitos ao alcoolismo. O caso Jean Lanfray era típico. Embora seja verdade que ele começou o dia em que assassinou a família com duas doses de absinto, ele então bebeu vinho, conhaque e depois mais vinho – e sequer se lembrava de ter cometido o crime.[7] Mas isso não importava. O absinto, com seu ritual de servir semelhante ao de uma droga, com seus devotos da classe trabalhadora e da contracultura, e com sua suspeita cor verde venenosa, era o bode expiatório perfeito.

Esmeralda

Foi Shakespeare quem cimentou a relação entre o verde e a inveja. Com *O mercador de Veneza*, escrito no final da década de 1590, ele nos deu "o ciúme de olhos verdes"; em Otelo (1603), ele fez Iago mencionar o "monstro de olhos verdes, que zomba/Do alimento de que vive". Antes disso, na Idade Média, quando cada pecado capital tinha uma cor correspondente, o verde fazia par com a avareza e o amarelo com a inveja.[1] Ambas as falhas humanas foram os princípios norteadores de uma saga recente sobre uma enorme pedra verde, a esmeralda Bahia.

As esmeraldas são um membro raro e frágil da família do berilo, manchadas de verde com pequenos depósitos de cromo ou vanádio. As fontes mais conhecidas ficam no Paquistão, na Índia, na Zâmbia e em partes da América do Sul. Os antigos egípcios começaram a extrair as pedras preciosas em 1500 a.C., colocando-as em amuletos e talismãs, e elas têm sido cobiçadas desde então.

Os romanos, acreditando que o verde era relaxante para os olhos devido à sua abundância na natureza, transformavam as esmeraldas em pó para fazer bálsamos caros para olheiras. O imperador Nero era apaixonado pela gema. Além de ter uma vasta coleção, usava um exemplar particularmente grande como óculos de sol primitivos, assistindo a lutas de gladiadores com eles para não ser incomodado pelo brilho do sol.[2] Quando L. Frank Baum escreveu *O maravilhoso mágico de Oz*, em 1900, ele usou a pedra preciosa como nome e material de construção para a cidade que a heroína e seu grupo de amigos desajustados tentam alcançar. A Cidade das Esmeraldas, pelo menos no início do livro, é uma metáfora para a realização mágica dos sonhos: ela atrai os personagens porque todos querem algo dela.

A esmeralda Bahia foi retirada da terra rica em berílio do Nordeste do Brasil por um garimpeiro, em 2001. As pedras dessa área geralmente não valem muito; elas tendem a ser turvas e são vendidas por, em média, menos de US$ 10. Esta, no entanto, era gigantesca. A peça inteira pesava 380 kg (aproximadamente o mesmo que um urso polar macho) e acreditava-se conter uma gema verde criptonita de 180 mil quilates. Nos anos desde a sua descoberta, o tamanho agigantado e o valor da pedra preciosa pouco contribuíram para lhe garantir um lar estável. Instalada em um armazém em Nova Orleans em 2005, Bahia escapou por pouco das enchentes causadas pelo furacão Katrina. Alega-se que foi utilizada em um sem-número de transações comerciais fraudulentas – um juiz classificou um desses esquemas como "desprezível e repreensível". Foi listada no eBay, em 2007, por um preço inicial de US$ 18,9 milhões e um preço de "compre agora" de US$ 75 milhões. Os ingênuos possíveis compradores eram presenteados com uma história que envolvia uma viagem pela selva em uma maca feita com videiras e um ataque duplo de pantera.

Quando este texto foi escrito, a esmeralda Bahia era avaliada em US$ 400 milhões e estava no centro de um processo judicial na Califórnia. Cerca de dez pessoas afirmam ter comprado a pedra de forma justa nos 15 anos após sua descoberta, incluindo um elegante empresário mórmon, um homem que diz que a comprou por US$ 60 mil, o que o levou a acreditar que era roubada, e várias das pessoas que a levaram para a Califórnia em primeiro lugar. Uma disputa internacional também está se formando: o Brasil defende que a pedra deveria ser repatriada.[3] A história da esmeralda Bahia é, em suma, uma parábola de avareza digna do próprio Bardo.

Verde Kelly

É de conhecimento de todos que as únicas pessoas mais orgulhosas de sua herança irlandesa do que os próprios irlandeses são os americanos de ascendência irlandesa. O desfile do Dia de São Patrício, de Nova York, por exemplo, retrata com orgulho essa história começando em 17 de março de 1762, 14 anos antes da Declaração da Independência. Todos os anos, enquanto a Casa Branca tinge as águas de seu chafariz de verde cor de limo, centenas de milhares de pessoas se reúnem para celebrar a Irlanda bebendo Guinness, vestindo-se de verde e exercitando seus enferrujados sotaques irlandeses. Já o verde Kelly, um dos nomes dados ao tom de verde grama que tantos usam no Dia de São Patrício, é uma invenção recente, tendo surgido apenas no início do século XX.[1]

A maioria das pessoas diria, se questionada, que a conexão entre os irlandeses e o verde Kelly tem a ver com São Patrício. Tudo o que se sabe sobre o santo foi dito por ele mesmo: no século V, quando vivo, ele escreveu *Confessio*, um relato em latim de sua vida, o primeiro texto escrito na Irlanda que sobreviveu aos dias atuais. O texto começa com simplicidade: "Eu, Patrício, um pecador, o mais rústico e o mais modesto entre todos os fiéis."[2]*
Seu primeiro contato com o país do qual hoje é padroeiro não foi feliz. Ele nasceu em uma família cristã relativamente abastada em um lugar chamado Bannavem Taburniae – que, ao que tudo indica, ficava na Inglaterra, embora ninguém saiba ao certo – e foi levado para a Irlanda como escravo após ser capturado por invasores irlandeses. Ao todo, ele passou seis anos como prisioneiro cuidando de ovelhas, depois escapou, voltou para casa e se tornou padre. Ele, sem dúvida, não guardou ressentimentos em relação à Irlanda, porque logo regressou como missionário, convertendo grande parte da população; uma de suas didáticas mais famosas era o uso de um trevo para explicar a ideia da trindade. Ele morreu em algum

---

* N. de T. Disponível em: https://www.confessio.ie/etexts/confessio_portuguese#. Acesso em: 19 mar. 2024.

momento no final do século V e, no século VII, já era celebrado como santo. Uma curiosidade é que a cor à qual ele foi mais associado até meados do século XVIII era um matiz de azul.[3]

A mudança na lealdade irlandesa do azul de São Patrício para o verde é complicada. Para responder ao que consideravam ser um preconceito anticatólico de Guilherme de Orange e dos protestantes que usavam laranja (página 96), os católicos desejavam adotar uma cor simbólica própria. Nessa época, a lição do trevo deixada pelo santo se tornava cada vez mais central para a identidade católica irlandesa. Ao mesmo tempo, o verde passou a ser associado à revolução quando, em 12 de julho de 1789, no meio de um discurso a uma multidão em Paris, um jovem advogado chamado Camille Desmoulins pegou uma folha de tília, enfiou-a no chapéu e convidou os patriotas a fazerem o mesmo. Em pouco tempo, a folha de tília se tornou uma cocarda verde e poderia ter sido adotada como símbolo da Revolução Francesa se, no último instante, as pessoas não tivessem se dado conta que verde era a cor da *libré* do odiado Conde d'Artois, irmão mais novo de Luís XVI. Em 14 de julho, a cocarda verde foi eclipsada pela tricolor.[4] No entanto uma bandeira verde, às vezes com uma harpa dourada, tornou-se o símbolo do flamejante movimento Irish Home Rule, que defendia a independência irlandesa do Reino Unido. Em um ato deliberado de rebeldia, quando o Príncipe de Gales visitou a Irlanda na primavera de 1885, uma bandeira verde disputou espaço com a Union Jack, a bandeira do Reino Unido.[5] No final, os irlandeses decidiram seguir os franceses mais uma vez, e adotaram uma bandeira tricolor. O verde simbolizava os nacionalistas católicos, o laranja, os protestantes, e o branco, a paz que se esperava que reinasse entre eles.

Verde de Scheele

A ilha de Santa Helena parece uma semente perdida no meio do Atlântico – são 2 mil quilômetros a oeste da África e 4 mil quilômetros a leste da América do Sul. Ela é tão remota que, durante a maior parte da sua história, esteve desabitada, servindo apenas como ponto de parada para os navios recolherem água doce e repararem os cascos. Foi para lá que os britânicos decretaram que Napoleão deveria ser enviado, em outubro de 1815, após sua derrota em Waterloo. E foi lá também que ele morreu, seis anos depois. Embora o médico dele suspeitara inicialmente de câncer de estômago, quando o corpo de Napoleão foi exumado, em 1840, descobriu-se que estava bem preservado demais, um sintoma de envenenamento por arsênico. Uma amostra de cabelo, testada no século XX, também continha níveis muito altos do veneno. Quando se descobriu, na década de 1980, que as paredes do seu quartinho úmido em Santa Helena eram forradas com um padrão verdejante contendo verde de Scheele, espalhou-se o boato de que os britânicos tinham envenenado o seu difícil prisioneiro.

Em 1775, o cientista sueco Carl Wilhelm Scheele estava estudando o elemento arsênico quando se deparou com o composto arsenito de cobre, um verde no qual ele imediatamente enxergou potencial comercial, apesar do tom de ervilha levemente sujo, uma vez que a indústria era carente de pigmentos e corantes verdes.[1] Ele entrou em produção quase imediatamente e o mundo se apaixonou por ele. Foi então utilizado para estampar tecidos e papéis de parede; colorir flores artificiais e papéis; produzir pigmento artístico e até corante para confeitaria. J. M. W. Turner, sempre disposto a experimentar as mais recentes inovações, usou-o em um esboço a óleo de Guildford, em 1805.[2] Depois de uma viagem à Itália, em 1845, Charles Dickens regressou tomado pela paixão de redecorar toda a casa com o novo tom da moda. (Felizmente, ele foi dissuadido pela esposa.)[3] Em 1858, estimava-se que havia cerca de 260 km^2 de papel de parede tingido com verdes derivados do arsenito de cobre em residências, hotéis, hospitais e salas de espera de ferrovias na Inglaterra. E, em 1863, o jornal *The Times* estimou que entre 500 e 700 toneladas de verde de Scheele eram produzidas todos os anos só no Reino Unido, para satisfazer a demanda crescente.

No entanto, quando o apetite por verdes parecia insaciável, rumores perturbadores e uma série de mortes suspeitas começaram a diminuir a fome dos consumidores. Ao longo de 18 meses de trabalho como fabricante de flores artificiais, uma jovem de 19 anos chamada Matilda Scheurer adoeceu rapidamente – seus sintomas prováveis incluíam náuseas, vômitos, diarreia, erupções cutâneas e apatia – e, por fim, faleceu, em novembro de 1861. Em um outro caso, uma menina morreu depois de sugar o pó verde de um cacho de uvas artificiais.[4]

À medida que mais e mais pessoas sucumbiam após apresentarem sintomas semelhantes, médicos e cientistas começaram a realizar testes em todos os consumíveis verdes.

Um artigo publicado no *British Medical Journal* em 1871 observou que o papel de parede verde podia ser encontrado em todos os tipos de residência, "do palácio ao galpão do canteiro de obras"; descobriu-se que uma amostra de 40 cm^2 desse tipo de papel continha arsênico suficiente para envenenar dois adultos.[5] G. Owen Rees, médico do Guy's Hospital, em Londres, ficou desconfiado depois que um paciente foi aparentemente envenenado pelas cortinas do seu dossel. Ele fez testes adicionais em 1877 e descobriu, para seu horror, que "uma musselina de um lindo verde-claro" usada na produção de roupas continha mais de quatro gramas de um composto de arsênico por metro quadrado. "Imagine, senhor", escreveu ele ao *The Times*, "qual deve ser a atmosfera de um salão de baile, onde a agitação das saias resultante da dança deve liberar constantemente veneno de arsênico".[6]

Scheele sabia desde o início que seu pigmento homônimo era venenoso: ele falou a respeito em uma carta a um amigo, em 1777, acrescentando que sua outra principal preocupação era que alguém pudesse receber o crédito por sua descoberta.[7] O diretor da fábrica Zuber & Cie, em Mulhouse, escreveu a um acadêmico em 1870 para dizer que o pigmento, "tão bonito e tão brilhante", agora só era fornecido em pequenas quantidades. "Querer proibir todos os vestígios de arsênico nos papéis é ir longe demais", continuou ele, "e prejudicar os negócios de forma injusta e desnecessária".[8] O público, ao que parece, concordou em grande parte, e nunca foram aprovadas leis que proibissem a sua utilização. Se isso parece estranho, é importante lembrar que esse era um mundo em que o arsênico e seus perigos eram aceitos com mais tranquilidade. Mesmo depois de um envenenamento em massa, em 1858, quando um pacote de arsênico branco em pó foi confundido com açúcar de confeiteiro e colocado em um lote de balas de hortelã, em Bradford, Inglaterra, demorou muito tempo até que as pessoas aceitassem a ideia de implantar normas e símbolos de advertência.[9]

Essa atitude mais descansada em relação à substância venenosa foi acidentalmente comprovada por investigadores do Instituto Nacional de Física Nuclear da Itália, em 2008. A fim de resolver em definitivo a questão da morte de Napoleão, eles testaram outras amostras de cabelo, de diferentes fases da vida dele, e descobriram que os níveis de arsênico eram relativamente estáveis. Os níveis eram, sim, muito elevados para os padrões atuais, mas nada fora do normal para os padrões dele.[10]

Terra verde

Ao lermos tratados e manuais dos primeiros artistas, é difícil não pensar que eles, muitas vezes, enfrentavam uma luta de Sísifo para criar obras de beleza duradoura. Muitos pigmentos eram volúveis, reagindo mal com outros pigmentos ou mudando de cor ao longo do tempo, como o verdete (página 214); eram letais, como o ouro-pigmento (página 82) e o branco de chumbo (página 43); ou eram ridiculamente caros e difíceis de adquirir, como o ultramarino (página 182). É de se presumir, então, que, se fosse encontrado um pigmento barato, abundante, completamente estável e em uma cor com poucas opções, ele teria uma grande demanda. Terra verde é prova de que esse nem sempre é o caso.

Também conhecido como *terre verte* ou verde de Verona, terra verde é um grupo bastante mestiço de terras pigmentadas, que ocorrem naturalmente em vários tons e composições minerais. Os agentes corantes verdes costumam ser a glauconita e a celadonita, mas também podem incluir muitos outros minerais.[1] Os pigmentos surgem em grandes quantidades em vários locais da Europa, sendo os mais famosos a ilha de Chipre e Verona, e apresentam uma ampla gama de cores, do verde-floresta profundo a um tom quase de crocodilo e até a uma bela névoa marítima. Seu ponto fraco é o baixo poder de tingimento, mas os tons são todos muito estáveis, transparentes, funcionam perfeitamente em todos os meios, dão uma textura peculiar, quase amanteigada, aos óleos e, o principal, são alguns dos poucos pigmentos verdes que não precisam ser fabricados. E, no entanto, quando os artistas escrevem sobre terra verde, suas palavras parecem ter saído de um boletim escolar sobre uma criança esforçada, mas totalmente sem brilho. A indiferença de George Field, em seu livro *Chromatography*, publicado em meados do século XIX, é bem característica:

> *[É] um pigmento muito durável, não sendo afetado pela luz intensa e pelo ar impuro, além de se combinar com outras cores sem causar danos. Não tem muito corpo, é semitransparente e seca bem em óleo.*[2]

Curiosamente, o homem pré-histórico parece ter tido igual apatia em relação às terras verdes. Nas cavernas de Lascaux, na França, onde as imagens datam de 15.000 a.C., os pigmentos dominantes são os ocres vermelho e amarelo, os marrons e pretos do óxido de manganês e o branco da calcita. Em Altamira, na Espanha, onde as pinturas datam de 10.000 a.C., grande parte das obras utiliza hematita (página 150). Na verdade, a arte rupestre é dominada por marrons, brancos, pretos e vermelhos; o uso de azuis e verdes é quase inédito. Com o azul, que é muito raro na forma mineral, isso não surpreende, mas a ausência do verde certamente sim: terra verde estava amplamente disponível e era fácil de processar e usar.[3] Foi sim muito usado mais tarde. Pode ser visto, por exemplo, em um maravilhoso mural naturalista de uma árvore em Stabiae, uma cidade perto de Pompeia que também foi destruída pela erupção do Vesúvio, em 79 d.C. O pigmento se destacou de verdade quando os artistas descobriram que era perfeito para sombrear o tom rosado pálido da pele europeia. Em alguns manuscritos europeus, em que as camadas superiores de tinta desbotaram, hoje aparece a camada inferior verde, dando aos santos um ar demoníaco inapropriado.

Cennino Cennini, artista que foi pupilo do mestre toscano Giotto, era, sem dúvida, um pragmático. Ele adorava arte e também gostava de mostrar aos outros como eles próprios poderiam reproduzi-la. O seu *Il libro dell'arte* passou vários séculos relegado ao esquecimento em uma estante empoeirada do Vaticano antes de ser redescoberto e republicado no início do século XIX, e tem sido reimpresso desde então. Nesse livro, ele explica todos os tipos de processos, de dourar um painel até fazer cola com "focinhos, pés, tendões e (...) pele" de cabra (uma prática que só deve ser tentada em março ou janeiro).[4] Terra verde e seus usos aparecem repetidamente. Cennini observa com entusiasmo que o pigmento é bom para tudo, de rostos a drapeados, e funciona tão bem em afrescos quanto em *secco* (seco). Para produzir bons tons de pele na têmpera, por exemplo, ele orienta os leitores a aplicarem duas camadas, misturadas com branco de chumbo, "no rosto, nas mãos, nos pés e nos nus". Ele recomenda o uso de têmpera feita com "gema de ovo de galinha urbana" para rostos jovens, porque sua pele é mais fria, enquanto a gema de galinha "do campo ou de fazenda" é mais adequada "para temperar as cores de pele de pessoas idosas e trigueiras". Para a pele de cadáveres, ele sugere omitir o rosa, que geralmente ficava por cima: "uma pessoa morta não tem cor".[5] É difícil saber o que o fez olhar com mais boa vontade para esse pigmento pouco amado. Talvez o segredo esteja no primeiro encontro com ele. Quando ele era menino, o pai de Cennino, Andrea Cennini, levou-o para trabalhar no Colle di Val d'Elsa. "Ao chegar a um pequeno vale", escreveu ele, "um lugar íngreme e muito selvagem, raspando o declive com uma pá, vi mares de muitos tipos de cores".[6]

Abacate

Em fevereiro de 1969, as praias de Santa Bárbara, na Califórnia, ficaram pretas. Vários dias antes, na manhã de 28 de janeiro, um poço de petróleo a 10 km da costa tinha se rompido. Ao todo, estima-se que foram expelidos do fundo do mar 750 mil litros de petróleo bruto ao longo de 11 dias, cobrindo um trecho de 56 km da costa da Califórnia e toda vida marinha em seu caminho. O derramamento de Santa Bárbara foi um ponto de virada na forma como o mundo, e particularmente os Estados Unidos, viam o globo e sua fragilidade.[1] O primeiro Dia da Terra foi celebrado em 22 de abril do ano seguinte. (O dia foi fundado pelo senador Gaylord Nelson, que viu com os próprios olhos os danos em Santa Bárbara.) Nos anos seguintes, em resposta aos protestos populares, o progresso jurídico contra a poluição ganhou força nos Estados Unidos: foram aprovadas as leis do Ar Limpo, da Água Limpa e da Política Ambiental Nacional.

Ao longo das décadas seguintes, a saúde ambiental do mundo assumiu uma importância cada vez maior na consciência pública. Uma fotografia da Terra tirada em 7 de dezembro de 1972 pela tripulação da Apollo 17, que se dirigia à Lua, fez com que o mundo parecesse, pela primeira vez, vulnerável. A foto "The Blue Marble" tornou-se uma das imagens mais icônicas e amplamente compartilhadas de todos os tempos. Artistas como Robert Smithson e James Turrell usaram a terra como matéria-prima, criando obras que discutiam francamente a fragilidade da Terra e desafiavam as percepções do planeta como imutável e inesgotável.[2] Foi nesse período que a cor verde se tornou sinônimo de natureza. Os dois sempre estiveram ligados, claro – o antigo hieróglifo egípcio para "verde" era um caule de papiro –, mas, durante a década de 1970, a relação se tornou universal.[3] Uma pequena organização chamada Don't Make Waves Committee mudou de nome para Greenpeace em 1972. PEOPLE, o precursor do Green Party (Partido Verde) britânico, foi fundado em 1973; o equivalente alemão, Die Grünen, em 1979; e o francês, Les Verts, foi consolidado nos anos 1980.

Essas ideias grandiosas e a crescente preocupação com o mundo natural foram traduzidas em uma paleta de cores terrosas, de retorno à natureza: laranja queimado, capim dourado e, acima de todas, verde abacate. Essa tonalidade, que hoje parece tão desatualizada, dominou as paletas na década de 1970. À medida que os compradores se esforçavam para parecer sinceramente preocupados com o bem-estar do mundo, os bens de consumo – vestuário, utensílios domésticos, banheiros e até carros – eram colonizados por esta tonalidade verde amarelada esfumaçada.

Tais tentativas de redenção ambiental por meio do consumo podem parecer ingênuas, mas hoje prevalecem impulsos de consumo semelhantes – e o verde abacate vem reprisando furtivamente seu papel desde a virada do milênio. Para aqueles que duvidam disso, basta dar uma olhada em seus *feeds* do Instagram. Embora poucos defendam os *macramés* e os tapetes felpudos cor de abacate, a *Persea americana* tornou-se o fruto-propaganda (tecnicamente, é uma baga de semente única) de um novo tipo de consumo de luxo sustentado pelo conceito de saúde natural. Carinhosamente espalhado em torradas em todos os cantos do mundo, do sul da Califórnia a Slough, na Inglaterra, o abacate se tornou a peça central do desejo por se levar um estilo de vida com alimentação limpa. E, figurando unânime entre os nutricionistas como uma das poucas gorduras "boas", benéficas para o coração, sua importação e exportação dispararam. Em 2014, quatro bilhões de abacates foram consumidos nos Estados Unidos, cerca de quatro vezes o número consumido 15 anos antes. Só em 2011, as vendas foram de US$ 2,9 bilhões, um aumento de 11% em relação ao ano anterior. Como disse Mike Brown, executivo de *marketing* da Associação Mexicana de Importadores de Abacate Hass, a um repórter do *Wall Street Journal* em 2012: "as estrelas se alinharam".[4]

Celadon

Honoré d'Urfé teve uma vida dramática. Ele foi preso por suas convicções políticas, viveu grande parte de sua vida exilado na região de Savoia e se casou com a bela viúva de seu irmão para manter a fortuna na família d'Urfé. Talvez tenha sido esse excesso de intrigas que o levou a escrever o nostálgico e sinuoso *L'Astrée*. Publicada entre 1607 e 1627, a comédia pastoril de 5.399 páginas e 60 livros narra a jornada inútil do pastor apaixonado Céladon para reconquistar o amor de Astrée após um mal-entendido.[1] Apesar da extensão prodigiosa e do corpo de personagens desajeitado, foi um sucesso entre seus contemporâneos. Foi amplamente traduzida, circulou por toda a Europa e gerou uma peça de teatro e até uma moda de se vestir de verde silvestre *à la Céladon*.[2]

Tão forte foi a conexão que se criou entre Céladon e esta cor específica de névoa da floresta que a palavra *"celadon"* logo passou a ser usada para designar um tipo de cerâmica de tonalidade semelhante importada do Oriente. Os chineses já fabricavam objetos de cerâmica *celadon* séculos antes de o herói de d'Urfé surgir. Geralmente verde acinzentadas – embora as cores possam variar dos azuis aos cinzas, aos ocres e até aos pretos –, essas cerâmicas se caracterizam pela presença de ferro na argila e de óxido de ferro, óxido de manganês e quartzo na esmaltação.[3] As peças são normalmente queimadas em pouco menos de 1.150 graus, e os níveis de oxigênio são drasticamente reduzidos no meio do caminho. Muitas têm finas redes de fissuras no esmalte, tão finas quanto a rede de veias de uma folha, que são produzidas intencionalmente para que a superfície se assemelhe ao jade.[4] Embora o método tenha se originado na China, cerâmicas semelhantes foram produzidas pela dinastia Goryeo, na península coreana, entre 918 e 1392 d.C. Mesmo dentro da China, havia uma grande variação em estilo, cor e estética das peças de *celadon* produzidas em diferentes regiões e épocas.[5]

A cerâmica *celadon* da dinastia Song foi encontrada em lugares tão distantes quanto o Japão e o Cairo, e há evidências

de um comércio saudável de *celadon* com o Oriente Médio.
Os governantes turcos, que acreditavam que *celadon* era um
antídoto natural para venenos, acumularam uma vasta coleção,
que ainda pode ser vista no Palácio de Topkapi, em Istambul.[6]
Uma variante, chamada de *mi se* ou "cor misteriosa", foi, durante
muito tempo, a cerâmica mais cara e exclusiva fabricada na China,
reservada apenas às famílias reais. *Mi se* era um nome bastante
adequado: poucas pessoas fora das cortes tinham a oportunidade
de ver alguma peça e só podiam imaginar sua aparência. O poeta
do século X, Xu Yin, descreveu a cor como "esculpir a luz da lua
para tingir o riacho da montanha", o que certamente soa como
uma suposição artística.[7] A verdadeira cor da *celadon mi se* só foi
redescoberta por arqueólogos no final da década de 1980, quando
um precioso depósito foi descoberto em uma câmara secreta sob a
torre de um templo que desabou. No final das contas, a cerâmica de
cor misteriosa que os governantes da China guardavam com tanto
zelo tinha um tom de azeitona bastante sem graça.[8]

Embora livros e objetos de arte "orientais" tenham sido levados
para o Ocidente durante séculos, os europeus, no extremo oposto
de uma série de tortuosas rotas comerciais, estavam distantes
demais da fonte para compreenderem a miríade de classificações
de *celadon*. Padrões e cores que, para um observador treinado,
teriam comunicado o propósito, o local e a época de origem, nada
significavam para os europeus do século XVII. Para eles, a bela
cerâmica cor de névoa do mar que havia viajado tão longe evocava
apenas o infeliz Céladon em seu surrado casaco verde.

Cáqui
Buff
Pardo
Russet
Sépia
Umbra
Múmia
Taupe

Marrom

A criação do homem a partir do barro é um tema que aparece em muitas culturas e religiões, da Babilônia ao Islã. Como consta Bíblia: "Com o suor do teu rosto comerás teu pão, até que retornes ao solo, pois dele foste tirado. Pois tu és pó e ao pó tornarás".[1]*
O marrom pode ser símbolo do rico solo de onde obtemos alimento, mas nunca demonstraremos nossa gratidão a ele – afinal, além de ser a cor da terra a que um dia tornaremos, é também a cor da lama, da sujeira, do lixo e do excremento.

O marrom sofre, em parte, porque não é exatamente uma cor, mas sim um tom. Não é encontrado no arco-íris ou em um círculo cromático; fazê-lo requer escurecer e acinzentar amarelos, laranjas e alguns vermelhos impuros, ou misturar as três cores primárias – vermelho, amarelo e azul. Porque não existe um marrom brilhante ou luminoso, a cor foi desprezada tanto pelos artistas medievais quanto pelos modernistas. Para os artistas medievais, que, por princípio, não gostavam de fazer misturas e viam a glória de Deus refletida no uso de materiais puros e preciosos, como o ultramarino (página 182) e o ouro (página 86), o marrom era inerentemente corrupto. Séculos mais tarde, Camille Pissarro vangloriava-se de ter eliminado todos os pigmentos terrosos de sua paleta (embora, na realidade, eles surgissem aqui e ali).[2] Quando os marrons eram necessários – algo inevitável, uma vez que os impressionistas e muitos dos que vieram depois deles gostavam de pintar paisagens ao ar livre –, eram feitos com a mistura de novos produtos sintéticos saturados.

Isso nada mais era do que um capricho dos artistas, porque os óxidos de ferro, conhecidos como ocres, são alguns dos compostos mais comuns na superfície da Terra. Também foram um dos primeiros pigmentos usados pela humanidade. As pinturas de bois, veados, leões e mãos encontradas nas paredes de

---

* N. de T. GORGULHO, G. S.; STORNIOLO, I.; ANDERSON, A. F. (coords. da edição em português) *Bíblia de Jerusalém*. São Paulo: Editora Paulus, 2002.

cavernas pré-históricas receberam seus tons quentes de castanho avermelhado e grená graças aos pigmentos da terra. Os antigos egípcios, gregos e romanos também usavam ocres. Para aumentar sua utilidade, eles não eram apenas abundantes, mas também eram encontrados em grande variedade.

Como alguns pretos, os marrons são usados há muito tempo por artistas para desenhos e esboços. O bistre, um material escuro, mas de cor não muito firme, geralmente preparado com restos de madeira de faia queimada, era popular.[3] Outros exemplos notáveis incluem o siena amarelado da Itália e o umbra (página 250), que é mais escuro e frio. Uma terra marrom sangue conhecida como sinópia, em homenagem ao porto de onde veio, também era muito estimada para esse fim. Pedânio Dioscórides, médico grego que viveu por volta de 40 a 90 d.C., descreveu-a como pesada e densa, e da cor do fígado.[4] Em julho de 1944, uma bala aliada atingiu de raspão o telhado de um edifício ao lado da torre inclinada da famosa Piazza dei Miracoli, em Pisa, e o incendiou, danificando seriamente seus afrescos renascentistas. De acordo com Giuseppe Ramalli, um advogado local que testemunhou tudo, eles ficaram "inchados, dilatados, descascados ou manchados por listras grossas e largas, desenhadas pelo chumbo que escorria do telhado derretido (...) Palavras não conseguem descrever tamanha ruína".[5] Quando o que sobrou foi arrancado das paredes para restauro, uma série de desenhos preparatórios em sinópia foram revelados. Os desenhos ainda podem ser vistos hoje, em toda a sua glória fresca e expressiva.

O período artístico mais associado aos marrons, e que mais os valorizou, veio após a primeira fase do Renascimento. As personagens principais nas obras de artistas como Correggio, Caravaggio e Rembrandt destacam-se como ilhas brilhantes em espaços cheios de sombras amplas. Tanta sombra exigia uma extraordinária variedade de pigmentos marrons – alguns translúcidos, outros opacos; alguns quentes, outros frios –, para evitar que as obras parecessem inexpressivas e sem profundidade.

Anthony van Dyck, artista holandês ativo na primeira metade do século XVII, era tão hábil com um pigmento específico – terra de cassel, uma espécie de turfa – que, mais tarde, o pigmento ficou conhecido como "marrom Vandyke".[6]

Reproduzindo o que ocorria na arte, corantes de tecidos em cores vivas e firmes, como o escarlate (página 138), eram difíceis e caros de obter e, portanto, eram reservados aos ricos e poderosos. O marrom então era o que sobrava para os pobres. As leis suntuárias do século XIV reservavam o *russet* (página 246) – um marrom-avermelhado que, naquela época, era um tom mais acinzentado e fraco do que hoje – para aqueles com ocupações inferiores, como carroceiros e criadores de vacas. Com o tempo, porém, provavelmente em reação à ostentação de riqueza, tecidos mais humildes e em cores mais humildes ganharam popularidade. Também ajudaram nessa mudança o interesse crescente dos ricos por atividades esportivas e os uniformes dos soldados. Os casacos de couro em *buff* (página 242), por exemplo, eram usados pela cavalaria nos séculos XVI e XVII, e, em meados do século XVIII, as calças de *buff* (ou cor de camurça) eram parte essencial do guarda-roupa do cavalheiro europeu bem-vestido.

Embora os tons de caramelo-claro tenham continuado a fazer parte do uniforme militar durante o século XIX, tendiam a ser apenas um complemento para cores mais ousadas, como o verde-esmeralda e o azul da Prússia (página 193), que ajudavam os camaradas a se identificarem em batalha e também serviam para intimidar o inimigo. À medida que o século XIX chegava ao fim, porém, a limitação desses uniformes começou a cobrar seu preço. Após uma série de reveses militares humilhantes em suas colônias, o exército britânico tornou-se lentamente mais receptivo à inovação.[7] Um exemplo dessa mudança foi a adoção do cáqui (página 240) e, mais tarde, da camuflagem, que ajudava os combatentes a desaparecerem no ambiente. Ao vestir os soldados de marrom, milhares de pessoas foram salvas de um retorno prematuro ao pó.

Cáqui

Em 5 de agosto de 1914, Lord Kitchener tornou-se Secretário de Estado da Guerra da Grã-Bretanha. A perspectiva devia ser atemorizante. No dia anterior, a Grã-Bretanha tinha declarado guerra à Alemanha, um país muito maior e mais bem equipado;[1] naquele momento, a Força Expedicionária britânica consistia em apenas seis divisões de infantaria e quatro brigadas de cavalaria. Ao longo dos quatro anos seguintes, grande parte do tempo e da energia do governo foi gasto em persuadir, convencer e, por fim, forçar milhões de homens britânicos a trocar suas roupas civis por calças cáqui, em um esforço para fornecer homens ao *front*.

No entanto, quando a Primeira Guerra Mundial eclodiu, o próprio cáqui era apenas um recruta. Diz-se que, quando os dois lados se encontraram no campo da Batalha de Mons, os alemães esperavam que o inimigo usasse casacos vermelhos e peles de urso; eles ficaram muito surpresos ao ver os novos uniformes cáqui, que pensaram parecer *tweeds* de golfe.[2] A palavra é emprestada do urdu – *khaki* significa "empoeirado" – e era usada para se referir a tecidos, geralmente para roupas militares, que tinham cor de poeira. Acredita-se que tenha sido inventado por Sir Harry Lumsden, que formou um Corpo de Guias em Peshawar, onde hoje é o Paquistão, em 1846. Querendo dar-lhes um uniforme adequado, ele comprou metros de tecido de algodão branco em um bazar em Lahore e ordenou que fosse empapado e esfregado com lama do rio local, antes de ser cortado em túnicas e calças largas.[3] Ele esperava "tornar [os soldados] invisíveis em uma terra de poeira".[4] Isso foi revolucionário: pela primeira vez na história militar organizada, foi criado um uniforme oficial que, em vez de chamar a atenção para si, misturava-se à paisagem.

O novo uniforme logo entrou na moda, ajudado, em grande parte, pelo Motim Indiano de 1857, que eclodiu durante o verão, tornando o uniforme tradicional ainda menos prático do que o normal. Os uniformes marrons "empoeirados" – tingidos com café, chás, terra e *curry* em pó, quando os leitos lamacentos dos rios não estavam disponíveis – foram distribuídos aos trancos e barrancos ao exército indiano entre 1860 e 1870, e depois para o restante do exército britânico e assim por diante até chegar às forças armadas de outros países.[5] Por conta de mudanças no conflito, nas tácticas militares e na tecnologia, as tropas camufladas tinham vantagem. Por milhares de anos, os guerreiros se enfeitaram com estilos chamativos para intimidar os oponentes. Cores vivas, como os mantos vermelhos das legiões romanas e as jaquetas em esmeralda e prata da Guarda Imperial Russa, eram capazes de fazer os indivíduos e as forças parecerem maiores do que realmente eram, e serviam como fácil identificação de amigos ou inimigos em campos de batalha cheios de fumaça. Na virada do século XXI, porém, o uso de aviões cada vez mais sofisticados para reconhecimento, aliado à invenção de armas sem fumaça, fez com que os riscos de estar visível superassem seriamente as vantagens.[6]

No final da Primeira Guerra Mundial, quatro anos sangrentos e lamacentos depois, o cáqui tornou-se sinônimo de tropa militar. Os homens que se alistavam ou que eram rejeitados para o serviço militar, recebiam braçadeiras cáqui com pequenas coroas vermelhas bordadas nelas. E quando, no entusiasmo dos primeiros meses da guerra, as jovens da classe trabalhadora foram consideradas suscetíveis demais aos encantos dos soldados, foram acusadas de sofrer de "febre cáqui".[7] De cartazes perguntando "POR QUE VOCÊ NÃO ESTÁ DE CÁQUI?", a canções de *music-hall* e a uniformes,[8] esta cor sem dúvida discreta seguiu sendo colocada em serviço. Em 11 de novembro de 1918, quatro anos após o primeiro dia de trabalho de Lord Kitchener, a guerra terminou. Às 9h30min, 90 minutos antes de o silêncio da paz soar às 11h, o soldado George Edwin Ellison foi baleado nos arredores de Mons, na Bélgica, a última vítima trajando cáqui da Grande Guerra.

Buff

Em língua inglesa, existe a expressão "fazer algo *in the buff*", que significa fazê-lo nu; embora seja uma expressão muito conhecida e usada naquele idioma, sua origem é incerta. A própria palavra *buff* é uma gíria: uma abreviação de *buffalo* (búfalo). Entre o século XVI e início do XVII, a palavra era geralmente usada para designar uma espécie de couro de boi curtido macio – uma forma mais grossa e robusta do que hoje conhecemos como camurça ou *chamois*.[1] Embora o material às vezes fosse usado para fazer corpetes e gibões elegantes e decorativos, era mais comumente associado à luta.[2] Casacos longos e pesados de *buff* faziam parte da vestimenta padrão dos soldados europeus durante essa época, muitas vezes usados no lugar da armadura de metal (embora o material às vezes fosse usado por baixo da cota de malha para maior proteção e acolchoamento).[3] Mesmo depois da evolução da moda e da tecnologia militar, a cor – a esta altura também já conhecida como *buff* ou camurça – continuou a ser um básico do guarda-roupas masculino e dos uniformes militares.

Sua virada mais memorável ocorreu durante a guerra da Revolução Americana, no final do século XVIII, quando as colônias da América do Norte lutaram contra a Grã-Bretanha e o Rei Jorge III pela independência. George Washington, que mais tarde se tornaria o primeiro presidente dos Estados Unidos da América, juntou-se à causa como um veterano da Guerra dos Sete Anos, na qual lutou do lado britânico em seu tradicional escarlate. Sendo um político experiente, ele sabia que uma mudança de lealdade política exigia uma mudança de cores. Quando representantes dos incipientes Estados Unidos se reuniram no Segundo Congresso Continental, no verão de 1775, Washington usava um novo uniforme: o *buff* e azul da Fairfax Independent Company of Volunteers local. A iniciativa teve o efeito desejado. John Adams, um dos fundadores, que, mais tarde, tornou-se o segundo presidente dos Estados Unidos, escreveu à esposa, Abigail: "Col. Washington aparece no Congresso em seu

Uniforme e, por sua grande Experiência e Habilidades em Assuntos militares, presta-nos muito serviço. Ah, se eu fosse um Soldado!"[4] Washington foi nomeado, naquele momento, comandante-chefe do Exército Continental e, depois disso, sempre que possível, vestia seus soldados de *buff* e azul.[5] Em uma carta datada de 22 de abril de 1777, Washington escreveu ao capitão Caleb Gibbs para especificar o uniforme que desejava para sua guarda pessoal:

> *Fornecer para quatro sargentos, quatro cabos, um tambor e um pífaro, e cinquenta recrutas. Se for possível ter azul e* buff, *eu preferiria esse uniforme, pois é o que eu mesmo uso. Se não for possível, o Sr. Mease e você podem escolher qualquer outra cor, exceto vermelho.*[6]

De sua nomeação como uma das cores dos novos Estados Unidos da América, o *buff* passou a ser um símbolo de liberdade. Do outro lado do Atlântico, o Partido Whig, sob a influência de Edmund Burke e Charles James Fox, adotou as cores de Washington para mostrar o seu apoio à independência americana. Georgiana, a Duquesa de Devonshire e uma conhecida *foxite* (apelido dado aos seguidores de Charles James Fox), fez campanha para os Whigs vestindo *buff* e azul, e escolheu a combinação para a libré de seus criados em Chatsworth. Dois séculos mais tarde, quando o primeiro-ministro Harold Macmillan se encontrou com John F. Kennedy em uma cúpula nas Bermudas, em 1961, Macmillan presenteou Kennedy com um conjunto de botões prateados retirados da farda de Devonshire como um símbolo da amizade duradoura entre Grã-Bretanha e Estados Unidos.[7]

Pardo

Em algum momento do século X, uma coleção de cerca de 90 enigmas anglo-saxões manuscritos foi reunida no final de um livro conhecido como *Codex exoniensis*. Suas origens são obscuras: só sabemos com certeza que pertencia a Leofric, o primeiro bispo de Exeter, na Inglaterra, que morreu em 1072 e que doou o manuscrito à biblioteca de sua catedral.[1] Também é um mistério a razão pela qual os enigmas – que vão do excêntrico ao obsceno[2] – existem. Eles estão reunidos no final do livro, após páginas de conteúdo cristão sério, mais adequado à leitura de um homem do clero. Embora a maioria dos enigmas tenha sido resolvida, com respostas que vão desde um *iceberg* a um vendedor de alho caolho, ainda não há uma resposta definitiva para o décimo quinto enigma.[3] Começa assim:

> *Hals is min hwit – heafod fealo*
> *Sidan swa some – swift ic eom on feþe...*
> *beadowæpen bere – me on bæce standað...*
> [Meu pescoço é branco, minha cabeça é parda
> Assim como meus lados. Sou rápido em meus passos...
> Carrego armas de batalha. Nas minhas costas há cabelo...][4]

Pardo é uma cor caramelo desbotada, o tom de folhas secas ou grama, e um dos nomes de cores mais antigos na língua inglesa (*fallow*).[5] Desde 1300, a palavra tem sido aplicada a terras de cultivo que descansam entre as estações de uso para recuperar o solo, mas também tem sido usada para descrever animais com pelagem que os ajuda a se fundir com o ambiente. Uma das primeiras aparições da palavra está em *Beowulf*, onde é usada para descrever cavalos; Shakespeare menciona um "Galgo pardo" em *As alegres comadres de Windsor*. O melhor exemplo, contudo, é o sedutor cervo pardo salpicado de branco, cujos antepassados há milênios ocupam a Europa e o Oriente Médio. Caçá-los era o passatempo favorito da nobreza normanda após a conquista da

Inglaterra, em 1066, e parques especiais foram criados para isolar os cervos dos lobos e dos bretões. Os caçadores levavam seu esporte tão a sério que, sob Guilherme, o Conquistador, a punição por matar tal cervo era igual à de matar um homem – mesmo séculos depois, se alguém que fosse pego caçando furtivamente um, poderia ser deportado.[6]

Um cervo, no entanto, não é a resposta para o enigma 15 – isso seria muito fácil. Este animal, diz-nos o enigma, anda na ponta dos pés na grama, mas também se enterra, "com ambas as mãos e pés através da colina alta" para escapar do "inimigo odioso" que pretende matá-lo e a seus filhos.[7] Palpites sobre a identidade da criatura misteriosa incluíam texugo, porco-espinho, ouriço, raposa e doninha, sem que nenhum animal se ajustasse perfeitamente.[8] A resposta, ao que parece, pode permanecer escondida para sempre, enquanto os caçadores continuam a caçá-la.

Russet

***Russet* é um lembrete de que uma cor vive mais na imaginação** de uma geração do que vinculada a uma referência de cor nítida. Hoje a palavra pode trazer à mente a cor avermelhada das folhas no outono, ou o cabelo de uma musa pré-rafaelita, mas esse não era o caso nem mesmo em 1930. No influente *Dictionary of Colour*, de A. Maerz e M. R. Paul, a cor é mais laranja do que marrom-avermelhado e tem tons acinzentados pronunciados.[1]

Parte da razão para isso é que, assim como o escarlate (página 138), a palavra *russet* costumava denotar um tipo de tecido em vez de uma cor. Enquanto o escarlate era luxuoso ao toque, amado pelos ricos e geralmente tingido de vermelho vivo, o tecido *russet* era destinado aos pobres. Em 1363 – no 37º ano do reinado de Eduardo III, Rei de Inglaterra – o Parlamento introduziu um novo estatuto para regular as dietas e o vestuário dos súditos ingleses. Depois de tratar brevemente com senhores, cavaleiros, clérigos e mercadores, o olhar da lei se voltou para os mais baixos dos mais baixos:

> *Carroceiros, Lavradores, Condutores do Arado, Criadores de Bois e Vacas, Pastores (...) e todos os outros Tratadores de Animais, Debulhadores de Milho e todos os Tipos de Pessoas da Propriedade, e todas as outras Pessoas que não tenham quarenta xelins de mercadorias (...) não devem portar nem usar nenhum Tipo de Tecido, mas apenas Cobertor e* Russet *de doze centavos.*[2]

Para a mente medieval, quanto mais próximo um tecido estivesse da cor da matéria-prima, mais barato e inferior ele era. O *russet*, um tecido de lã muito grosseiro, geralmente era mergulhado em soluções fracas de ísatis azul (página 198) e depois garança vermelha (página 152), que sobravam do tingimento das roupas daqueles que estavam mais acima na escala social.[3] Como o resultado final dependia da qualidade dos corantes utilizados e da cor da lã não tingida, o tecido *russet* podia ser de qualquer cor, desde pardo até marrom ou cinza.[4]

A habilidade e a honestidade do tintureiro eram outro fator importante. Os registos remanescentes do Blackwell Market, na cidade de Londres, onde os produtos dos comerciantes eram verificados para garantir que tinham qualidade aceitável, mostram que havia uma grande quantidade de material defeituoso indo para o mercado. (Com 25 registros, os *russets* de Kent perdiam apenas para os brancos de Gloucester – com 50 registros – e de Wiltshire – com 41 registros – em qualidade inferior.) Em 13 de abril de 1562, William Dowtheman, de Tonbridge, e William Watts e Elizabeth Statie, ambos de Benenden, foram multados por seus *russets* inferiores. Aparentemente, Watts não era um homem que aprendia com os próprios erros: tinha sido multado precisamente pela mesma razão em 17 de novembro do ano anterior.[5]

Tal como a cor exata do *russet* se recusava a permanecer estável, mudando significativamente ao longo do tempo, o mesmo acontece com seu simbolismo. De sinônimo de pobreza, após as violentas mudanças sociais provocadas pela Peste Negra, o *russet* gradualmente ganhou a reputação de ser um símbolo de honestidade, humildade e masculinidade. Em *Piers Plowman*, o poema alegórico do século XIV de William Langland sobre o bem e o mal, a caridade "é um brilho de uma túnica de cinza *russet/* como uma túnica de seda de Tarso".[6] Foi sem dúvida esse duplo sentido que Oliver Cromwell estava usando quando escreveu aos seus associados da Guerra Civil, no outono de 1643: "Prefiro um capitão em casaco de *russet* simples, que sabe pelo que luta e ama o que sabe, do que aquele que você chama de cavalheiro e nada mais".[7]

Sépia

Se você surpreendesse um *Sepia officinalis*, ou choco-comum – e encontrar um seria o primeiro desafio, já que eles têm uma capacidade de camuflagem esplêndida –, ele responderia de duas maneiras. Você ou seria subitamente envolvido por uma densa nuvem de líquido escuro, ou se veria diante de vários chocos de disfarce – bolhas escuras formadas de uma mistura da mesma tinta e muco. E em um piscar de olhos, o *S. officinalis* já teria disparado, deixando você de mãos vazias.

Quase todos os cefalópodes – grupo que inclui polvos, lulas e chocos – podem produzir tinta. Este líquido marrom em tom de café queimado é composto quase inteiramente de melanina (página 278) e tem um tremendo poder de tingimento.[1] Embora hoje a tinta de lula seja encontrada com mais frequência dando ao risoto de frutos do mar o brilho preto brilhante da asa de um corvo, o sépia (a tinta do choco) é, há muito tempo, usado como pigmento por escritores e artistas. Abundam receitas e métodos para separar cefalópodes de sua tinta, mas um procedimento comum envolvia remover o saco de tinta, secá-lo e pulverizá-lo e, em seguida, ferver o extrato com um álcali forte para extrair o pigmento. Uma vez neutralizado, poderia ser lavado, seco, triturado e transformado em bolos para venda.[2]

Os escritores romanos Cícero e Pérsio mencionaram, e provavelmente usaram, sépia como tinta, e é possível que o poeta Marcus Valerius Martialis também o tenha feito.[3] Martial nasceu na cidade de Bilbilis, cerca de 240 quilômetros a nordeste de onde hoje fica Madrid, em algum momento entre 38 e 41 d.C.[4] Seus epigramas distorcem as pretensões de seus concidadãos romanos e satiriza mecenas mesquinhos e colegas poetas. ("'Escreva epigramas mais curtos' é o seu conselho. / Mesmo assim, você não escreve nada, Velox. Que conciso!", é uma dessas piadas.[5]) A bravata de Martial, porém, deve ter sido, pelo menos em parte, um estratagema para esconder todas as inseguranças habituais do escritor. Certa vez, ao enviar sua última seleção – provavelmente escrita em tinta sépia –, ele incluiu uma esponja no pacote, para que suas palavras pudessem ser apagadas caso não agradassem ao destinatário.[6] Leonardo da Vinci gostava de usar sépia em tons quentes em seus esboços, muitos dos quais ainda sobrevivem. O colorista George Field descreveu o sépia em 1835 como "uma poderosa cor marrom-escura, de textura fina" e recomendou a sua utilização como aquarela.[7]

Hoje, embora os artistas ainda valorizem a tinta sépia por seus tons avermelhados, é mais provável que a palavra seja usada no contexto da fotografia. Originalmente, as imagens eram tonalizadas quimicamente para substituir a prata, nas impressões à base de prata, por um composto mais estável, tornando-as mais duradouras e dando a elas uma sinfonia de ocres quentes. Hoje, é claro, a tecnologia tornou esse processo desnecessário, mas os tons assumiram um ar de romance e nostalgia. Com a fotografia digital, os fotógrafos conseguem fazer suas imagens novinhas em folha parecerem, com apenas alguns cliques, ter um século de idade.

Umbra

Em 18 de outubro de 1969, sob a proteção de uma tempestade violenta, um grupo de homens invadiu o Oratório de San Lorenzo, em Palermo e roubou uma imagem da natividade de valor inestimável feita por Michelangelo Merisi Caravaggio. Caravaggio era, segundo muitos relatos, um homem violento e perturbado, mas ninguém que se coloque diante de uma das poucas pinturas suas que sobreviveram duvidaria de sua genialidade. *Natividade com São Francisco e São Lourenço*, uma enorme obra em óleo criada 360 anos antes do seu roubo, mostra o nascimento de Cristo como uma cena sombria de pobreza e exaustão. As fotos remanescentes mostram uma composição muito escura, com apenas algumas pessoas de cabeça baixa e desgrenhadas, destacadas contra um fundo lamacento. Como muitas outras obras de Caravaggio, esta pintura provavelmente deve seu apelo dramático sombrio ao uso de umbra.[1]

Embora alguns acreditem que o nome umbra seja, tal como o de siena, de origem geográfica – uma de suas fontes é a região de Úmbria, na Itália –, é mais provável que a palavra venha do latim *ombra*, que significa "sombra". Assim como a hematita (página 150) e a siena, umbra é um dos pigmentos de óxido de ferro comumente chamados de ocres. Mas, enquanto a hematita é vermelha e a siena, quando crua ou não aquecida, é um marrom-amarelado, o umbra é mais frio e mais escuro, perfeito para uma velatura escura.[2] É também, como seus pares, um pigmento muito estável e confiável, e foi considerado parte essencial da paleta de todo artista até o século XX. No entanto também é totalmente desprovido de *glamour*. George Field, químico do século XIX e autor de *Chromatography*, escreveu que "é um ocre natural, abundante em óxido de manganês (…) de cor marrom-citrina, semiopaco, com todas as propriedades de um bom ocre, e é durável tanto em água quanto em óleo".[3] É quase possível ouvir um bocejo em suas palavras.

Umbra é um dos pigmentos mais antigos conhecidos usados pelos humanos. Os ocres foram usados nas paredes das cavernas de

Altamira, na Espanha, e em Lascaux, um tesouro da arte rupestre no sudoeste da França, que foi redescoberto por um cachorro chamado Robot em setembro de 1940.[4] Enquanto Robot farejava as raízes de uma árvore caída, ele descobriu uma pequena abertura embaixo delas. Seu dono, Marcel Rabidat, de 18 anos, retornou ao local com três amigos e lamparinas, espremeu-se por um poço de 12 metros de comprimento e chegou a uma câmara ampla, repleta de pinturas do final da Idade da Pedra.

O período em que o umbra realmente se destacou, entretanto, foi no tenebrismo dramático do final da Renascença e com artistas barrocos como Joseph Wright de Derby e Rembrandt van Rijn. Esses pintores, às vezes chamados de *Caravaggisti*, por causa de sua admiração por seu antecessor, regozijavam-se no drama de fortes contrastes entre pontos de luz e sombras profundas, uma técnica também conhecida como *chiaroscuro*, das palavras italianas *chiaro*, "claro", e *oscuro*, "escuro". Rembrandt, em especial em seus últimos anos de pobreza após sua falência, em 1656, usou uma gama surpreendentemente pequena de pigmentos para produzir o efeito, confiando nos ocres baratos e sombrios, especialmente o umbra.[5] Ele está presente nos fundos e nas roupas pesadas de seus autorretratos mais tardios, aqueles em que ele é tão singularmente expressivo: às vezes pensativo, às vezes ferido, ou perplexo, mas sempre capturando e prendendo o olhar do espectador, seu rosto fortemente iluminado nas poças de escuridão.

Em 1996, o destino da obra-prima de Caravaggio foi revelado em um julgamento espetacular. Francesco "Mozzarella" Marino Mannoia, um mafioso siciliano especialista no refino de heroína, tornou-se informante do governo após a morte de seu irmão. Francesco disse em juízo que havia serrado a pintura da sua moldura, acima do altar, e a empacotado para entregá-la ao homem que havia encomendado o roubo. Tragicamente, porém, ele não tinha experiência com obras de arte valiosas e não tinha ideia do cuidado com que precisavam ser manuseadas. Quando o mandante viu o estado da pintura após o tratamento grosseiro, chorou. "Não estava mais (...) em condições de uso", admitiu Marino Mannoia em seu julgamento, 30 anos depois.[6] Muitos se recusam a acreditar que a obra foi destruída[7] e seguem pedindo pela devolução da pintura, esperançosos de que ela, um dia, emerja das sombras.

Múmia

Em 30 de julho de 1904, O'Hara and Hoar colocaram um anúncio incomum no *Daily Mail*. O que eles queriam – "a um preço justo" – era uma múmia egípcia. "Pode parecer estranho para você", dizia o anúncio, "mas precisamos de uma múmia para fazer cores." Então, para evitar qualquer pontada de consciência pública, eles continuaram: "Sem dúvida uma múmia de 2 mil anos de algum monarca egípcio pode adornar um afresco nobre no Westminster Hall ou em outro lugar sem ofender o fantasma do cavalheiro falecido ou de seus descendentes".[1]

Naquela época, tal argumento era incomum o suficiente para suscitar comentários, mas múmias vinham sendo desenterradas e reutilizadas de várias maneiras há séculos sem muito alarde. A mumificação foi uma prática funerária comum no Egito por mais de 3 mil anos. Os órgãos internos eram removidos antes de o corpo ser lavado e embalsamado com uma mistura complexa de especiarias e conservantes, incluindo cera de abelha, resinas, asfalto e serragem.[2] Embora as múmias – especialmente as dos ricos e ilustres, cujas mantas provavelmente continham ouro e adornos[3] – pudessem ser valiosas por si sós, aqueles que as desenterravam geralmente estavam em busca de outra coisa: betume. A palavra persa para betume era *mum* ou *mumiya*, o que levou à crença (junto com o fato de os restos mumificados serem muito escuros) de que todas as múmias continham a substância.[4] O betume – e, por extensão, as múmias – era usado como medicamento desde o primeiro século d.C. A múmia moída era aplicada topicamente ou misturada em bebidas para ingestão, e parecia não haver nada que não pudesse curar. Plínio recomendava-a como pasta de dente; Francis Bacon para "estancar o sangue"; Robert Boyle para hematomas; e John Hall, genro de Shakespeare, utilizava-a em um caso preocupante de epilepsia. Catarina de Médicis era uma devota, assim como

Francisco I da França, que carregava sempre consigo uma pequena bolsa de pó de múmia e ruibarbo.[5]

O comércio era dinâmico. John Sanderson, agente de um importador chamado de Turkey Company, descreveu vividamente uma expedição a uma cova de múmia, em 1586:

> *Fomos baixados por cordas, como se estivéssemos em um poço, com velas de cera queimando nossas mãos, e assim caminhamos sobre corpos de todos os tipos e tamanhos (...) eles não exalavam qualquer cheiro desagradável (...) Retirei todas as partes dos corpos para ver como a carne se transformava em droga e trouxe para casa diversas cabeças, mãos, braços e pés.*[6]

Na verdade, Sanderson regressou à Inglaterra com uma múmia completa e quase 300 kg de partes diversas para reabastecer o suprimento dos boticários de Londres.[7] A procura, no entanto, ultrapassou a oferta, e há numerosos relatos de substituições feitas às pressas a partir de corpos de escravos e criminosos. Durante uma visita a Alexandria, em 1564, o médico do rei de Navarra entrevistou um negociante de múmias que lhe mostrou 40 que ele afirmava ter fabricado, ele próprio, nos últimos quatro anos.[8]

Como os boticários também lidavam com pigmentos, não é tão surpreendente que o rico pó marrom também fosse encontrado nas paletas dos pintores. O marrom de múmia, também conhecido como marrom egípcio e *Caput mortum* ("cabeça de homem morto"), foi usado como tinta – geralmente misturado com óleo secante e verniz âmbar – do século XII ao século XX.[9] Era conhecido o suficiente para uma loja de produtos de arte em Paris se autodenominar – em tom provavelmente irônico – À la Momie. Eugène Delacroix usou-o em 1854 ao pintar o Salone de la Paix no Hôtel de Ville, em Paris; seu compatriota, Martin Drölling, também era favorável ao uso, assim como o retratista britânico Sir William Beechey.[10] Houve algum debate acerca de quais pedaços da múmia usar para obter os melhores e mais ricos tons de marrom – recomendados para camadas de velatura translúcidas para sombras e tons de pele. Alguns sugeriam usar apenas o músculo e a carne, enquanto outros pensavam que os ossos e as bandagens também deveriam ser triturados para se tirar o melhor proveito deste "pigmento encantador".[11]

Ao longo do final do século XIX, porém, o fornecimento de múmias, autênticas ou não, diminuiu. Os artistas estavam ficando insatisfeitos com a permanência e o acabamento do pigmento, para não mencionar os escrúpulos quanto à sua procedência.[12] O pintor pré-rafaelita Edward Burne-Jones só descobriu a conexão entre o marrom de múmia e as múmias reais em um almoço de domingo, em 1881, quando um amigo contou ter acabado de ver uma ser triturada no armazém de um colorista. Burne-Jones ficou tão horrorizado que correu para seu estúdio para encontrar seu tubo de marrom de múmia e "insistiu que lhe déssemos um enterro decente naquele exato momento".[13] A cena deixou o adolescente Rudyard Kipling, sobrinho de Burne-Jones por casamento, que também fora convidado para o almoço, muito impressionado. "Até hoje", escreveu ele anos depois, "eu poderia, com uma margem de erro de 30 centímetros, enfiar uma pá exatamente onde aquele tubo foi enterrado".[14]

No início do século XX, a demanda era tão pequena que uma única múmia poderia render pigmento a um fabricante de tintas durante uma década ou mais. C. Roberson, uma loja de arte de Londres que abriu suas portas em 1810, finalmente esgotou o pigmento na década de 1960. "Talvez tenhamos um ou outro membro humano guardado por aí", disse o diretor-gerente à revista *Time* em outubro de 1964, "mas não o suficiente para produzir mais tinta. Vendemos nossa última múmia completa há alguns anos por, creio, £ 3. Talvez não devêssemos. Certamente não conseguiremos mais".[15]

Taupe

Em algum momento de 1932, o British Color Council (BCC) começou a trabalhar em um projeto especial. A ideia era criar um catálogo padronizado de cores, acompanhado de fitas de seda tingidas para mostrar exatamente a cor que cada termo significava. Eles esperavam que o catálogo fizesse pelas cores "o que o grande *Oxford Dictionary* fez pelas palavras".[1] Ele "marcará", escreveram, "o maior feito dos tempos modernos ao dar assistência às indústrias britânicas e do Império na definição de cores", dessa forma dando ao comércio britânico uma vantagem competitiva.

O que não foi mencionado é que a Grã-Bretanha já estava atrasada. O artista e professor americano Albert Henry Munsell vinha trabalhando em uma forma de mapear cores tridimensionalmente desde a década de 1880; seu sistema estava totalmente desenvolvido na primeira década do século XX e tem sido usado, com pequenos ajustes, desde então.[2] A. Maerz e M. R. Paul, que se basearam no trabalho de Munsell, mas que também desejavam incorporar os nomes comuns das cores, publicaram seu *Dictionary of Color* – inspirado no idiossincrático *English Dictionary* de Samuel Johnson – em Nova York, em 1930. Ele incluía páginas com fichas coloridas, um índice abrangente e trechos de informações sobre muitas cores comuns.

Todos desenvolveram um fino apreço pela dificuldade da tarefa. As cores eram difíceis de definir; elas podiam mudar de nome ao longo do tempo, ou a tonalidade associada a um nome poderia mudar de forma radical de uma década para outra ou de um país para o outro. O BCC levou 18 meses para coletar e compilar termos e amostras de cores. Maerz e Paul trabalharam nessa tarefa durante anos.[3] Uma cor que incomodou ambos os grupos de pesquisadores foi o *taupe*. O nome da cor é, na verdade, a palavra francesa para "toupeira". No entanto, embora a cor de uma toupeira seja, pelo senso comum, "de um cinza profundo, indo para o lado frio", o *taupe* parecia ir para todos os lados – o único consenso era que, geralmente, era mais marrom do que uma toupeira tinha o direito de ser.[4] A suposição do BCC era que a confusão se devia ao fato de que falantes de inglês que não sabiam francês não percebiam que *taupe* e *toupeira* eram palavras diferentes para a mesma coisa. Maerz e Paul foram bem mais minuciosos. Eles iniciaram uma expedição pelos zoológicos dos Estados Unidos e da França para observar espécimes estrangeiros do gênero *Talpa*, a fim de determinar se havia uma razão lógica para o uso de ambos os termos. "Sua cor certamente varia", concluíram eles, mas o que geralmente era entendido pelo termo *taupe* "representa um afastamento considerável de qualquer cor que uma toupeira possa ter". A amostra que incluíram em seu livro, portanto, era "uma correspondência correta para a cor média real da toupeira francesa".[5]

Apesar dos esforços transatlânticos para devolver esta cor a algo que se aproxime da tonalidade do seu mamífero progenitor, o *taupe* continuou a correr selvagem desde então. Amado pelas indústrias de maquiagem e de noivas, é espaçoso o suficiente para conter uma infinidade de tons marrom-acinzentados, ao mesmo tempo em que consegue soar refinado e elegante. Se esses intrépidos cartógrafos das cores tivessem levado a sério todas as lições do grande empreendimento de Samuel Johnson, eles poderiam ter se poupado da perseguição às toupeiras selvagens. Johnson, quando estabeleceu as definições ao lado das palavras em seu dicionário, em 1755, foi realista o suficiente para admitir a futilidade de sua tarefa. Esta reflexão triste do seu prefácio poderia facilmente se aplicar às cores: "os sons são demasiado voláteis e sutis para restrições legais; acorrentar sílabas e açoitar o vento são, igualmente, empreendimentos do orgulho".

Kohl
Cinza de Payne
Obsidiana
Nanquim
Carvão
Azeviche
Melanina
Breu
Vantablack

Preto

O que você pensa quando vê a cor preta? Uma pergunta melhor talvez seja: o que você não pensa quando vê a cor preta? Poucas cores são tão extensas e abrangentes. Como o espelho de obsidiana negra (página 268) que pertenceu a Dr. Dee, olhe para o preto da escuridão e não saberá o que pode olhar de volta para você. É, ao mesmo tempo, a cor da moda e do luto, e já simbolizou de tudo um pouco, de fertilidade a erudição e piedade. Com o preto, a situação sempre é complicada.

Em 1946, a Galerie Maeght, uma galeria parisiense de vanguarda na rue du Bac, na margem esquerda do rio Sena, organizou uma exposição chamada *Black is a Colour*. A intenção era chocar: tal afirmação era o exato oposto do que então era ensinado nas escolas de arte.[1] "A natureza só conhece cores", declarou certa vez Renoir. "Branco e preto não são cores."[2] Em certo sentido, isso está certo. Assim como o branco, o preto é uma expressão da luz – neste caso, da sua ausência. Um preto verdadeiro não reflete luz alguma – o oposto do branco, que reflete todos os comprimentos de onda da luz em igual medida. Em um nível emocional, isso não afetou nossa experiência ou utilização dos tons de preto como cores; em um nível prático, porém, até o momento ainda não foi possível encontrar ou criar um tom de preto que não reflita luz. Vantablack®, uma tecnologia de nanotubos de carbono criada na Grã-Bretanha em 2014, captura 99,965% do espectro, o que a torna a coisa mais preta do mundo. Ao vivo, ela é tão escura que engana os olhos e o cérebro, impossibilitando às pessoas perceberem profundidade e textura.

Um sopro de morte acompanha a cor preta desde os registros mais antigos, e os humanos sentem, ao mesmo tempo, fascínio e repulsa por ela. A maioria dos deuses associados à morte e ao submundo – como o deus egípcio com cabeça de chacal Anúbis, o diabo do cristianismo e a deusa hindu Kali – são retratados com pele preta, e a cor tem sido há muito tempo associada ao luto e à bruxaria. No entanto, embora a cor seja frequentemente associada a finais, também está presente no início das coisas. Ela lembrava aos antigos egípcios o rico lodo que o Nilo depositava todos os anos após o período de cheia, tornando a terra fértil. Seu potencial de criação está presente nas passagens iniciais do Gênesis – afinal, é da escuridão das trevas que Deus conjura a luz. A noite também tem uma fecundidade peculiar, por todas as razões óbvias, e por causa dos sonhos, que só florescem quando fechamos os olhos para impedir a entrada de luz. Um pedaço de carvão para desenho (página 274) é o símbolo perfeito para começos. O contorno – geralmente preto – foi inventado há mais de 30 mil anos. Pode ser o maior exemplo do artifício artístico, mas isso nunca importou para os artistas, e a linha preta é a pedra fundamental da arte. Estava disponível quando os primeiros homens e mulheres começaram a se expressar, deixando suas marcas no mundo ao seu redor, e tem sido usado no início de quase todas as realizações artísticas desde então.[3] Cerca de 12.600 anos depois que dedos e almofadas de couro macio paleolíticos aplicaram pó fino de carvão nas paredes da caverna de Altamira, da Vinci preferia usar barras finas do material. Foi com um desses que ele esboçou uma versão em *sfumato* – esfumaçado em italiano – do que se tornaria sua mais misteriosa e expressiva pintura, *A virgem e o menino com Santa Ana* (1503–1519), hoje exposta no Museu do Louvre.

 Foi também durante a vida de da Vinci que o preto atingiu o seu apogeu como a cor da moda. Baldassare Castiglione, quase contemporâneo de da Vinci, escreveu em seu *Book of the Courtier* que "o preto é mais agradável nas roupas do que qualquer outra cor", e o mundo ocidental concordava.[4] Eram três as razões para a sua ascensão como "a" cor da moda. A primeira era prática: por volta de 1360, foram descobertos novos métodos para tingir tecidos de preto verdadeiro, em vez de cinzas e marrons sujos, o que tornava esses tecidos mais luxuosos. A segunda foi o impacto psicológico da Peste Negra, que dizimou a população da Europa e levou a um desejo de maior austeridade e de penitência e luto coletivos.⁵ Filipe, o Bom (1396–1467), famoso por raramente ser visto vestindo outra cor senão preto, utilizou-a para homenagear a memória do pai, John, o Destemido, assassinado em 1419.⁶ A terceira foi a onda de leis que buscavam codificar os estratos sociais por meio do vestuário: os comerciantes ricos eram proibidos de usar cores reservadas à aristocracia, como o escarlate (página 138), mas podiam usar preto.⁷ A obsessão durou até as primeiras décadas do século XVIII. Inventários patrimoniais mostram que, por volta de 1700, 33% das roupas dos nobres e 44% das roupas dos oficiais eram pretas; a cor era popular também entre empregados domésticos, representando 29% de seus guarda-roupas.⁸ As ruas, por vezes, devem ter se parecido com as pinturas de Rembrandt *Os funcionários de amostragem da guilda Drapers, de Amsterdam* (1662) e *Lição de anatomia de Dr. Tulp* (1632): multidões de pessoas trajando preto se acotovelando por espaço.

Apesar de sua onipresença, o preto manteve tanto a popularidade quanto a modernidade questionadora.⁹ Por exemplo, *Quadrado negro*, de Kazimir Malevich, é tida como a primeira pintura puramente abstrata. Habituados que estamos à arte abstrata, é difícil compreendermos a magnitude dessa obra. Para Malevich, porém, *Quadrado negro* (ele criou quatro versões entre 1915 e 1930) era uma declaração de intenções. Ele queria desesperadamente, como disse, "libertar a arte do peso morto do mundo real", e por isso "refugiou-se na forma do quadrado".¹⁰ Pela primeira vez se via a arte pela arte, e uma ideia revolucionária precisava de uma cor igualmente revolucionária: preto.

Kohl

Escondido na seção de egiptologia do Museu do Louvre, em Paris, há um objeto curioso. É uma estatueta branca e baixa de uma criatura de pernas arqueadas, cuja língua vermelha sai de uma boca repleta de dentes afiados; tem seios pendentes, triangulares, um V azul feroz no lugar das sobrancelhas e uma longa cauda que balança toscamente entre as pernas. Feita entre 1400 e 1300 a.C., ela retrata o deus Bes, que, embora possa parecer assustador, na verdade era bastante doce: um lutador temível, ele era popular entre os egípcios comuns porque era um protetor, principalmente de lares, mulheres e crianças. Entretanto o que ele está protegendo, neste caso, é algo bem diferente: escondido na cabeça oca da estatueta há um pequeno recipiente destinado ao delineador *kohl*.

A estatueta de Bes é um dos mais de 50 potes de *kohl* da coleção do Louvre. Alguns, como este, são decorativos e têm a forma de criados, gado ou deuses; outros são mais funcionais, apenas pequenos potes de alabastro ou brecha (um tipo de pedra).[1] Potes como esses estão presentes em muitas coleções de museus, porque todo mundo no antigo Egito, de faraós a camponeses, homens e mulheres, delineava os olhos com linhas pretas grossas; muitos eram enterrados com potes de *kohl*, para que pudessem continuar a usá-lo na vida após a morte. Acreditava-se que o *kohl* tinha propriedades protetoras mágicas e, assim como hoje, ele fazia o truque visual de destacar o branco dos olhos, o que na época, assim como hoje, era considerado atraente.[2]

O tipo de *kohl* usado dependia da riqueza e do *status* social da pessoa. Os pobres podiam usar misturas de fuligem e gorduras animais, mas, como sempre, os ricos exigiam algo um pouco mais especial. Os deles eram predominantemente feitos de galena, a forma mineral metálica escura do sulfeto de chumbo. Ela era triturada e misturada com pérolas, ouro, corais ou esmeraldas em pó para ganhar brilho e uma cor sutil. Olíbano (resina aromática usada como incenso), erva-doce ou açafrão podiam ser acrescentados para dar uma fragrância. Para que o pó pudesse ser utilizado, ele era misturado com um pouco de óleo ou leite, de modo a poder ser aplicado com uma pena ou com o dedo.[3]

Em 2010, pesquisadores franceses que analisavam vestígios de pó encontrados em potes de *kohl* descobriram que eles também continham algo ainda mais precioso: produtos químicos manufaturados, incluindo dois tipos de cloreto de chumbo, que levavam cerca de um mês para serem produzidos. Intrigados, eles realizaram mais testes. Para sua surpresa, descobriram que esses produtos estimulavam a pele ao redor dos olhos a produzir cerca de 240% mais óxido nítrico do que o normal, reduzindo significativamente o risco de infecções oculares.[4] Em uma época pré-antibióticos, infecções simples podiam facilmente levar a cataratas ou à cegueira. O *kohl*, assim como o pequeno pote no formato do temível Bes, era uma forma de proteção muito prática.

Cinza de Payne

"Stalin", certa vez escreveu um oponente político, "deu-me a impressão (...) de ser um borrão cinza que tremeluziu na escuridão e sumiu sem deixar vestígios. Não há mais nada a ser dito a respeito dele."[1] Sem dúvida é uma frase contundente: em nossa era tão individualista, é quase melhor não ser lembrado do que ser lembrado como sem graça e sem importância. É claro que o adversário não poderia estar mais errado: Stalin deixou um legado longo e pesado, e é pouco provável que a humanidade o esqueça tão cedo.

Um cavalheiro do século XVIII, por outro lado, desapareceu da memória quase antes de morrer. Tudo o que resta é o tom de cinza de pena de pombo para o qual emprestou seu nome. A cor ainda é um dos tons favoritos dos artistas, mesmo que pouco se saiba sobre o homem em si. William Payne nasceu em Exeter, Inglaterra, em 1760, e foi criado em Devon, antes de se mudar para Londres. Talvez... possivelmente. Um livreto sobre o pintor, produzido em 1922 por Basil Long, dedica as primeiras 10 páginas a apresentar teorias biográficas ou pedir desculpas pela falta de evidências concretas.[2]

Sabemos que, depois de trabalhar um tempo como engenheiro civil, Payne se mudou para Londres e começou a pintar em tempo integral. Foi membro da Old Water-Colour Society, onde realizou exposições entre 1809 e 1812, e também expôs trabalhos na Royal Academy. Diz-se até que Joshua Reynolds admirava algumas de suas paisagens. Payne, no entanto, era mais requisitado como professor. Conforme afirmou seu contemporâneo, William Henry Pyne, suas pinturas "mal eram vistas e já eram admiradas, e quase todas as famílias de bom gosto ansiavam que seus filhos e filhas tivessem o privilégio de estudar com ele".[3] Jamais saberemos se foi o desgaste de ter que lidar com os herdeiros desprovidos de talento da elite de Londres que o levou a procurar um substituto para os pigmentos pretos puros, mas sabemos que ele sentia orgulho o suficiente dessa mistura precisa de azul da Prússia, ocre amarelo e carmim para atribuir seu nome a ela.

Por que o cinza de Payne é tão amado pelos artistas? Isso se deve, pelo menos em parte, a um fenômeno hoje conhecido como "perspectiva atmosférica". Imagine as colinas e montanhas que desaparecem ao longe, por exemplo: quanto mais distantes as coisas estão, mais pálidas e azuis elas parecem. Esse efeito é causado por partículas de poeira, poluição e gotículas de água, que espalham os comprimentos de onda da luz mais curtos e azuis, e é acentuado por neblina, chuva e nevoeiro. Não é de se admirar que um pintor de paisagens que trabalhava em Devon tenha sido o primeiro a fazer a mistura de azul profundo com cinza escuro tão estranhamente adequada à captura desse efeito.

Obsidiana

Há muitos objetos intrigantes na coleção do British Museum, em Londres, mas um dos mais misteriosos é, sem dúvida, um disco grosso, escuro e muitíssimo polido, com uma pequena alça em arco. Os astecas forjaram o espelho de obsidiana em homenagem ao deus Tezcatlipoca (nome que significa "espelho fumegante"), e ele foi levado ao Velho Mundo após a conquista, por Hernán Cortés, da região que hoje corresponde ao México, em meados do século XVI.[1] A obsidiana, também conhecida como vidro vulcânico, é formada quando a lava derretida jorra da terra e entra em contato com gelo ou neve, esfriando muito rapidamente.[2] É muito dura, brilhante, quebradiça e preta ou verde bronze muito escuro, às vezes com um brilho dourado ou iridescente, causado por camadas de pequenas bolhas de gás que ficam presas no magma à medida que ele se solidifica. Embora haja dúvidas sobre a procedência desse espelho em particular, Sir Horace Walpole, o antiquário britânico que o adquiriu em 1771, estava seguro da identidade de seu proprietário anterior e do uso que era feito do espelho. Na etiqueta colada na alça do objeto, ele escreveu uma curiosa nota: "A Pedra Negra a qual Dr. Dee usava para invocar espíritos."[3]

Dr. John Dee foi o principal matemático, astrólogo e filósofo natural da Inglaterra elisabetana. Ele se formou em Cambridge e foi o filósofo e conselheiro da rainha; também passou muitos anos conversando com os anjos sobre a ordem natural das coisas e o fim do mundo. Essas conversas eram realizadas com o uso de sua coleção de "pedras da revelação" – das quais o espelho pode ter sido uma – e por meio de vários médiuns, sendo Edward Kelly o mais famoso deles. Não há nada de impressionante em um homem inteligente como Dee acreditar no ocultismo – a maioria das pessoas na época acreditava. Na verdade, quase um século depois, uma das maiores mentes científicas da história – de um tal de Isaac Newton – investiu a maior parte de sua energia na busca pela Pedra Filosofal. O que impressiona é que não se saiba nada sobre as investigações místicas de Dee.

Ele morreu em 1608 ou 1609, em desgraça e pobreza, após ter vendido a maior parte dos seus pertences, incluindo boa parte de sua famosa biblioteca. Seus textos também foram espalhados ou destruídos. Em 1586, um anjo, falando por meio de Kelly, ordenou que Dee queimasse todos os 28 volumes dos meticulosos registros das conversas deles – um momento bastante conveniente, visto que enviados do Papa estavam prestes a começar a inquirir a dupla sobre seu envolvimento com bruxaria, uma acusação de fato muito grave.[4] Se tivessem descoberto o espelho de obsidiana, isso poderia muito bem ter sido o suficiente para mandar Dee para a tortura ou para a fogueira.

O final do século XVI e o início do século XVII testemunharam o retorno da face mais perturbadora, paranoica e pessimista do cristianismo: a crença no poder do diabo na terra e de que os seus enviados – as bruxas – estavam trabalhando para derrubar a ordem e trazê-lo ao poder. Nesse contexto, todas as tonalidades de preto assumiram novos significados inquietantes. Não só o diabo geralmente era retratado (e descrito por testemunhas em julgamentos de bruxas) como preto e peludo, mas a ideia do sabá, que tanto obcecou a Europa e, mais tarde, os Estados Unidos, estava repleta de trevas. Dos locais de encontro – muitas vezes florestas à noite – aos participantes vestidos de preto e ao séquito de animais que acompanhavam Satanás – corvos, morcegos e gatos –, os sabás eram verdadeiras orgias de escuridão.[5] Obsidiana, uma rocha escura expelida das entranhas ardentes da terra, era naturalmente muito suspeita.

A obsidiana aparece repetidamente em companhia do ocultismo. Na ficção de George R. R. Martin e Neil Gaiman, lâminas feitas de vidro vulcânico têm poderes mágicos. Historicamente, as tribos nativas americanas a usavam em rituais. Ainda na década de 1990, as mulheres de Santa Clara Pueblo, no Novo México, vestiam-se de preto e carregavam longas lâminas de obsidiana na mão direita e uma ponta de lança de obsidiana, ou *tsi wi*, na mão esquerda durante cerimônias de destruição de bruxas.[6] Artefatos de obsidiana antigos e pré-históricos – muitas vezes lâminas – foram encontrados no entorno do Mar Vermelho, na Etiópia, na Sardenha e nos Andes. O nome da padroeira asteca das bruxas, Itzpapalotl, significa "borboleta obsidiana". Mais grave ainda para Dee, Tezcatlipoca, o deus asteca para quem seu próprio espelho foi feito, era o deus dos guerreiros, governantes e feiticeiros.[7]

Nanquim

Uma coisa é os humanos terem pensamentos e planos complexos; outra coisa bem diferente é transmitirem esses pensamentos por longas distâncias. Isso requer um sistema de marcas que o remetente conheça e que os destinatários possam compreender. Para a maioria das culturas, isso significou escrever, o que, por sua vez, significou criar uma tinta decente.

As tintas para escrita tendem a ser pretas porque precisam ser muito fluidas para que se escreva com facilidade – muitíssimo mais do que a tinta para pintura; a maioria dos pigmentos não seria suficientemente legível em níveis tão elevados de diluição.

Por volta de 2600 a.C., no antigo Egito, Ptahhotep, um vizir da Quinta Dinastia, começou a pensar em se aposentar. O motivo era a sua idade avançada, e sua ladainha de reclamações soa familiar a qualquer pessoa que convive com parentes idosos: "O sono é desconfortável todos os dias./ Os olhos ficaram pequenos, os ouvidos surdos,/ A boca silenciosa, incapaz de falar." Algumas linhas depois ele começa a dar conselhos comoventes ao filho: "Não se orgulhe de seu conhecimento,/ Mas debata tanto com os ignorantes quanto com os sábios./ Os limites da arte não podem ser alcançados;/ Não há artista cujo talento seja satisfeito."[1] (Devem ter sido bons conselhos: seu filho mais tarde se tornou vizir também.) Sabemos sobre Ptahhotep, suas dores e seu filho, porque ele transferiu seus pensamentos a um papiro com nanquim preto, que permanece perfeitamente legível até hoje.[2] A tinta foi feita com negro de fumo, um pigmento muito fino, facilmente produzido pela queima de uma vela ou lamparina, a que se adicionava água e goma arábica, que ajudava as partículas de negro de fumo a se dispersarem na água, em vez de se aglutinarem.[3]

Os chineses, que atribuíram a invenção do nanquim a Tien-Tchen, que viveu entre 2697 e 2597 a.C., também usavam negro de fumo como nanquim (às vezes também conhecida, confusamente, como tinta indiana).[4] O pigmento era produzido em enormes quantidades: fileira após fileira de lamparinas especiais em forma de funil eram verificadas a cada meia hora por trabalhadores, que raspavam a fuligem das laterais das lamparinas usando penas. Para nanquins para ocasiões especiais, eram usadas fuligens de troncos de pinheiro, marfim, resina de laca ou depósitos de levedura morta que sobravam no final da fermentação do vinho. O produto final, no entanto, era essencialmente o mesmo.[5] Com exceção da matéria-prima inicial, a receita da maioria das tintas para escrita permaneceu igual até o século XIX. Mesmo a invenção da imprensa teve pouco impacto sobre ela. Quando a Bíblia de 42 linhas começou a sair das prensas de Gutenberg, por volta de 1455, o cheiro de tinta no ar teria sido quase o mesmo dos incontáveis *scriptoria* monásticos. O principal ajuste na receita foi o uso de óleo de linhaça como base, o que deixou a tinta mais espessa para aderir com mais facilidade ao papel.[6]

Outros tipos de tinta escura envolviam a extração de taninos amargos de material vegetal. Um tipo particularmente famoso e duradouro, a tinta de fel de ferro, era o produto da relação cáustica entre uma vespa e um carvalho. A *Cynips quercusfolii* põe seus ovos nos botões ou folhas jovens do carvalho, junto com uma substância química que faz o carvalho produzir bolotas duras, semelhantes a nozes, em torno das larvas. Essas bolotas – muitas vezes chamadas de maçã de carvalho – são ricas em ácido tânico amargo. Quando combinado com sulfato de ferro, água e goma arábica, o ácido produz um nanquim preto azulado aveludado e muito duradouro.[7] Uma variante dessa receita, registrada por Teófilo no século XII, usa o ácido tânico em seiva do espinheiro esmagado.[8]

Para muitas culturas, no entanto, os aspectos práticos do nanquim – legibilidade, permanência e consistência – têm andado de mãos dadas com considerações um tanto mais difusas, emocionais e até reverentes. Os antigos chineses usavam nanquins perfumados com cravo, mel e almíscar.[9] Os aromas, é verdade, ajudavam a disfarçar o odor dos aglutinantes usados – pele de iaque e intestinos de peixe eram comuns –, mas essas tintas às vezes também continham pó de chifre de rinoceronte, pérolas ou jaspe. Nos mosteiros cristãos medievais, o ato de copiar e iluminar bibliotecas de manuscritos, de colocar sabedoria e oração no papel, era visto como um processo espiritual em si.

O nanquim também tinha uma relação devocional com o Islamismo: a palavra árabe para tinta, *midād*, está intimamente relacionada à palavra para substância ou matéria divina. Uma receita do início do século XVII, que aparece em um tratado sobre pintores e calígrafos, continha 14 ingredientes; alguns, como a fuligem e as nozes-de-galha, são bastante óbvios, mas outros – açafrão, almíscar tibetano e óleo de cânhamo – nem tanto. O autor, Qadi Ahmad, não tinha dúvida do poder numinoso da tinta para escrita. "A tinta do estudioso", escreveu ele, "é mais sagrada que o sangue do mártir".[10]

Carvão

Émile Cartailhac era um homem que admitia quando estava errado. Ainda bem, porque, em 1902, o pré-historiador francês se viu escrevendo um artigo para o periódico *L'Anthropologie*, no qual fez exatamente isso. Em "Mea culpa d'un sceptique", ele reconsiderou as opiniões que tinha sustentado com ênfase e hostilidade nos 20 anos anteriores: de que o homem pré-histórico era incapaz de produzir expressão artística refinada e que as pinturas rupestres encontradas em Altamira, no norte da Espanha, eram falsificações.[1]

As pinturas paleolíticas de Altamira, produzidas por volta de 14.000 a.C., foram os primeiros exemplos de arte rupestre pré-histórica a serem oficialmente descobertos. Aconteceu por acaso, em 1879, quando um proprietário de terras local e arqueólogo amador estava varrendo o chão das cavernas em busca de ferramentas pré-históricas. Sua filha de nove anos, Maria Sanz de Sautuola – uma menina sisuda, de cabelo curto e botinhas de amarrar – estava explorando mais adiante na caverna quando, de repente, ergueu os olhos e exclamou: "Olha, papai, bisão!". Ela estava certa: um verdadeiro rebanho, sutilmente colorido com carvão vegetal preto e ocre, ocupava todo o teto.[2] Quando o pai publicou a descoberta, em 1880, foi ridicularizado. Os especialistas zombavam da ideia de que o homem pré-histórico – selvagem, na verdade – pudesse ter produzido pinturas policromadas sofisticadas. O estimado Monsieur Cartailhac e a maioria dos seus colegas especialistas, sem se preocuparem em ir ver a caverna com os próprios olhos, consideraram tudo uma fraude. O pai de Maria morreu, debilitado e desonrado, em 1888, quatro anos antes de Cartailhac admitir o seu erro.[3]

Após a descoberta de muitas outras cavernas e centenas de marcas de mãos, mulheres, cavalos, leões, hienas e bisões, não se questionavam mais as habilidades artísticas do homem pré-histórico. Acredita-se que essas cavernas foram pintadas por xamãs, na tentativa de fazerem feitiços para atrair um suprimento constante de alimentos para suas tribos. Muitas foram pintadas com o pigmento mais disponível nas cavernas da época: os restos de gravetos carbonizados das fogueiras.[4] Em sua forma mais simples, o carvão vegetal é o subproduto rico em carbono da matéria orgânica – geralmente madeira – e do fogo. É mais puro e menos acinzentado quando há restrição de oxigênio durante seu aquecimento.

Como fonte de energia, o carvão vegetal foi o combustível da Revolução Industrial. Tão grande foram as quantidades usadas para fundir ferro que florestas inteiras foram dizimadas, e a fumaça encheu o ar no entorno das cidades. O carvão é, portanto, indiretamente responsável por um dos exemplos clássicos da seleção natural. A *Biston betularia f. typica*, ou mariposa salpicada, normalmente é manchada de branco e preto. Durante o século XIX, uma variedade até então desconhecida, com corpo todo preto e asas cor de chocolate amargo, começou a aparecer com mais frequência nas cidades do norte, enquanto o número do tipo salpicado de branco diminuía drasticamente. Em 1895, um estudo em Manchester descobriu que 95% das mariposas salpicadas eram escuras.[5] Contra a casca das árvores cobertas de fuligem, as mariposas escuras eram mais difíceis de serem vistas pelos predadores – escondendo-se, como o bisão de Altamira, à vista de todos.

Azeviche

Em seu sentido figurado, azeviche se refere a uma cor muito preta, e expressões como "olhos de azeviche" e "cabelos de azeviche" têm um tom agradavelmente poético. Hoje, no entanto, poucas pessoas sabem, concretamente, o que é azeviche.

Na verdade, o azeviche preto é tudo menos imaterial. Também conhecido como lignito, é uma espécie de carvão mineral formado ao longo de milênios a partir da madeira sob alta pressão; quando fino o bastante, é tão duro que pode ser esculpido e polido até obter um brilho quase vítreo.[1] O azeviche de maior prestígio vem de Whitby, uma pequena cidade na costa nordeste da Inglaterra.

Os romanos foram os primeiros a explorar o azeviche de Whitby. Até ao século XIX, era tão abundante que podia-se coletar grandes torrões na beira das praias. De lá era, provavelmente, levado para Eboracum (York, na atual Inglaterra), capital da província romana, para ser esculpido e depois exportado para o resto do império. Uma estatueta encontrada no início do século XX em Westmoreland Inglaterra, data de cerca de 330 d.C., momento em que o domínio romano sobre a Grã-Bretanha começava a diminuir. A estatueta mostra uma mulher apoiada no que aparenta ser um barril. Ela veste um manto preso no ombro esquerdo e parece estar enxugando lágrimas com a mão esquerda. Se ela for, como se supõe, a representação de uma deusa romana para ser dada como oferenda durante o luto, então pode ser o primeiro exemplo do envolvimento do azeviche no que se tornou uma quase obsessão vitoriana.[2]

Os antigos gregos e romanos podem ter iniciado a tradição de usar roupas especiais e discretas quando um amigo, parente ou governante morria, mas, para os vitorianos, havia regras e convenções que ditavam cada cor de cada peça de roupa que as pessoas podiam usar a partir do exato momento do falecimento de um ente querido, até que todos os detalhes do luto se esgotassem, o que poderia acontecer até dois anos depois. Como as peças brilhantes de joalharia com azeviche podiam ser usadas durante todo o período de luto – por mais elaborado que fosse o *design* –, elas se tornaram imensamente populares. Tal como aconteceu com o *mauve* (página 169), a Rainha Vitória foi, pelo menos em parte, responsável pela tendência. Uma semana após a morte súbita do príncipe Albert por febre tifoide, em 14 de dezembro de 1861, os joalheiros da coroa receberam encomendas para produzir joias pretas comemorativas, que a desolada rainha seguiu insistindo que familiares usassem mesmo anos depois. Ela própria permaneceu de luto pelo resto da vida.[3] (Uma fotografia do príncipe falecido era incorporada a todos os retratos reais até 1903.)

Na década de 1870, no auge do culto ao luto, a indústria de azeviche de Whitby empregava mais de 1.400 homens e meninos, que ganhavam entre 3 e 4 libras por semana. Seus produtos eram comprados por pessoas visivelmente enlutadas no mundo todo. No catálogo de 1879–1880, a loja de departamentos Altman's, em Nova York, anunciava orgulhosamente seu estoque de "brincos de azeviche de Whitby".[4]

Na década de 1880, grande parte do melhor azeviche de Whitby já havia sido consumido – desde a década de 1840, os artesãos tinham que extraí-lo –, e os escultores de azeviche começaram a recorrer ao tipo mais macio e frágil, com tendência a quebrar. Alternativas mais resistentes e baratas – como o vidro preto lapidado, conhecido pelo nome fantasioso de "azeviche francês" – foram usadas em seu lugar. Em 1884, a indústria de azeviche de Whitby só conseguia manter 300 empregos, com o insignificante salário semanal de 25 xelins. Ao mesmo tempo, a representação pública do luto era cada vez mais vista como de mau gosto, em vez de refinada. Bertram Puckle, em seu livro de 1926 sobre a história dos costumes funerários, escreveu sobre "os horríveis nacos de azeviche produzidos de forma grosseira, que ainda são considerados por algumas classes da sociedade como de uso necessário quando 'de luto'".[5] Em 1936, apenas cinco pessoas que trabalhavam com azeviche permaneciam no mercado. Por fim, a Primeira Guerra Mundial praticamente extinguiu o gosto ocidental pelo luto indumentário.[6]

Melanina

No folclore, é raro alguém ou algo cruzar com um animal
preto e levar a melhor, mas, em uma fábula de Esopo, uma raposa
consegue tal feito. Ao ver um corvo com um naco de queijo no bico,
em cima de uma árvore, a raposa elogia profusamente a plumagem
preta brilhante do pássaro. Lisonjeado, o corvo alisa as penas e,
quando a raposa pede para ouvi-lo cantar, ele abre o bico e deixa
cair o queijo, que a raposa pega.

Talvez não devamos ser tão duros ao julgar o corvo vaidoso:
sua coloração é bastante especial. Ao contrário das plantas, o reino
animal possui um pigmento, a melanina, que proporciona um preto
verdadeiro. Existem dois tipos, a eumelanina e a feomelanina;
distribuídas em concentrações variadas, elas respondem por um
vasto espectro de tons de pele, pelo e penas, do ruão ao fulvo e, nas
concentrações mais elevadas, à zibelina.

Nos humanos, níveis variados de eumelanina e feomelanina
determinam a cor da pele. Nossos primeiros antepassados
na África evoluíram para ter pele escura, com elevadas
concentrações de melanina, para que ficassem mais protegidos
dos nocivos comprimentos de onda ultravioleta dos raios solares.[1]
Os descendentes dos grupos que deixaram a África, há cerca de
120.000 anos, desenvolveram gradualmente uma pele mais clara,
à medida que se deslocavam para o norte, pois era uma vantagem
genética em regiões com menos luz.[2]

O animal preto por excelência, porém, é o corvo. Além de
ser visualmente impressionante, ele também é conhecido por
sua inteligência, por isso sempre teve algum destaque cultural:
por exemplo, o deus grego Apolo, o deus celta Lugus e o deus
nórdico Odin eram acompanhados por corvos. Os corvos de Odin,
aliás, eram particularmente estimados. Chamados de Huginn
(pensamento) e Muninn (memória), eles viajavam pelo mundo
em nome de Odin, coletando informações e tornando-o quase
onisciente.[3] Os primeiros guerreiros germânicos usavam o símbolo
do corvo em suas roupas e, aparentemente, bebiam o sangue do

pássaro antes das batalhas. Esse costume era tão arraigado que, em 751 d.C., Bonifácio, o arcebispo de Mainz, escreveu ao Papa Zacarias listando os animais consumidos pelos alemães pagãos – incluindo cegonhas, cavalos selvagens e lebres – e perguntando quais deles deveria tentar proibir primeiro. A resposta do papa, quando veio, foi clara: corvos estavam no topo da lista. Zacarias provavelmente tinha em mente o Levítico, na passagem que diz que os corvos são as aves "que tereis por imundas, e não se comerão, pois que são imundas".[4]

Animais pretos metafóricos também atormentaram a humanidade. Em carta datada de 28 de junho de 1783, Samuel Johnson descreveu sua depressão como um cachorro preto:

Quando levanto, meu café da manhã é solitário, e o cachorro preto espera para compartilhá-lo; do café da manhã ao jantar, ele continua latindo... A noite finalmente chega e algumas horas de inquietação e confusão me conduzem novamente a um dia de solidão. O que removerá o cachorro preto de uma habitação como esta?[5]

Um século depois, a horripilante descrição do início de um surto psicótico feita por John Ruskin começava assim: "Um grande gato preto saltou de trás do espelho."[6] Outro homem conhecido por ser perseguido pelo espectro da depressão foi Winston Churchill. Em julho de 1911, ele escreveu à esposa sobre um médico alemão que curou a depressão de um amigo. "Acho que isso pode ser útil para mim – se meu cachorro preto retornar", escreveu Churchill. "Ele parece estar bastante longe de mim agora – é um grande alívio. Todas as cores voltaram à imagem. E a mais luminosa de todas é o seu rosto querido."[7]

Breu

"**No princípio**", começa a Bíblia, "a terra estava vazia e vaga, as trevas cobriam o abismo (...) Deus disse: 'Haja luz', e houve luz." Crente ou não, o poder dessa imagem – Deus trazendo luz às trevas profundas – é inegável.

O breu é o mais temido das escuridões. Para os humanos, o medo dele, talvez um resquício dos tempos anteriores a podermos fazer fogo com segurança, é universal e antigo. No escuro, tornamo-nos intensamente conscientes de nossas limitações como espécie: nossos sentidos de olfato e audição não são sensíveis o suficiente para serem úteis na navegação pelo mundo, nossos corpos são delicados e não conseguimos correr mais rápido que os predadores. Sem visão, ficamos vulneráveis. Nosso terror é tão visceral que costumamos ver a noite como breu, mesmo quando ela não é. Graças à Lua, às estrelas e, mais recentemente, ao fogo e à eletricidade, são raras as noites tão escuras que não podemos ver nada, e sabemos que, mais cedo ou mais tarde, o Sol voltará a brilhar. "Breu" é uma alcunha apropriada: assim como o resíduo resinoso do alcatrão da madeira pode grudar em uma mão descuidada, a escuridão pode parecer se agarrar a nós e pesar. Talvez seja por isso que percebemos a noite, pelo menos figurativamente, como mais do que apenas uma ausência de luz. É inexorável: uma ajuda diária da morte.

Traços de nossa aversão à noite e à escuridão podem ser encontrados em todas as culturas e épocas. Nyx, a antiga deusa grega da noite, é filha de Caos; entre os filhos dela estão o sono, mas também, sinistramente, a angústia, a discórdia e a morte.[1] Nott, uma deusa da noite das tradições germânicas e escandinavas, veste preto e anda em uma carruagem puxada por um cavalo preto, arrastando a escuridão pelo céu como um cortina.[2] Usando do medo, o breu também reivindicou simbolicamente a morte, que é, na visão mais desoladora, uma noite sem fim. Tanto Yama, o deus hindu da morte, quanto Anúbis, seu equivalente egípcio antigo, têm pele preta. Kali, a temível deusa guerreira hindu da criação e da destruição, cujo nome significa "aquela que é preta" em sânscrito, costuma ser retratada com pele escura, usando um colar de caveiras, brandindo espadas e segurando uma cabeça decepada.[3]

Muitas culturas usaram preto no luto pelos mortos. Na narrativa de Plutarco sobre a lenda do Minotauro, os jovens tributos que eram sacrificados todos os anos à criatura eram enviados em um navio com velas pretas, "pois se dirigiam para a morte certa".[4] O medo da escuridão profunda também deixou sua marca na linguagem: a palavra latina para o preto fosco mais escuro é *ater* (há outra palavra, *niger*, reservada à variante brilhante e inofensiva do preto), que deu origem às palavras latinas para feio, triste e sujo, além de ser a raiz etimológica para a palavra *atroz*.[5]

A expressão mais eloquente do medo que a humanidade sente do breu é também uma das mais antigas. Vem do *Livro dos Mortos*, o texto funerário egípcio usado por, aproximadamente, 1.500 anos, até cerca de 50 a.C. Encontrando-se no submundo, Osíris, o escriba Ani, descreve-o assim:

> *Que tipo [de terra] é esta em que vim parar? Não há água, não há ar; é profunda, incomensurável, é preta como a noite mais escura, e os homens vagam indefesos por ela.*[6]

Vantablack

Muitas coisas aconteceram no mundo desde que este livro foi escrito. Parece que as cores têm estado mais vivas do que nunca na mente das pessoas. O destaque que Vantablack tem recebido é um exemplo disso. Em meados de 2014, a Surrey NanoSystems era uma empresa de tecnologia pequena e despretensiosa, comprimida no meio de um aglomerado de edificações pré-fabricadas meio sujas ao lado da ferrovia de Newhaven, Inglaterra, uma cidade igualmente despretensiosa ao lado de Brighton. Em outras palavras, um cenário improvável para uma empresa pronta para criar o preto mais preto do mundo, uma cor – ou não cor – que provocaria um frenesi imediato no mundo da arte.

No início de julho, um pouco antes de seu lançamento, os negócios andavam como sempre. No laboratório da NanoSystems, cientistas e técnicos – a maioria jovem e recém-saída da universidade – iam para lá e para cá em jalecos e óculos de proteção, ocupados operando máquinas. O orgulho do novo superpreto era imenso – afinal, era uma melhoria e tanto em relação às tentativas anteriores de criar um revestimento ou substância capaz de absorver o máximo possível da luz visível do espectro. Um produto anterior da NASA refletia 1,5% da luz visível; Vantablack refletia bem menos, apenas 0,035%. Era feito de nanotubos de carbono – cada um cerca de 10 mil vezes mais fino que um fio de cabelo humano –, que ficavam de pé como o pelo de um gato assustado. ("Vanta" vem de *"vertically aligned nanotube array"*, ou "matriz de nanotubos alinhados verticalmente".) "Imagine um campo gramado", disse Ben Jensen, um de seus criadores, "só que cada folha de grama tem mil metros de altura." As ondas eletromagnéticas que atingem esses nanotubos ficam presas entre eles, quicando em círculos, de modo que quase nada é refletido de volta. Na prática, isso significa que é impossível identificar a forma de um objeto revestido por esse preto: as dimensões desaparecem. Palavras não conseguem descrevê-lo:

é como olhar uma parte do céu a partir do lado escuro da lua ou uma mancha a partir das profundezas do oceano. É tão preto que faz outras coisas supostamente pretas – telas de telefones celulares, casacos, armações de óculos – reluzirem em comparação.
    Embora o preto total e absoluto tenha sido o que chamou a atenção das pessoas, para Ben e seus colegas, o encanto dessa invenção está nos detalhes. Métodos anteriores de produção de nanotubos de carbono demandavam temperaturas de 700 ou 1.000 °C e, por isso, só era possível produzir os nanotubos a partir de diamante e silício, capazes de suportar tais temperaturas extremas. Vantablack, por outro lado, não precisava de tanto calor, o que abria um leque de possibilidades para novas aplicações. Hoje, Vantablack pode ser utilizado para o posicionamento de sistemas de satélites, além de possíveis aplicações computacionais e militares. Esse potencial foi demonstrado usando-se folhas de alumínio de 6,5 cm^2 como teste e criando-se campos circulares de minúsculos tubos de carbono, que sugaram a luz e pareciam, para o assombro de todo o mundo, um buraco negro de um desenho do Papa-léguas.
    Em 14 de julho, a empresa enviou um comunicado de imprensa que dizia assim: "Sistemas eletro-ópticos sensíveis de imagem e aquisição de alvos adquirirão novos níveis de alcance e sensibilidade." Não se sabe se o público-alvo de engenheiros aeroespaciais ficou impressionado com essa notícia, mas o resto do mundo certamente ficou de orelhas em pé.
    Desde então, telefones não param de tocar e mensagens não param de chegar às caixas de e-mail, multiplicando-se como bactérias mutantes em placas de Petri. As dúvidas vêm de empresas e pessoas sérias – empresas automotivas, fabricantes de satélites e de relógios suíços, cineastas –, mas também bizarras. A DC Comics dedicou uma tirinha ao material; a MTV, um segmento a ele; uma banda de música e uma marca de roupas adotaram para si o nome dele. Ben recebeu a ligação de uma pessoa que lhe disse, com toda a

honestidade, que ele só podia estar associado ao demônio: algo tão preto seria, certamente, uma aberração. Embora o material original tenha se mostrado limitado em alguns aspectos, visto que a estrutura dos nanotubos era extremamente vulnerável a danos e só podia cobrir uma pequena área de superfície, hoje o primeiro Vantablack faz parte de um grupo inteiro de superpretos que podem ser pintados sobre superfícies muito maiores e mais complexas. Além dos setores militar e aeroespacial, os pretos da NanoSystems estão sendo introduzidos em sistemas de sensores de veículos autônomos para ajudar a evitar fantasmas e reflexos nas câmeras. E, por ser tão preto que achata as dimensões, também tem aplicações estéticas óbvias. Uma tiragem limitada de 10 relógios, ao custo de US$ 95.000,00 cada, foi lançada na segunda metade de 2016 com números em Vantablack. Em 2018, o arquiteto Asif Khan usou uma variante da cor, conhecida como VBx2, para recobrir completamente uma superfície curva de um pavilhão das Olimpíadas de Inverno de Pyeongchang, na Coreia do Sul. Luzinhas brancas suspensas faziam a edificação parecer uma porta para o céu noturno.

Mas o maior furor mesmo ocorreu no mundo da arte. Quando saiu a notícia de que Anish Kapoor, o escultor britânico responsável pela escultura espelhada Cloud Gate, em Chicago, Estados Unidos, tinha fechado um acordo de exclusividade com a NanoSystems, muitos de seus contemporâneos ficaram escandalizados. Embora não fosse a primeira vez que um artista registrava uma cor – Yves Klein registrou o seu famoso azul – ou tivesse um contrato de exclusividade com fabricantes, havia algo de especial neste tom de preto. "Todos os grandes artistas têm uma queda pelo preto puro", teria dito o pintor de retratos Christian Furr na época. "Este preto é como dinamite no mundo da arte. Deveríamos poder usá-lo. Não é certo que ele pertença a um homem só."

Stuart Semple, outro artista britânico, criou, em um acesso de raiva ou de senso de oportunidade comercial, uma série de pigmentos rivais. Pequenos potes do rosa mais rosa do mundo, do glitter mais cintilante do mundo e do brilho mais brilhante do mundo podiam ser adquiridos em seu site por uma pequena quantia e a assinatura de um documento legal garantindo que a "tinta não irá parar nas mãos de Anish Kapoor". Kapoor, aparentemente se deixando levar pela loucura pueril da coisa toda, prontamente postou uma imagem no Instagram com o dedo do meio enfiado em um pote do rosa mais rosa. A legenda dizia, "Up yours #pink" (algo como "[enfia no] teu #rosa"). Um novo acréscimo à coleção de Semple é um rival do próprio Vantablack. BLACK 2.0 – "O material artístico mais preto e fosco do mundo" – não é tão deslumbrante quanto o original; no entanto é muito mais barato, menos tóxico e tem fragrância de cereja. A moral dessa história toda talvez seja que a cor preta tem a capacidade de levar os homens à loucura. Para Ben Jensen, que segue recebendo mensagens de ódio de artistas amargurados, a lição foi salutar: "É uma cor muito emocional, e as pessoas respondem a ela de modos extraordinários."

Apesar de todas as suas propriedades de absorção de luz, Vantablack não teve permissão para roubar todos os holofotes para si. Estima-se que a indústria de pigmentos gire em torno de US$ 30 bilhões, com muitos deles ainda oferecendo riscos à saúde. Cádmio e cobalto, por exemplo, são suspeitos de serem cancerígenos, enquanto a família de pigmentos de cromo também está na mira dos órgãos reguladores, preocupados com sua toxicidade. O fabricante de materiais artísticos com sede em Londres, Winsor & Newton, precisa ajustar ou mesmo recriar fórmulas do zero continuamente para cumprir com novos regulamentos e responder a oscilações de preços das matérias-primas. Um grande avanço nesse cenário pode ser o YInMn, um azul vivo, saturado e durável, criado acidentalmente por químicos da Oregon State University, nos Estados Unidos, em 2009. Ele foi o primeiro azul a ser descoberto em dois séculos e provocou a criação de ainda mais cores: um verde, um malva e um laranja. Após passar por uma bateria de testes e obstáculos burocráticos, YInMn finalmente passou a ser vendido em 2017, por US$ 1.000 o quilo. Mas Subramanian, um dos cientistas por trás do YInMn, tem agora missão de descobrir um vermelho tão vivo e lucrativo quanto aquele azul.

As cores sempre foram muito mais do que a soma de suas partes. O interesse comercial por tons, pigmentos e corantes é reflexo de um interesse cultural. Tão logo o Millennial Pink foi declarado ultrapassado, fomos apresentados ao Gen-Z Yellow. A WGSN, empresa de previsão de tendências, anteviu com confiança que, além de Cantaloupe e Purist Blue, Neo Mint arrebataria o coração das pessoas em 2020, impulsionado pela associação com ciência, tecnologia e natureza.

Muitos livros maravilhosos sobre cores foram publicados desde o lançamento de *A vida secreta das cores: The Anatomy of Colour*, de Patrick Baty; *Chromaphilia* e *An Atlas of Rare & Familiar Colour*, de Stella Paul – este último uma exploração da coleção de pigmentos históricos e contemporâneos dos Museus de Arte de Harvard. Um dos meus favoritos foi a reimpressão de 2018 de *Werner's Nomenclature of Colour*, uma taxonomia de cores do século XIX consultada regularmente por Charles Darwin quando a bordo do HMS Beagle, em 1834. O volume também misturava ciência com arte – afinal, destinava-se a ajudar na padronização da descrição de cores por naturalistas confusos. Patrick Syme, pintor de flores de Edimburgo, Escócia, e autor do *Werner's Nomenclature*, adotou para a padronização das cores o que hoje parece ser uma abordagem idiossincrática charmosa, relacionando tons com animais, vegetais e minerais, e incluindo descrições breves. O laranja ouro-pigmento, por exemplo, era como "a plumagem do pescoço do faisão dourado" e era feito de "partes iguais de amarelo *gamboge* e vermelho sangue arterial".

Seja lá o que pensemos da abordagem adotada por Syme, o paradoxo que ele enfrentou ainda segue igualmente vivo. "Um objeto", escreveu na introdução com evidente frustração, "pode ser descrito como sendo de uma cor por uma pessoa e talvez ser confundido com uma cor bem diferente por outra: como sabemos, os nomes das cores são frequentemente mal-empregados." Vida longa e próspera a tal confusão, contanto que siga nos presenteando com material tão rico para nossa curiosidade.

Glossário de outras cores interessantes

A

- **Abricó** Tom de caramelo; marrom alaranjado
- **Algodão-doce** Rosa claro; da cor do doce
- **Água-marinha** Verde azulado, a cor do mar; também a cor do berilo
- **Amarelo mostarda** Amarelo forte, como o condimento de mesmo nome
- **Amarelo-limão** A cor do limão siciliano
- **Âmbar bastardo** Tom dourado quente de tipos de gel de luz utilizados em iluminação de palco para sugerir a luz solar
- **Ameixa** Púrpura avermelhado; cor da fruta
- **Ametista** Violeta ou púrpura, da pedra preciosa
- **Ardósia** Cinza azulado médio; da rocha
- **Aspargo** Verde primavera suavizado
- **Azul Capri** Safira; inspirado na cor da água da Grotta Azzurra, na ilha de Capri, Itália
- **Azul de Delft** Tom que lembra tinta azul de escrita; da cerâmica feita na cidade holandesa de Delft, no século XVIII
- **Azul meia-noite** Azul escuro do céu noturno
- **Azul pavão** Azul esverdeado saturado
- **Azul Pompadour** Azul claro quente; homenagem à marquesa do século XVIII, amante do rei Luís XV
- **Azul-cadete** Azul-esverdeado acinzentado, dos uniformes militares
- **Azul-marinho** Azul escuro com um pouco de cinza
- *Azure* Azul celeste vivo, utilizado em heráldica

B

- **Baio** De tom marrom acinzentado; frequentemente usado para descrever gado e cavalos; vem de crudus, cru em latim
- **Baunilha** Amarelo claro; a cor do creme inglês
- **Berilo** Mineral translúcido; normalmente verde-claro, azul ou amarelo
- **Bistre** Pigmento amarronzado feito de madeira queimada
- *Blush* Bege rosado, como bochechas coradas
- **Bordô** Tom de cereja profundo, do vinho francês
- **Borgonha** Marrom purpúreo profundo, do vinho francês
- **Branco leitoso** Creme claro acinzentado
- **Branco neve** Branco com um toque amarelo acinzentado
- **Bronze** Cor do metal de mesmo nome; mais escuro e um pouco menos brilhante do que ouro

C

- **Café com leite** Marrom-claro, da cor do café misturado com leite
- **Camarão** Cor da casca do camarão cozido
- **Carmesim** Vermelho profundo inclinado para o púrpura; historicamente, feito do corante quermes
- **Carmim** Vermelho carmesim médio; pigmento feito com cochonilha
- **Carnação** Tom rosado associado à cor de carne (e utilizado na heráldica francesa como a cor da carne); hoje, rosa médio cremoso
- **Cassis** Púrpura profundo, da fruta
- **Castanho** De cor marrom avermelhado, como a semente da castanheira-da-índia
- **Centáurea** Azul vivo com um pouco de violeta; da flor
- **Cereja** Vermelho profundo com um pouco de rosa
- *Chartreuse* Verde pálido amarelado; do licor feito por monges da Ordem do Cartuxos, no monastério La Grande Chartreuse, na França
- **Chocolate** Marrom profundo
- **Ciano** Azul vivo com um pouco de verde
- **Cinabre** Mineral em tom vermelho vivo; uma das fontes de vermelhão
- **Cinza francês** Cinza esverdeado muito claro
- **Cinza fumaça** Cinza azulado suave
- **Cinza-pombo** Cinza médio suave de subtom frio
- **Citrino** Originalmente, da cor do limão (embora o tom da pedra semipreciosa seja mais quente); atualmente, tende a ser usado como a cor terciária entre o laranja e o verde
- **Cobre** Dourado-rosado avermelhado, como o metal de mesmo nome; quando usado para descrever cor de cabelo, denota um tom de laranja mais flamejante e intenso
- *Cocquelicot* Vermelho vivo com um toque de laranja; palavra francesa para a *Papaver rhoeas*, a papoula selvagem
- **Copo-de-leite** Creme muito claro levemente quente

Glossário de outras cores interessantes

- **Coral** Laranja-rosado suave, como os recifes de corais desbotados, encrustados de sal (tradicionalmente, a cor mais desejada de coral é o vermelho)
- **Cor de rato** Marrom acinzentado, semelhante ao pardo
- **Creme** Amarelo pálido; *off-white* profundo
- **Cru** *Off-white* pálido, da cor do tecido natural, não alvejado; vem de *crudus*, cru em latim

D

- **Damasco** Pêssego suave
- **Denim** Azul do jeans tingido com índigo

E

- *Eau de Nil* Verde pálido que se acredita lembrar a cor do rio Nilo
- **Ébano** Marrom muito escuro; da madeira de lei tropical, normalmente do gênero *Diospyrus*

F

- **Floresta** Usado por Walter Scott em referência ao verde de Lincoln; hoje, um verde médio levemente azulado
- **Framboesa** Vermelho rosado profundo; a cor da fruta de mesmo nome
- **Fulvo** Laranja opaco; como o abricó, comumente usado para descrever cores de animais, principalmente a plumagem de pássaros

G

- **Glauco** Verde azulado acinzentado pálido
- **Goles** Vermelho; da heráldica
- **Grafite** Cinza-azulado médio
- **Granadina** Originalmente, laranja apessegado; atualmente, vermelho como o licor de mesmo nome
- **Grená** Originalmente, castanho médio; atualmente, vermelho amarronzado escuro

I

- **Imbuia** Tom de marrom-escuro; da madeira de lei
- *Incarnadine* (encarnado) Vermelho rosado saturado forte

J

- **Jaspe verde** Verde suave; para a cor da calcedônia mais reverenciada

L

- **Lavanda** Púrpura azulado pálido; normalmente, um tom muito mais claro do que o das flores de mesmo nome
- **Luar** Pêssego muito claro
- **Lívido** Da palavra latina *lividus*, que significa cor "apática", pesada; também usado para descrever a cor de hematomas na pele

M

- **Magnólia** Bege rosado pálido
- **Malaquita** Verde vivo vítreo; a cor do mineral de mesmo nome
- **Malva** Lilás rosado; da flor
- **Mandarina** Laranja verdadeiro; da fruta
- **Mogno** Marrom-avermelhado, da madeira de lei
- **Morango** Vermelho com subtom amarelo; a cor da fruta de mesmo nome
- **Morocco** Vermelho-tijolo; originalmente, uma cor de couro de cabra pintado

O

- **Ocre** Marrom claro amarelado; do pigmento terroso rico em óxido de ferro
- **Ônix** Preto; do mineral calcedônia
- **Ovo de pata** Verde azulado com um pouco de cinza

P

- **Papoula** Vermelho brilhante límpido; da flor
- **Peridoto** Verde intenso; do mineral, um tipo de olivina
- **Pervinca** Lilás azulado, da flor
- **Pistache** Verde ceroso; cor da semente da castanha e do sorvete
- **Prímula** Amarelo-claro com um pouco de verde; da flor
- *Puke* Marrom escuro; nome de um tecido de lã
- **Pérola** Lilás acinzentado muito claro

Q

- *Quimper* Azul centáurea suave; cor do crepúsculo

R

- *Racing green* (verde de corrida) Verde escuro; associado às primeiras corridas de automóveis britânicas
- **Romã** Cor rosa avermelhada da fruta
- **Rosa** (*rose*) Rosa delicado ou carmesim claro
- **Rosa antigo** Rosa esmaecido com subtons azuis

- **Rosa-chá** Rosa com toque de bege
- **Rubi** Tom de vermelho profundo, que lembra vinho

S

- **Safira** Azul denso; a cor da pedra preciosa
- **Salmão** Laranja rosado quente
- **Sangue de boi** Vermelho ferrugem escuro
- ***Shell* (concha)** Rosa pálido
- **Siena** Marrom amarelado; do ocre extraído da cidade italiana de mesmo nome. Mais vermelho quando aquecido: siena queimado

T

- **Tangerina** Laranja amarelado; da casca da fruta
- ***Teal* (azul-petróleo)** Verde forte com um toque de azul; da cor da asa do pato-de-asa-azul (chamado de *blue-winged teal* em inglês)
- **Terracota** Vermelho amarronzado; da palavra italiana para "terra cozida"
- **Topázio** A pedra tem muitas cores, mas o termo geralmente designa um amarelo-castanho profundo
- **Trigo** Dourado pálido
- **Turquesa** Azul esverdeado, como o mar tropical

U

- **Urze** Antes do século XX, sinônimo de salpicado; atualmente, púrpura rosado
- **Uva** Tom de violeta; muito mais vivo do que a cor real das uvas

V

- **Vara-de-ouro** Amarelo forte; da flor

- **Verde** chamativo como o verde de Lincoln; tecido tingido com índigo e gauda
- **Verde de Hooker** Verde vivo; azul da Prússia misturado com *gamboge*; homenagem ao ilustrador britânico William Hooker (1779–1832)
- **Verde de Lincoln** Cor do tecido tradicionalmente fabricado na cidade inglesa de Lincoln, usado por Robin Hood e seus companheiros
- **Verde-ervilha** Verde primaveril fresco
- **Verde ftalo** Verde azulado cor de pinheiro, do pigmento sintético; também pode ser um azul profundo, às vezes conhecido como Monastral
- **Verde musgo** Verde amarelado; a cor do musgo
- **Verde oliva** Verde com muito cinza e marrom
- **Verde-limão** Verde muito vivo; originalmente, a cor da fruta; atualmente, um tom muito mais luminoso, quase neon
- **Vermelho Pompeia** Vermelho tijolo escuro; da cor das casas descobertas por arqueólogos em Pompeia, Itália
- **Vermelho-sangue** Vermelho intenso e saturado, normalmente com subtons azuis sutis
- **Vidro de cobalto** Azul vítreo; do pigmento artístico
- **Viridiano** Verde médio, da cor das folhas do alho-poró
- **Vitória-régia** Púrpura rosado médio

W

- ***Watchet*** Azul-acinzentado pálido

Z

- **Zibelina** Preto; da heráldica. Lembra o pelo do animal de mesmo nome, parecido com a doninha

Notas

Introdução

¹ Aliás, a divisão bastante arbitrária do arco-íris em sete segmentos de cor foi feita porque ele queria que o arco-íris refletisse suas teorias sobre música.

² Outros animais têm quantidades diferentes de células cônicas. Os cães, por exemplo, têm um cone a menos e veem a mesma gama de cores que alguém que chamaríamos de daltônico, mas muitos insetos, como as borboletas, têm mais. O camarão-louva-a-deus-palhaço (*Odontodactylus scyllarus*), um crustáceo pequeno e colorido, com olhos que parecem duas bolas de golfe sobre pinos, tem 16 tipos de células cônicas, o dobro de qualquer outra criatura viva que conhecemos. Teoricamente, isso permite que ele veja o mundo em cores que sequer conseguimos imaginar, muito menos nomear.

³ P. Ball, *Bright Earth: The Invention of Colour* (London: Vintage, 2008), p. 163.

⁴ J. Gage, *Colour and Culture: Practice and Meaning from Antiquity to Abstraction* (London: Thames & Hudson, 1995), p. 129.

⁵ K. Stamper, 'Seeing Cerise: Defining Colours in Webster's Third', in *Harmless Drudgery: Life from Inside the Dictionary*. Disponível em: https://korystamper.wordpress.com/2012/08/07/seeing-cerise-defining-colors/

⁶ Citado em D. Batchelor, *Chromophobia* (London: Reaktion Books, 2000), p. 16.

⁷ Le Corbusier and A. Ozenfant, 'Purism', in R. L. Herbert (ed.), *Modern Artists on Art* (New York: Dover Publications, 2000), p. 63.

⁸ Citado em G. Deutscher, *Through the Language Glass: Why the World Looks Different in Other Languages* (London: Arrow, 2010), p. 42.

Branco

¹ Ball, *Bright Earth*, pp. 169–71.

² *Ibid.*, p. 382.

³ Batchelor, *Chromophobia*, p. 10.

⁴ B. Klinkhammer, 'After Purism: Le Corbusier and Colour', in *Preservation Education & Research*, Vol. 4 (2011), p. 22.

⁵ Citado em Gage, *Colour and Culture*, pp. 246–7.

⁶ L. Kahney, *Jony Ive: The Genius Behind Apple's Greatest Products* (London: Penguin, 2013), p. 285.

⁷ C. Humphries, 'Have We Hit Peak Whiteness?', in *Nautilus* (jul. 2015).

⁸ Citado em V. Finlay, *The Brilliant History of Colour in Art* (Los Angeles, CA: Getty Publications, 2014), p. 21.

⁹ *Ibid.*, p. 84.

Branco de chumbo

¹ P. Ah-Rim, 'Colours in Mural Paintings in Goguryeo Kingdom Tombs', in M. Dusenbury (ed.), *Colour in Ancient and Medieval East Asia* (New Haven, CT: Yale University Press, 2015), pp. 62, 65.

² Ball, *Bright Earth*, pp. 34, 70.

³ *Ibid.*, p. 137.

⁴ Vernatti, P., 'A Relation of the Making of Ceruss', in *Philosophical Transactions*, No. 137. Royal Society (Jan./Feb. 1678), pp. 935–6.

⁵ C. Warren, *Brush with Death: A Social History of Lead Poisoning* (Baltimore, MD: Johns Hopkins University Press, 2001), p. 20.

⁶ T. Nakashima *et al.*, 'Severe Lead Contamination Among Children of Samurai Families in Edo Period Japan', in *Journal of Archaeological Science*, Vol. 32, Issue 1 (2011), pp. 23–8.

⁷ G. Lomazzo, *A Tracte Containing the Artes of Curious Paintinge, Caruinge & Buildinge*, trans. R. Haydock (Oxford, 1598), p. 130.

⁸ Warren, *Brush with Death*, p. 21.

Marfim

¹ D. Loeb McClain, 'Reopening History of Storied Norse Chessmen', in *New York Times* (8 set. 2010).

² K. Johnson, 'Medieval Foes with Whimsy', *in New York Times* (17 nov. 2011).

³ C. Russo, 'Can Elephants Survive a Legal Ivory Trade? Debate is Shifting Against It', *in National Geographic* (30 ago. 2014).

⁴ E. Larson, 'The History of the Ivory Trade', *in National Geographic* (25 fev. 2013). Disponível em: https://education.nationalgeographic.org/resource/history-ivory-trade/. Acesso em: 12 abr. 2017.

Prata

¹ F. M. McNeill, *The Silver Bough: Volume One, Scottish Folk-Lore and Folk-Belief*, 2nd edition (Edinburgh: Canongate Classics, 2001), p. 106.

² Konstantinos, *Werewolves: The Occult Truth* (Woodbury: Llewellyn Worldwide, 2010), p. 79.

³ S. Bucklow, *The Alchemy of Paint: Art, Science and Secrets from the Middle Ages* (London: Marion Boyars, 2012), p. 124.

⁴ A. Lucas and J. R. Harris, *Ancient Egyptian Materials and Industries* 4th edition (Mineola, NY: Dover Publications, 1999), p. 246.

⁵ *Ibid.*, p. 247.

Cal

¹ E. G. Pryor, 'The Great Plague of Hong Kong', *in Journal of the Royal Asiatic Society Hong Kong Branch*, Vol. 15 (1975), pp. 61–2.

² Wilm, 'A Report on the Epidemic of Bubonic Plague at Hongkong in the Year 1896', citado *ibid*.

³ Shropshire Regimental Museum, 'The Hong Kong Plague, 1894–95', Disponível em: https://www.soldiersofshropshire.co.uk/hk-plague/. Acesso em: 26 ago. 2015.

⁴ 'Minutes of Evidence taken Before the Metropolitan Sanitary Commissioners', *in Parliamentary Papers, House of Commons*, Vol. 32 (London: William Clowes & Sons, 1848).

⁵ M. Twain, *The Adventures of Tom Sawyer* (New York: Plain Label Books, 2008), p. 16.

Isabelina

¹ M. S. Sánchez, 'Sword and Wimple: Isabel Clara Eugenia and Power', *in* A. J. Cruz and M. Suzuki (eds.), *The Rule of Women in Early Modern Europe* (Champaign, IL: University of Illinois Press, 2009), pp. 64–5.

² Citado em D. Salisbury, *Elephant's Breath and London Smoke* (Neustadt: Five Rivers, 2009), p. 109.

³ *Ibid.*, p. 108.

⁴ H. Norris, *Tudor Costume and Fashion*, reprinted edition (Mineola, NY: Dover Publications, 1997), p. 611.

⁵ W. C. Oosthuizen and P. J. N. de Bruyn, 'Isabelline King Penguin Aptenodytes Patagonicus at Marion Island', *in Marine Ornithology*, Vol. 37, Issue 3 (2010), pp. 275–6.

Calcário

¹ R. J. Gettens, E. West Fitzhugh and R. L. Feller, 'Calcium Carbonate Whites', *in Studies in Conservation*, Vol. 19, No. 3 (Aug. 1974), pp. 157, 159–60.

² *Ibid.*, p. 160.

³ G. Field, *Chromatography: Or a Treatise on Colours and Pigments and of their Powers in Painting, &c.* (London: Forgotten Books, 2012), p. 71.

⁴ A. Houbraken, 'The Great Theatre of Dutch Painters', citado em R. Cumming, *Art Explained: The World's Greatest Paintings Explored and Explained* (London: Dorling Kindersley, 2007), p. 49.

⁵ Ball, *Bright Earth*, p. 163.

⁶ H. Glanville, 'Varnish, Grounds, Viewing Distance, and Lighting: Some Notes on Seventeenth-Century Italian Painting Technique', *in* C. Lightweaver (ed.), *Historical Painting Techniques, Materials, and Studio Practice* (New York: Getty Conservation Institute, 1995), p. 15; Ball, *Bright Earth*, p. 100.

⁷ C. Cennini, *The Craftsman's Handbook*, Vol. 2, trans. D.V. Thompson (Mineola, NY: Dover Publications, 1954), p. 71.

⁸ P. Schwyzer, 'The Scouring of the White Horse: Archaeology, Identity, and "Heritage"', *in Representations*, No. 65 (Winter 1999), p. 56.

⁹ *Ibid.*, p. 56.

Notas

[10] *Ibid.*, p. 42.

Bege

[1] Anônimo, 'London Society' (out. 1889), citado em Salisbury, *Elephant's Breath and London Smoke*, p. 19.

[2] L. Eiseman and K. Recker, *Pantone: The 20th Century in Colour* (San Francisco, CA: Chronicle Books, 2011), pp. 45–7, 188–9, 110–11, 144–5.

[3] K. Glazebrook and I. Baldry, 'The Cosmic Spectrum and the Colour of the Universe', Johns Hopkins Physics and Astronomy blog. Disponível em: www.pha.jhu.edu/~kgb/cosspec/. Acesso em: 10 out. 2015.

[4] S. V. Phillips, *The Seductive Power of Home Staging: A Seven-Step System for a Fast and Profitable Sale* (Indianapolis, IN: Dog Ear Publishing, 2009), p. 52.

Amarelo

[1] S. Doran, *The Culture of Yellow, Or: The Visual Politics of Late Modernity* (New York: Bloomsbury, 2013), p. 2.

[2] C. Burdett, 'Aestheticism and Decadence', British Library Online. Disponível em: www.bl.uk/romantics-and-victorians/articles/aestheticism-and-decadence. Acesso em: 23 nov. 2015.

[3] Citado em D. B. Sachsman and D. W. Bulla (eds.), *Sensationalism: Murder, Mayhem, Mudslinging, Scandals and Disasters in 19th-Century Reporting* (New Brunswick, NJ: Transaction Publishers, 2013), p. 5.

[4] Doran, *Culture of Yellow*, p. 52.

[5] R. D. Harley, *Artists' Pigments* c. 1600–1835 (London: Butterworth, 1970), p. 101.

[6] Doran, *Culture of Yellow*, pp. 10–11.

[7] Z. Feng and L. Bo, 'Imperial Yellow in the Sixth Century', *in* Dusenbury (ed.), *Colour in Ancient and Medieval East Asia*, p. 103; J. Chang, *Empress Dowager Cixi: The Concubine who Launched Modern China* (London: Vintage, 2013), p. 5.

[8] B. N. Goswamy, 'The Colour Yellow', *in Tribune India* (7 set. 2014).

[9] Ball, *Bright Earth*, p. 85.

[10] 'Why do Indians Love Gold?', *in The Economist* (20 nov. 2013). Disponível em: www.economist.com/blogs/economistexplains/2013/11/economist-explains-11. Acesso em: 24 nov. 2015.

Loiro

[1] V. Sherrow, *Encyclopedia of Hair: A Cultural History* (Westport, CN: Greenwood Press, 2006), p. 149.

[2] Sherrow, *Encyclopaedia of Hair*, p. 154.

[3] *Ibid.*, p. 148.

[4] 'Going Down', *in The Economist* (11 ago. 2014). Disponível em: www.economist.com/blogs/graphicdetail/2014/08/daily-chart-5. Acesso em: 25 out. 2015.

[5] A. Loos, *Gentlemen Prefer Blondes: The Illuminating Diary of a Professional Lady* (New York: Liveright, 1998), p. 37.

[6] 'The Case Against Tipping', *in The Economist* (26 out. 2015). Disponível em: www.economist.com/blogs/gulliver/2015/10/service-compris. Acesso em: 26 out. 2015.

[7] A. G. Walton, 'DNA Study Shatters the "Dumb Blonde" Stereotype', *in Forbes* (2 jun. 2014). Disponível em: https://www.forbes.com/sites/alicegwalton/2014/06/02/science-shatters-the-blondes-are-dumb-stereotype/?sh=4772c7a3d86f.

Amarelo de estanho e chumbo

[1] H. Kühn, 'Lead-Tin Yellow', *in Studies in Conservation*, Vol. 13, No. 1 (Feb. 1968), p. 20.

[2] G. W. R. Ward (ed.), *The Grove Encyclopedia of Materials and Techniques in Art* (Oxford University Press, 2008), p. 512; N. Eastaugh *et al.*, *Pigment Compendium: A Dictionary and Optical Microscopy of Historical Pigments* (Oxford: Butterworth-Heinemann, 2008), p. 238.

[3] Kühn, 'Lead-Tin Yellow', pp. 8–11.

[4] Eastaugh *et al.*, *Pigment Compendium*, p. 238.

[5] Ward (ed.), *Grove Encyclopedia of Materials and Techniques in Art*, p. 512.

[6] Kühn, 'Lead-Tin Yellow', p. 8.

⁷ Esse é o método de produção do amarelo de estanho e chumbo tipo I, que é o mais comum. Um segundo tipo, mais raro, inclui sílica e é aquecido a temperaturas mais altas, entre 900 e 950 °C.

⁸ Ball, *Bright Earth*, p. 137; Kühn, 'Lead-Tin Yellow', p. 11.

Amarelo indiano

¹ B. N. Goswamy, historiador da arte e escritor; correspondência pessoal.

² *Handbook of Young Artists and Amateurs in Oil Painting*, 1849, citado em Salisbury, *Elephant's Breath and London Smoke*, p. 106.

³ Ball, *Bright Earth*, p. 155.

⁴ Citado em Salisbury, *Elephant's Breath and London Smoke*, p. 106.

⁵ Harley, *Artists' Pigments*, p. 105.

⁶ Field, *Chromatography*, p. 83.

⁷ 'Indian Yellow', *in Bulletin of Miscellaneous Information* (Royal Botanic Gardens, Kew), Vol. 1890, No. 39 (1890), pp. 45–7.

⁸ T. N. Mukharji, 'Piuri or Indian Yellow', *in Journal of the Society for Arts*, Vol. 32, No. 1618 (Nov. 1883), p. 16.

⁹ *Ibid.*, pp. 16–17.

¹⁰ Finlay, *Colour*, pp. 230, 237.

¹¹ *Ibid.*, pp. 233–40.

¹² C. McKeich, 'Botanical Fortunes: T. N. Mukharji, International Exhibitions, and Trade Between India and Australia', *in Journal of the National Museum of Australia*, Vol. 3, No. 1 (mar. 2008), pp. 3–2.

Amarelo ácido

¹ Ver www.unicode.org/review/pri294/pri294-emoji-image-background.html

² J. Savage, 'A Design for Life', *in The Guardian* (21 fev. 2009). Disponível em: https://www.theguardian.com/artanddesign/2009/feb/21/smiley-face-design-history. Acesso em: 4 mar. 2016.

³ Citado em J. Doll, 'The Evolution of the Emoticon', *in The Wire* (19 set. 2012). Disponível em: www.thewire.com/entertainment/2012/09/evolution-emoticon/57029/. Acesso em: 6 mar. 2016.

Amarelo de Nápoles

¹ E. L. Richter and H. Härlin, 'A Nineteenth-Century Collection of Pigment and Painting Materials', *in Studies in Conservation*, Vol. 19, No. 2 (May 1974), p. 76.

² O texto está tão distorcido que é difícil traduzir do alemão, mas "*Neapel*" significa "Nápoles" e "*Gelb*", amarelo. Richter and Härlin, 'A Nineteenth-Century Collection of Pigment and Painting Materials', p. 77.

³ Nos séculos XIX e XX, no entanto, o termo "amarelo de Nápoles" foi aplicado, de modo equivocado, a outros amarelos, em especial aos óxidos de estanho e chumbo (página 69). A diferença entre eles só foi esclarecida após da década de 1940.

⁴ Eastaugh *et al.*, *Pigment Compendium*, p. 279.

⁵ Field, *Chromatography*, p. 78.

⁶ Ball, *Bright Earth*, p. 58; Lucas and Harris, *Ancient Egyptian Materials and Industries*, p. 190.

⁷ Citado em Gage, *Colour and Culture*, p. 224.

Amarelo de cromo

¹ Menos de cinco meses depois, após a mudança de Gauguin, os dois romperam relações. Certa noite, pouco antes do Natal de 1888, van Gogh entrou em um bordel próximo à Casa Amarela e entregou um pedaço de sua orelha, embrulhado em jornal, a uma prostituta. Ele foi internado em um manicômio e depois em outro; em 27 de julho de 1890, deu um tiro no próprio peito e morreu no dia seguinte.

² V. van Gogh, cartas a Émile Bernard [carta 665]; Theo van Gogh [carta 666]; e Willemien van Gogh [carta 667]. Disponível em: http://vangoghletters.org/vg/

³ Harley, *Artists' Pigments*, p. 92.

⁴ Ball, *Bright Earth*, p. 175; Harley, *Artists' Pigments*, p. 93.

⁵ N. L. Vauquelin citado em Ball, *Bright Earth*, p. 176.

6 I. Sample, 'Van Gogh Doomed his Sunflowers by Adding White Pigments to Yellow Paint', *in The Guardian* (14 fev. 2011); M. Gunther, 'Van Gogh's Sunflowers may be Wilting in the Sun', *in Chemistry World* (28 out. 2015). Disponível em: https://www.chemistryworld.com/news/van-goghs-sunflowers-may-be-wilting-in-the-sun/9106.article.

Gamboge

1 R. Christison, 'On the Sources and Composition of Gamboge', *in* W. J. Hooker (ed.), *Companion to the Botanical Magazine*, Vol. 2 (London: Samuel Curtis, 1836), p. 239.

2 Harley, *Artists' Pigments*, p. 103.

3 Field, *Chromatography*, p. 82.

4 Ball, *Bright Earth*, p. 156.

5 Finlay, *Colour*, p. 243.

6 Ball, *Bright Earth*, p. 157.

7 J. H. Townsend, 'The Materials of J. M. W. Turner: Pigments', *in Studies in Conservation*, Vol. 38, No. 4 (Nov. 1993), p. 232.

8 Field, *Chromatography*, p. 82.

9 Christison, 'On the Sources and Composition of Gamboge', *in* Hooker (ed.), *Companion to the Botanical Magazine*, p. 238.

10 O modo pelo qual o movimento de grandes partículas no fluido é afetado pelo empuxo de átomos e moléculas.

11 G. Hoeppe, *Why the Sky is Blue: Discovering the Colour of Life*, trans. J. Stewart (Princeton University Press, 2007), pp. 203–4.

Ouro-pigmento

1 Cennini, *Craftsman's Handbook*, Vol. 2, p. 28.

2 Eastaugh *et al.*, *Pigment Compendium*, p. 285.

3 E. H. Schafer, 'Orpiment and Realgar in Chinese Technology and Tradition', *in Journal of the American Oriental Society*, Vol. 75, No. 2 (Apr.–June 1955), p. 74.

4 Cennini, *Craftsman's Handbook*, Vol.2, pp. 28–9.

5 Schafer, 'Orpiment and Realgar in Chinese Technology and Tradition', pp. 75–6.

6 Citado em Finlay, *Colour*, p. 242.

7 Ball, *Bright Earth*, p. 300.

8 Cennini, *Craftsman's Handbook*, Vol. 2, p. 29.

Amarelo imperial

1 K. A. Carl, *With the Empress Dowager of China* (New York: Routledge, 1905), pp. 6–8.

2 Chang, *Empress Dowager Cixi*, p. 5.

3 Carl, *With the Empress Dowager of China*, pp. 8–11

4 Feng and Bo, 'Imperial Yellow in the Sixth Century', *in* Dusenbury (ed.) *Colour in Ancient and Medieval East Asia*, p. 104–5.

5 *Ibid.*, pp. 104–5.

Ouro

1 Uma mina de ouro foi encontrada em Carmarthenshire, País de Gales, e foi explorada pelos romanos a partir da metade do primeiro século d. C. Outra encontrava-se em Kremnica, no que hoje é a Eslováquia, e foi extensivamente explorada a partir do início do século XIV, provocando uma queda dos preços em toda a Europa.

2 Bucklow, *Alchemy of Paint*, p. 176.

3 *Ibid.*, p. 177.

4 Ver www.britannica.com/biography/Musa-I-of-Mali; Bucklow, *Alchemy of Paint*, p. 179.

5 Ball, *Bright Earth*, p. 35.

6 Cennini, *Craftsman's Handbook*, pp. 81, 84.

7 Fazer tinta dourada era um trabalho tão meticuloso e caro quanto bater folhas de ouro. O metal é tão maleável que não é possível triturá-lo – os pedaços simplesmente começam a se aglomerar. Por isso, ele era misturado com mercúrio para formar uma pasta que, retirado o excesso de mercúrio, tornava-se quebradiça o suficiente para ser moída com pilão e socador e virar pó. Por fim, o mercúrio era totalmente extraído com um leve aquecimento da mistura. Esse era um trabalho para alquimistas, que, por milênios, tentaram criar ouro e estavam bem equipados para lidar com o metal real.

⁸ Citado em Bucklow, *Alchemy of Paint*, p. 184.

Laranja

¹ J. Eckstut and A. Eckstut, *The Secret Language of Color* (New York: Black Dog & Leventhal, 2013), p. 72.

² Salisbury, *Elephant's Breath and London Smoke*, p. 148.

³ Citado em Ball, *Bright Earth*, p. 23.

⁴ J. Colliss Harvey, *Red: A Natural History of the Redhead* (London: Allen & Unwin, 2015), p. 2.

⁵ Eckstut and Eckstut, *Secret Language of Color*, p. 82.

⁶ Rijksmuseum, 'William of Orange (1533–1584), Father of the Nation'. Disponível em: https://www.rijksmuseum.nl/en/rijksstudio/historical-figures/william-of-orange-copy-apr-22-2016-01-27-46. Acesso em: 1 dez. 2015; Eckstut e Eckstut, *Secret Language of Color*, p. 75.

⁷ Preto, cinza-naval e cinza quente também foram considerados; cinza quente ficou como segunda opção. O código CMYK para o GGB International Orange é C: 0%; M: 69%; Y: 100%; K: 6%.

⁸ L. Eiseman and E. P. Cutter, *Pantone on Fashion: A Century of Colour in Design* (San Francisco, CA: Chronicle Books, 2014), p. 16.

⁹ *Ibid.*, p. 15.

¹⁰ Citado em Ball, *Bright Earth*, p. 23.

¹¹ Citado em Salisbury, *Elephant's Breath and London Smoke*, p. 149.

Laranja Holanda

¹ Eckstut and Eckstut, *Secret Language of Color*, p. 76.

² Rijksmuseum, 'William of Orange, Father of the Nation'.

³ S. R. Friedland (ed.), *Vegetables: Proceedings of the Oxford Symposium on Food and Cooking 2008* (Totnes: Prospect, 2009), pp. 64–5.

⁴ Eckstut and Eckstut, *Secret Language of Color*, p. 75.

⁵ E. G. Burrows and M. Wallace, *Gotham: A History of New York City to 1898* (Oxford University Press, 1999), pp. 82–3.

Açafrão

¹ Eckstut and Eckstut, *Secret Language of Color*, p. 82; D. C. Watts, *Dictionary of Plant Lore*, (Burlington, VT: Elsevier, 2007), p. 335.

² O açafrão é um ingrediente importante de muitos pratos espanhóis, em especial da paella, mas a produção local não é suficiente para satisfazer a demanda: hoje, a Espanha é um grande importador de açafrão iraniano.

³ Finlay, *Colour*, pp. 252–3.

⁴ *Ibid.*, pp. 253, 260.

⁵ Eckstut and Eckstut, *Secret Language of Color*, p. 79.

⁶ William Harrison, citado em Sir G. Prance and M. Nesbitt (eds.), *Cultural History of Plants* (London: Routledge, 2005), p. 309.

⁷ *Ibid.*, p. 308.

⁸ Watts, *Dictionary of Plant Lore*, p. 335.

⁹ Prance and Nesbitt (eds.), *Cultural History of Plants*, p. 308.

¹⁰ Eckstut and Eckstut, *Secret Language of Colour*, pp. 80, 82.

¹¹ Finlay, *Brilliant History of Colour in Art*, p. 110.

¹² Citado em Harley, *Artists' Pigments*, p. 96.

¹³ Bureau of Indian Standards, 'Flag Code of India'. Disponível em: www.mahapolice.gov.in/mahapolice/jsp/temp/html/flag_code_of_india.pdf. Acesso em: 28 nov. 2015.

Âmbar

¹ J. Blumberg, 'A Brief History of the Amber Room', Smithsonian.com (31 jul. 2007) Disponível em: www.smithsonianmag.com/history/a-brief-history-of-the-amber-room-160940121/. Acesso em: 17 nov. 2015.

² *Ibid.*

³ M. R. Collings, *Gemlore: An Introduction to Precious and Semi-Precious Stones*, 2nd edition (Rockville, MD: Borgo Press, 2009), p. 19.

[4] M. Gannon, '100-Million-Year-Old Spider Attack Found in Amber', *in LiveScience* (8 out. 2012). Disponível em: www.livescience.com/23796-spider-attack-found-in-amber.html. Acesso em: 21 nov. 2015; C. Q. Choi, '230-Million-Year-Old Mite Found in Amber', *LiveScience* (27 ago. 2012). Disponível em: www.livescience.com/22725-ancient-mite-trapped-amber.html. Acesso em: 21 nov. 2015.

[5] T. Follett, 'Amber in Goldworking', *in Archaeology*, Vol. 32, No. 2 (Mar./Apr. 1985), p. 64.

[6] G. V. Stanivukovic (ed.), *Ovid and the Renaissance Body* (University of Toronto Press, 2001), p. 87.

Gengibre

[1] Colliss Harvey, *Red*, pp. 1–2, 15.

[2] Citado em Norris, *Tudor Costume and Fashion*, p. 162.

[3] C. Zimmer, 'Bones Give Peek into the Lives of Neanderthals', *in New York Times* (20 dez. 2010). Disponível em: www.nytimes.com/2010/12/21/science/21neanderthal.html.

[4] *Ibid*.

Mínio

[1] T. F. Mathews and A. Taylor, *The Armenian Gospels of Gladzor: The Life of Christ Illuminated* (Los Angeles, CA: Getty Publications, 2001), pp. 14–13.

[2] *Ibid.*, p. 19. Sabe-se que pelo menos três artistas ajudaram a completar a obra, porque cada um utilizava um método diferente para pintar rostos. Um começava com amarelo-prímula, antes de adicionar detalhes com pequenas pinceladas de verde e branco. Outro preferia uma base verde-oliva, sobre a qual adicionava branco e rosa-claro. Um terceiro começava com uma base verde e usava marrom, branco e vermelho para adicionar as feições.

[3] D. V. Thompson, *The Materials and Techniques of Medieval Painting*. Reimpresso da primeira edição (New York: Dover Publications, 1956), p. 102.

[4] M. Clarke, 'Anglo Saxon Manuscript Pigments', *in Studies in Conservation*, Vol. 49, No. 4 (2004), p. 239.

[5] Citado em F. Delamare and B. Guineau, *Colour: Making and Using Dyes and Pigments* (London: Thames & Hudson, 2000), p. 140.

[6] Thompson, *Materials and Techniques of Medieval Painting*, p. 101.

[7] C. Warren, *Brush with Death*, p. 20; Schafer, 'The Early History of Lead Pigments and Cosmetics in China', *in T'oung Pao*, Vol. 44, No. 4 (1956), p. 426.

[8] Field, *Chromatography*, p. 95.

Nude

[1] H. Alexander, 'Michelle Obama: The "Nude" Debate', *in The Telegraph* (19 mai. 2010).

[2] D. Stewart, 'Why a "Nude" Dress Should Really be "Champagne" or "Peach"', *in Jezebel* (17 mai. 2010).

[3] Eiseman and Cutler, *Pantone on Fashion*, p. 20.

[4] Ver http://humanae.tumblr.com/

[5] A Crayola, marca famosa pelo giz de cera, estava muito à frente do seu tempo nesta questão: seu giz "Flesh" (cor de pele) foi rebatizado como "Peach" (pêssego) em 1962, mesmo ano em que o presidente Kennedy protegeu James Meredith, o primeiro estudante afro-americano admitido na segregada Universidade do Mississippi.

Rosa

[1] 'Finery for Infants', *in New York Times* (23 jul. 1893).

[2] Citado em J. Maglaty, 'When Did Girls Start Wearing Pink?', Smithsonian.com (7 abr. 2011). Disponível em: www.smithsonianmag.com/arts-culture/when-did-girls-start-wearing-pink-1370097/. Acesso em: 28 out. 2015.

[3] Ball, *Bright Earth*, p. 157.

[4] No filme *Cinderela em Paris*, de 1957, uma personagem inspirada em Vreeland tem uma cena musical de cinco minutos chamada "Think Pink!" (pense rosa). Vreeland, depois de assistir a uma sessão, teria se voltado a um colega júnior e murmurado: "Sem comentários".

[5] M. Ryzik, 'The Guerrilla Girls, After 3 Decades, Still Rattling Art World Cages', *in New York Times* (5 ago 2015).

[6] Citado em 'The Pink Tax', *in New York Times* (14 nov. 2014).

Rosa Baker-Miller

[1] A. G. Schauss, 'Tranquilising Effect of Colour Reduces Aggressive Behaviour and Potential Violence', *in Orthomolecular Psychiatry*, Vol. 8, No. 4 (1979), p. 218.

[2] J. E. Gilliam and D. Unruh, 'The Effects of Baker-Miller Pink on Biological, Physical and Cognitive Behaviour', *in Journal of Orthomolecular Medicine*, Vol. 3, No. 4 (1988), P. 202.

[3] Schauss, 'Tranquilising Effect of Colour', p.219.

[4] Citado em *Ibid.*, colchetes dele.

[5] A. L. Alter, *Drunk Tank Pink, and other Unexpected Forces that Shape how we Think, Feel and Behave* (London: Oneworld, 2013), p. 3.

[6] Ver, por exemplo, Gilliam and Unruh, 'Effects of Baker-Miller Pink'; para mais exemplos, ver T. Cassidy, *Environmental Psychology: Behaviour and Experience in Context* (Hove: Routledge Psychology Press, 1997), p. 84.

[7] Cassidy, *Environmental Psychology*, p. 84.

Rosa Mountbatten

[1] Lord Zuckerman, 'Earl Mountbatten of Burma, 25 June 1900–27 August 1979', *Biographical Memoirs of Fellows of the Royal Society*, Vol. 27 (Nov. 1981), p. 358.

[2] A. Raven, 'The Development of Naval Camouflage 1914–1945', Part III. Disponível em: www.shipcamouflage.com/3_2.htm. Acesso em: 26 out. 2015.

Puce

[1] H. Jackson, 'Colour Determination in the Fashion Trades', *in* Journal *of the Royal Society of the Arts*, Vol. 78, No. 4034 (Mar. 1930), p. 501.

[2] C. Weber, *Queen of Fashion: What Marie Antoinette Wore to the Revolution* (New York: Picador, 2006), p. 117.

[3] *Domestic Anecdotes of a French Nation*, 1800, citado em Salisbury, *Elephant's Breath and London Smoke*, p. 169.

[4] Citado em Weber, *Queen of Fashion*, p. 117.

[5] Citado em Earl of Bessborough (ed.), *Georgiana: Extracts from the Correspondence of Georgiana, Duchess of Devonshire* (London: John Murray, 1955), p. 27.

[6] Weber, *Queen of Fashion*, p. 256.

Fúcsia

[1] Outras incluem amaranto, malva, magnólia, centáurea, vara-de-ouro, heliotropo, lavanda e violeta, para citar algumas. Na maioria das línguas, a palavra para a cor rosa deriva da flor, rosa (uma exceção é o inglês, cuja palavra para a cor é "*pink*" e para a flor é "rose").

[2] I. Paterson, *A Dictionary of Colour: A Lexicon of the Language of Colour* (London: Thorogood, 2004), p. 170.

[3] G. Niles, 'Origin of Plant Names', *in The Plant World*, Vol. 5, No. 8 (Aug. 1902), p. 143.

[4] Citado em M. Allaby, *Plants: Food Medicine and Green Earth* (New York: Facts on File, 2010), p. 39.

[5] *Ibid.*, pp. 38–41.

Rosa-choque

[1] M. Soames (ed.), *Winston and Clementine: The Personal Letters of the Churchills* (Boston, MA: Houghton Mifflin, 1998), p. 276.

[2] M. Owens, 'Jewellery that Gleams with Wicked Memories', *in New York Times* (13 abr. 1997).

[3] Eiseman and Cutler, *Pantone on Fashion*, p. 31.

[4] E. Schiaparelli, *Shocking Life* (London: V&A Museum, 2007), p. 114.

[5] Dois anos depois, o Tête de Bélier foi roubado da casa de Fellowes perto de Paris junto com outros pertences, que totalizaram o equivalente a 36 mil libras. Desde então não foi mais visto.

[6] S. Menkes, 'Celebrating Elsa Schiaparelli', *in New York Times* (18 nov. 2013). Embora Schiaparelli seja associada principalmente a este rosa, suas coleções estavam repletas de muitas cores. Depois de "Shocking", todos os seus perfumes receberam uma cor correspondente: "Zut" foi associado com verde, "Sleeping" com azul e "Le Roy Soleil" com dourado.

[7] Eiseman and Cutler, *Pantone on Fashion*, p. 31.

Rosa fluorescente

[1] H. Greenbaum and D. Rubinstein, 'The Hand-Held Highlighter', *in New York Times Magazine* (20 jan. 2012).

[2] *Press release* de Schwan Stabilo, 2015; Greenbaum and Rubinstein, 'Hand-Held Highlighter'.

Amaranto

[1] V. S. Vernon Jones (trans.), *Aesop's Fables* (Mineola, NY: Dover Publications, 2009), p. 188.

[2] G. Nagy, *The Ancient Greek Hero in 24 Hours* (Cambridge, MA Belknap, 2013), p. 408.

[3] J. E. Brody, 'Ancient, Forgotten Plant now "Grain of the Future"', *in New York Times* (16 out. 1984).

[4] Brachfeld and Choate, *Eat Your Food!*, p. 199.

[5] Brody, 'Ancient, Forgotten Plant Now "Grain of the Future"'.

[6] *Ibid.*

[7] Kiple and Ornelas (eds.), *Cambridge World History of Food*, p. 75.

[8] Citado em Salisbury, *Elephant's Breath and London Smoke*, p. 7.

Vermelho

[1] N. Guéguen and C. Jacob, 'Clothing Colour and Tipping: Gentlemen Patrons Give More Tips to Waitresses with Red Clothes', *in Journal of Hospitality & Tourism Research*, citado por Sage Publications/Science Daily. Disponível em: www.sciencedaily.com/releases/2012/08/120802111454.htm. Acesso em: 20 set. 2015.

[2] A. J. Elliot and M. A. Maier, 'Colour and Psychological Functioning', *in Journal of Experimental Psychology*, Vol. 136, No. 1 (2007), pp. 251–2.

[3] R. Hill, 'Red Advantage in Sport'. Disponível em: https://community.dur.ac.uk/r.a.hill/red_advantage.htm. Acesso em: 20 set. 2015.

[4] *Ibid.*

[5] M. Pastoureau, *Blue: The History of a Colour*, trad. M. I. Cruse (Princeton University Press, 2000), p. 15.

[6] E. Phipps, 'Cochineal Red: The Art History of a Colour', *in Metropolitan Museum of Art Bulletin*, Vol. 67, No. 3 (Winter 2010), p. 5.

[7] M. Dusenbury, 'Introduction', *in Colour in Ancient and Medieval East Asia*, pp. 12–13.

[8] Phipps, 'Cochineal Red', p. 22.

[9] *Ibid.*, pp. 14, 23–4.

[10] Pastoureau, *Blue*, p. 94.

[11] P. Gootenberg, *Andean Cocaine: The Making of a Global Drug* (Chapel Hill, NC: University of North Carolina Press, 2008), p. 198.

Escarlate

[1] Dizia-se comumente que o tecido tingido com quermes tinha "escarlate na fibra", com a ideia de que a cor estava firmemente fixada na fibra do tecido.

[2] A. B. Greenfield, *A Perfect Red: Empire, Espionage and the Quest for the Colour of Desire* (London: Black Swan, 2006), p. 42.

[3] Gage, *Colour and Meaning*, p. 111.

[4] Greenfield, *Perfect Red*, p. 108.

[5] Phipps, 'Cochineal Red', p. 26.

[6] G. Summer and R. D'Amato, *Arms and Armour of the Imperial Roman Soldier* (Barnsley: Frontline Books, 2009), p. 218.

[7] Greenfield, *Perfect Red*, p. 183.

[8] *Ibid.*, p. 181.

[9] E. Bemiss, *Dyers Companion*, p 186.

[10] Field, *Chromatography*, p. 89.

[11] Citado em Salisbury, *Elephant's Breath and London Smoke*, p. 191.

Cochonilha

[1] Finlay, *Colour*, p. 153.

² Phipps, 'Cochineal Red', p. 10.

³ R. L. Lee 'Cochineal Production and Trade in New Spain to 1600', *in The Americas*, Vol. 4, No. 4 (Apr. 1948), p. 451.

⁴ Phipps, 'Cochineal Red', p. 12.

⁵ Citado *ibid*., pp. 24–6.

⁶ *Ibid*., p. 27.

⁷ Finlay, *Colour*, p. 169.

⁸ Phipps, 'Cochineal Red', pp. 27–40.

⁹ *Ibid*., p. 37.

¹⁰ Finlay, *Colour*, pp. 165–76.

Vermelhão

¹ Bucklow, Alchemy of Paint, p. 87; R. J. Gettens *et al*., 'Vermilion and Cinnabar', *in Studies in Conservation*, Vol. 17, No. 2 (May 1972), pp. 45–7.

² Thompson, *Materials and Techniques of Medieval Painting*, p. 106. A conversão das moedas romanas é famosa por ser difícil; as estimativas para 1 sestércio em taxas comparáveis variam de US$ 0,50 a US$ 50,00. Considerando-se uma taxa de conversão relativamente conservadora de US$ 10,00 por sestércio, 500 g de cinábrio custariam US$ 70,00 na época de Plínio.

³ Ball, *Bright Earth*, p. 86.

⁴ Bucklow, *Alchemy of Paint*, p. 77.

⁵ Thompson, *Materials and Techniques of Medieval Painting*, p. 106

⁶ *Ibid*., pp. 60–61, 108.

⁷ Gettens *et al*., 'Vermilion and Cinnabar', p. 49.

⁸ Thompson, *Materials and Techniques of Medieval Painting*, p. 30.

⁹ Um dos que resistiram foi Renoir, famoso por ser conservador quando se tratava de materiais de pintura. Por volta de 1904, Matisse começou a tentar persuadi-lo a trocar o vermelhão pelo vermelho de cádmio, mas Renoir recusou-se a experimentar até mesmo a amostra grátis que Matisse lhe deu.

¹⁰ Citado em Ball, *Bright Earth*, p. 23.

Rosso corsa

¹ Citado em L. Barzini, *Pekin to Paris: An Account of Prince Borghese's Journey Across Two Continents in a Motor-Car*, trans. L. P. de Castelvecchio (London: E. Grant Richards, 1907), p. 11.

² *Ibid*., p. 26.

³ *Ibid*., p. 40.

⁴ *Ibid*., pp. 58, 396, 569.

⁵ O carro de Borghese segue exposto no Museo dell'Auto em Turim, Itália, mas quem espera encontrar uma elegante máquina vermelha lá ficará desapontado: hoje o carro tem uma cor cinza desbotada, pois caiu acidentalmente em uma doca em Gênova, depois de ser exibido em um salão do automóvel americano. Para evitar que enferrujasse, foi repintado às pressas, e só havia algumas latas de tinta cinza para navio de guerra disponíveis no momento.

Hematita

¹ Phipps, 'Cochineal Red', p. 5.

² E. Photos-Jones *et al*., 'Kean Miltos: The Well-Known Iron Oxides of Antiquity', *in Annual of the British School of Athens*, Vol. 92 (1997), p. 360.

³ E. E. Wreschner, 'Red Ochre and Human Evolution: A Case for Discussion', *in Current Anthropology*, Vol. 21, No. 5 (Oct. 1980), p. 631.

⁴ *Ibid*.

⁵ Phipps, 'Cochineal Red', p. 5; G. Lai, 'Colours and Colour Symbolism in Early Chinese Ritual Art', *in* Dusenbury (ed.), *Colour in Ancient and Medieval East Asia*, p. 27.

⁶ Dusenbury, 'Introduction', *in Colour in Ancient and Medieval East Asia*, p. 12.

⁷ Photos-Jones *et al*., 'Kean Miltos', p. 359.

Garança

¹ W. H. Perkin, 'The History of Alizarin and Allied Colouring Matters, and their Production from Coal Tar, from a Lecture Delivered May 8th', *in Journal for the Society for Arts*, Vol. 27, No. 1384 (May 1879), p. 573.

Notas

[2] G. C. H. Derksen and T. A. Van Beek, 'Rubia Tinctorum L.', *in Studies in Natural Products Chemistry*, Vol. 26 (2002), p. 632.

[3] J. Wouters *et al.*, The Identification of Haematite as a Red Colourant on an Egyptian Textile from the Second Millennium BC', *in Studies in Conservation*, Vol. 35, No. 2 (May 1990), p. 89.

[4] Delamare e Guineau, *Colour*, pp. 24, 44.

[5] Field, *Chromatography*, pp. 97–8.

[6] Finlay, *Colour*, p. 207.

[7] Perkin, 'History of Alizarin and Allied Colouring Matters', p. 573.

[8] Finlay, *Colour*, pp. 208–9.

Sangue de dragão

[1] Bucklow, *Alchemy of Paint*, p. 155; W. Winstanley, *The Flying Serpent, or: Strange News out of Essex* (London, 1669). Disponível em: www.henham.org/FlyingSerpent. Acesso em: 19 set. 2015.

[2] Ball, *Bright Earth*, p. 76.

[3] Bucklow, *Alchemy of Paint*, pp. 142, 161.

[4] Ball, *Bright Earth*, p. 77.

[5] Field, *Chromatography*, p. 97.

Púrpura

[1] Ball, *Bright Earth*, p. 223.

[2] Gage, *Colour and Culture*, pp. 16, 25.

[3] Citado em Gage, *Colour and Culture*, p. 25.

[4] Citado em Eckstut and Eckstut, *Secret Language of Colour*, p. 224.

[5] J. M. Stanlaw, 'Japanese Colour Terms, from 400 CE to the Present', *in* R. E. MacLaury, G. Paramei and D. Dedrick (eds.), *Anthropology of Colour* (New York: John Benjamins, 2007), p. 311.

[6] Finlay, Colour, p. 422.

[7] S. Garfield, *Mauve: How One Man Invented a Colour that Changed the World* (London: Faber & Faber, 2000), p. 52.

Púrpura tíria

[1] Finlay, *Colour*, p. 402.

[2] Ball, *Bright Earth*, p. 225.

[3] Eckstut and Eckstut, *Secret Language of Colour*, p. 223.

[4] Gage, *Colour and Culture*, p. 16.

[5] Ball, *Bright Earth*, p. 255.

[6] Finlay, *Colour*, p. 403.

[7] Gage, *Colour and Culture*, p. 25.

[8] *Ibid.*

[9] Finlay, *Colour*, p. 404.

[10] Ball, *Bright Earth*, p. 226.

Orceína

[1] E. Bolton, *Lichens for Vegetable Dyeing* (McMinnville, OR: Robin & Russ, 1991), p. 12.

[2] *Ibid.*, p. 9; J. Pereina, *The Elements of Materia, Medica and Therapeutics*, Vol. 2 (Philadelphia, PA: Blanchard & Lea, 1854), p. 74.

[3] Pereina, *Elements of Materia, Medica and Therapeutics*, p. 72.

[4] J. Edmonds, *Medieval Textile Dyeing*, (Lulu.com, 2012), p. 39.

[5] *Ibid.*

[6] E, às vezes, de outros menos distantes: em 1758, começou a produção de um corante semelhante à orceína, feito a partir de um líquen um pouco diferente, descoberto na Escócia por Dr. Cuthbert Gordon. Ele o chamou de "*cudbear*", uma corruptela de seu nome. Em português, o nome desse corante é "urzela".

[7] Citado em Edmonds, *Medieval Textile Dyeing*, pp. 40–41.

[8] Bolton, *Lichens for Vegetable Dyeing*, p. 28.

Magenta

1 Ball, *Bright Earth*, p. 241.

2 Garfield, *Mauve*, pp. 79, 81.

3 *Ibid.*, p. 78.

Mauve

1 Garfield, *Mauve*, pp. 30–31.

2 *Ibid.*, p. 32.

3 Ball, *Bright Earth*, p. 238.

4 Finlay, *Colour*, p. 391.

5 Garfield, *Mauve*, p. 58.

6 Citado *ibid.*, p. 61.

7 Ball, *Bright Earth*, pp. 240–41.

Heliotropo

1 N. Groom, *The Perfume Handbook* (Edmunds: Springer-Science, 1992), p. 103.

2 C. Willet-Cunnington, *English Women's Clothing in the Nineteenth Century* (London: Dover, 1937), p. 314.

3 *Ibid.*, p. 377.

4 Sobre uma inimiga de infância, ela diz: "Ela acabou de me lembrar que fomos colegas de escola. Eu agora me lembro perfeitamente. Ela sempre ganhava o prêmio de bom comportamento." Mais adiante, ela fala para a própria ex-colega: "Você não gosta de mim. Eu tenho perfeita consciência disso. E eu sempre detestei você." E sobre a questão incômoda do ensino superior para mulheres: "É o ensino superior para homens que eu gostaria de ver! Eles precisam tanto disso..."*

Violeta

1 Citado em O. Reutersvärd, 'The "Violettomania" of the Impressionists', *in Journal of Aesthetics and Art Criticism*, Vol. 9, No. 2 (Dec. 1950), p. 107.

2 Citado *ibid.*, pp. 107–8.

3 Citado em Ball, *Bright Earth*, p. 207.

*N. de T. WILDE, Oscar. *Um marido ideal e outras peças*. Trad. Dilermando Duarte Cox, Flavia Maria Samuda e Regina Lyra. Rio de Janeiro: Nova Fronteira, 2019.

Azul

1 R. Blau, 'The Light Therapeutic', *in Intelligent Life* (maio/junho 2014).

2 Enquete 2015 National Sleep Foundation, ver: https://sleepfoundation.org/media-center/press-release/2015-sleep-america-poll; Blau, 'Light Therapeutic'.

3 Pastoureau, *Blue*, p. 27.

4 Branco chega a 32%; vermelho, 28%; preto, 14%; ouro, 10%; púrpura, 6%; verde, 5%. M. Pastoureau, *Green: The History of a Colour*, trans. J. Gladding (Princeton University Press, 2014), p. 39.

5 M. Pastoureau, *Blue*, p. 50.

6 A heráldica tem um conjunto próprio de nomes de cor, ou "esmaltes". Os básicos são ouro, topázio ou jalde (ouro/amarelo); *argante*, arjante ou argento (prata/branco); goles, *gules*, sangue, sanguinho ou rubi (vermelho); *azure*, *blau*, *celester* ou safira (azul); púrpura, jacinto ou ametista (púrpura/roxo); negro ou *sable* (preto); e sinopla, *sinople*, *vert* ou esmeralda (verde).

7 Pastoureau, *Blue*, p. 60. Embora seja um pouco mais popular entre os homens, as mulheres escolheram mais o azul do que qualquer outra cor; o rosa (página 114), aliás, foi tão popular entre as mulheres quanto o vermelho, o púrpura ou o verde.

8 2015 YouGov Survey [https://yougov.co.uk/news/2015/05/12/blue-worlds-favourite-colour/].

Azul ultramarino

1 K. Clarke, 'Reporters see Wrecked Buddhas', BBC News (26 mar. 2001) Disponível em: http://news.bbc.co.uk/1/hi/world/south_asia/1242856.stm. Acesso em: 10 jan. 2016.

2 Cennini, *Craftsman's Handbook*, Vol. 2, p. 36

3 Citado em Ball, *Bright Earth*, p. 267

4 Cennini, *Craftsman's Handbook*, p. 38.

5 M. C. Gaetani *et al.*, 'The Use of Egyptian Blue and Lapis Lazuli in the Middle Ages: The Wall Paintings of the San Saba Church in Rome', *in Studies in Conservation*, Vol. 49, No. 1 (2004), p. 14.

6 Gage, *Colour and Culture*, p. 271.

[7] *Ibid.*, p. 131.

[8] Isso se aplicava principalmente no sul da Europa. No norte da Europa, em especial nos Países Baixos, onde o ultramarino era mais escasso e o corante escarlate continuava a ser uma marca de riqueza e distinção, Maria normalmente vestia vermelho.

[9] Gage, *Colour and Culture*, pp. 129–30.

[10] Um concurso parecido, mas com um prêmio muito menor, foi realizado pelo Royal College of Arts em 1817, sem candidatos vencedores.

[11] Ball, *Bright Earth*, pp. 276–7.

Azul-cobalto

[1] E. Morris, 'Bamboozling Ourselves (Part 1)', in *New York Times* (maio–junho 2009). Disponível em: https://archive.nytimes.com/opinionator.blogs.nytimes.com/2009/05/27/bamboozling-ourselves-part-1/. Acesso em: 1 jan. 2016.

[2] T. Rousseau, 'The Stylistic Detection of Forgeries', in *Metropolitan Museum of Art Bulletin*, Vol. 27, No. 6, pp. 277, 252.

[3] Finlay, *Brilliant History of Colour in Art*, p. 57.

[4] Ball, *Bright Earth*, p. 178.

[5] Harley, *Artists' Pigments*, pp. 53–4.

[6] Field, *Chromatography*, pp. 110–11.

[7] E. Morris, 'Bamboozling Ourselves (Part 3)'.

Índigo

[1] Há diferentes suposições sobre por que as plantas produzem índigo. Alguns sugerem que o índigo é um inseticida natural; outros especulam que seu sabor amargo ajuda a proteger a planta contra herbívoros.

[2] Aparentemente, as vagens não eram do agrado do herbalista moderno John Parkinson, que as descreveu, em 1640, como "penduradas para baixo, como vermes intestinais (...), mas um tanto grossas e cheias de sementes pretas". Citado em J. Balfour-Paul, *Indigo: Egyptian Mummies to Blue Jeans* (London: British Museum Press, 2000), p. 92.

[3] Algumas culturas tradicionalmente culpavam as mulheres por problemas no cultivo de índigo. No antigo Egito, acreditava-se que qualquer pessoa que menstruasse perto do campo poderia danificá-lo. Em uma província chinesa, as mulheres com flores nos cabelos tinham de ficar longe dos potes de índigo em fermentação. Em Flores, uma ilha na Indonésia, se uma mulher praguejasse durante a colheita, isso ofenderia a alma da planta e estragaria completamente o corante.

[4] Balfour-Paul, *Indigo*, pp. 99, 64.

[5] Esses blocos eram tão duros que muitos autores clássicos, e até mesmo alguns do início da era moderna, pensavam que eram de origem mineral, possivelmente uma pedra semipreciosa relacionada ao lápis-lazúli. Delamare and Guineau, *Colour*, p. 95.

[6] Balfour-Paul, *Indigo*, p. 5.

[7] Pastoureau, *Blue*, p. 125.

[8] Balfour-Paul, *Indigo*, pp. 7, 13.

[9] Eckstut and Eckstut, *Secret Language of Color*, p. 187.

[10] Balfour-Paul, *Indigo*, p. 23.

[11] *Ibid.*, pp. 28, 46.

[12] *Ibid.*, pp. 44–45, 63.

[13] Delamare and Guineau, *Colour*, p. 92.

[14] Balfour-Paul, *Indigo*, p. 5.

[15] Acredita-se que "*jean*" venha de *bleu de Gênes*, ou azul de Gênova, um corante índigo barato, popular em uniformes de marinheiros.

[16] Just Style, 'Just-Style Global Market Review of Denim and Jeanswear – Forecasts to 2018' (Nov. 2012). Disponível em: www.just-style.com/store/samples/Global%20Market%20for%20Denim%20and%20Jeanswear%2Single_brochure.pdf. Acesso em: 3 jan. 2016, p. 1.

Azul da Prússia

[1] Ball, *Bright Earth*, p. 273; Delamare and Guineau, *Colour*, p. 76.

[2] Ball, *Bright Earth*, pp. 272–3.

[3] Field, *Chromatography*, p. 112.

[4] Woodward recebeu informações do alemão Caspar Neumann, um devedor da Royal Society que, aparentemente, queria agradar a sociedade. Neumann enviou o método a Woodward em uma carta escrita em latim e enviada de Leipzig, com data de 17 de novembro de 1723. A revelação arruinou Dippel, que fugiu para a Escandinávia, onde se tornou médico do rei sueco Frederico I antes de ser expulso do país e passar um tempo preso na Dinamarca. A. Kraft, 'On Two Letters from Caspar Neumann to John Woodward Revealing the Secret Method for Preparation of Prussian Blue', *in Bulletin of the History of Chemistry*, Vol. 34, No. 2 (2009), p. 135.

[5] Citado em Ball, *Bright Earth*, p. 275.

[6] Finlay, *Colour*, pp. 346-7.

[7] Eckstut and Eckstut, *Secret Language of Color*, p. 187.

[8] Citado em Ball, *Bright Earth*, p. 274.

Azul egípcio

[1] Lucas and Harris, *Ancient Egyptian Materials and Industries*, p. 170.

[2] Delamare and Guineau, *Colour*, p. 20; Lucas and Harris, *Ancient Egyptian materials and Industries*, p. 188; V. Daniels *et al.*, 'The Blackening of Paint Containing Egyptian Blue,' *in Studies in Conservation*, Vol. 49, No. 4 (2004), p. 219.

[3] Delamare and Guineau, *Colour*, p. 20.

[4] Daniels *et al.*, 'Blackening of Paint ContainingEgyptian Blue', p. 217.

[5] M. C. Gaetani *et al.*, 'Use of Egyptian Blue and Lapis Lazuli in the Middle Ages', p. 13.

[6] *Ibid.*, p. 19.

[7] No entanto, hoje há indícios de que o azul ultramarino e o azul egípcio foram usados simultaneamente por mais tempo do que se pensava: os dois pigmentos foram encontrados misturados nos murais de uma igreja do século VIII, em Roma.

Ísatis

[1] J. Edmonds, *The History of Woad and the Medieval Woad Vat*. (Lulu.com, 2006), p. 40.

[2] *Ibid.*, p. 13; Delamare and Guineau, *Colour*, p. 44.

[3] Delamare and Guineau, *Colour*, p. 44.

[4] Citado em Balfour-Paul, *Indigo*, p. 30.

[5] Pastoureau, *Blue*, p. 63.

[6] *Ibid.*, p. 64.

[7] Citado em Balfour-Paul, *Indigo*, p. 34.

[8] Pastoureau, *Blue*, p. 125.

[9] Citado em Edmonds, *History of Woad*, pp. 38-9.

[10] Pastoureau, *Blue*, p. 130; Balfour-Paul, *Indigo*, p. 56-7.

Azul elétrico

[1] Entrevista da *New Scientist* com Alexander Yuvchenko, 'Cheating Chernobyl' (21 ago. 2004).

[2] M. Lallanilla, 'Chernobyl: Facts About the Nuclear Disaster', *in LiveScience* (25 set. 2013). Disponível em: www.livescience.com/39961-chernobyl.html. Acesso em: 30 dez. 2015.

[3] Poucas horas depois, Yuvchenko se viu no hospital local, paralisado pelo envenenamento por radiação, assistindo a seus colegas de usina morrerem um a um. Ele foi um dos poucos sobreviventes da usina.

[4] Entrevista da *New Scientist* com Alexander Yuvchenko, 'Cheating Chernobyl'.

[5] Citado em Salisbury, *Elephant's Breath and London Smoke*, p. 75.

Cerúleo

[1] S. Heller, 'Oliver Lincoln Lundquist, Designer, is Dead at 92', *in New York Times* (3 jan. 2009).

[2] Comunicado de imprensa da Pantone, 1999: www.pantone. com/pages/pantone/pantone. aspx?pg=20194&ca=10.

[3] Ball, *Bright Earth*, p. 179. O nome do pigmento vem da palavra *caeruleus*, usada por escritores romanos para descrever o mar Mediterrâneo.

[4] *Ibid*.

[5] Brassaï, *Conversations with Picasso*, trans. J. M. Todd (University of Chicago Press, 1999), p. 117.

Verde

[1] Finlay, *Colour*, pp. 285–6.

[2] Pastoureau, *Green*, pp. 20–24.

[3] Eckstut and Eckstut, *Secret Language of Colour*, pp. 146–7.

[4] Pastoureau, *Green*, p. 65.

[5] Ball, *Bright Earth*, pp. 73–4.

[6] *Ibid.*, pp. 14–15.

[7] Citado em Pastoureau, *Green*, p. 42.

[8] Citado *ibid.*, p. 116.

[9] Citado em Ball, *Bright Earth*, p. 158.

[10] Pastoureau, *Green*, p. 159.

[11] Citado em *ibid.*, p. 200.

Verdete

[1] P. Conrad, 'Girl in a Green Gown: The History and Mystery of the Arnolfini Portrait by Carola Hicks', *in The Guardian* (16 out. 2011). O retrato também teve uma história agitada. Foi propriedade de Filipe II da Espanha, o monarca dos Habsburg no século XVI. Seu descendente, Carlos III, pendurou-o no banheiro da família real. Foi cobiçado por Napoleão e, mais tarde, por Hitler, e passou grande parte da Segunda Guerra Mundial junto com muitos outros tesouros da National Gallery, de Londres, em um *bunker* ultrassecreto, escondido na pedreira de ardósia Blaenau Ffestiniog, em Snowdonia, no País de Gales. (O que foi bom: mais tarde, a National Gallery foi atingida pela Luftwaffe durante um ataque aéreo.)

[2] C. Hicks, *Girl in a Green Gown: The History and Mystery of the Arnolfini Portrait* (London: Vintage, 2012), pp. 30–32.

[3] Pastoureau, *Green*, pp. 112, 117.

[4] O mineral verde brilhante malaquita também é formado por carbonato de cobre.

[5] Eckstut and Eckstut, *Secret Language of Colour*, p. 152.

[6] Ball, *Bright Earth*, p. 113.

[7] Delamare and Guineau, *Colour*, p. 140.

[8] Cennini, *Craftsman's Handbook*, p. 33.

[9] Ball, *Bright Earth*, p. 299.

[10] Citado em Pastoureau, *Green*, p. 190.

[11] Essa mistura costuma ser chamada de resinato de cobre, um termo genérico para uma ampla variedade de misturas feitas com verdete e resinas.

Absinto

[1] K. MacLeod, introdução de M. Corelli, *Wormwood: A Drama of Paris* (New York: Broadview, 2004), p. 44.

[2] P. E. Prestwich, 'Temperance in France: The Curious Case of Absinth [sic]', *in Historical Reflections*, Vol. 6, No. 2 (Winter 1979), p. 302.

[3] *Ibid.*, pp. 301–2.

[4] 'Absinthe', *in The Times* (4 maio 1868).

[5] 'Absinthe and Alcohol', *in Pall Mall Gazette* (1 mar. 1869).

[6] Prestwich, 'Temperance in France', p. 305.

[7] F. Swigonsky, 'Why was Absinthe Banned for 100 Years?', Mic.com (22 jun. 2013). Disponível em: https://www.mic.com/p/what-is-absinthe-why-was-it-banned-for-100-years-a-mystery-as-murky-as-the-alcohol-itself-16222911. Acesso em: 8 jan. 2016.

Esmeralda

[1] Avareza – verde; inveja – amarelo; luxúria – vermelho; ira – preto; preguiça – azul ou branco. Pastoureau, *Green*, p. 121.

[2] *Ibid.*, pp. 56, 30.

[3] B. Bornell, 'The Long, Strange Saga of the 180,000-carat Emerald: The Bahia Emerald's twist-filled History', *in Bloomberg Businessweek* (6 mar. 2015).

Verde Kelly

[1] Há muita controvérsia sobre a etimologia de Kelly, um sobrenome irlandês comum e que dá nome à cor. Alguns acreditam que significava, originalmente, guerreiro; outros, pessoa religiosa.

² Para o texto completo, ver www.confessio.ie.

³ A. O'Day, *Reactions to Irish Nationalism 1865–1914* (London: Hambledon Press, 1987), p. 5.

⁴ Pastoureau, Green, pp. 174–5.

⁵ O'Day, *Reactions to Irish Nationalism*, p. 3.

Verde de Scheele

¹ Ball, *Bright Earth*, p. 173.

² Ibid.

³ P. W. J. Bartrip, 'How Green was my Valence? Environmental Arsenic Poisoning and the Victorian Domestic Ideal', *in The English Historical Review*, Vol. 109, No. 433 (Sept. 1994), p. 895.

⁴ 'The Use of Arsenic as a Colour', *The Times* (4 set. 1863).

⁵ Bartrip, 'How Green was my Valence?', pp. 896, 902.

⁶ G. O. Rees, carta ao *The Times* (16 jun. 1877).

⁷ Harley, *Artists' Pigments*, pp. 75–6.

⁸ Citado em Pastoureau, *Green*, p. 184.

⁹ Bartrip, 'How Green was my Valence?', p. 900.

¹⁰ W. J. Broad, 'Hair Analysis Deflates Napoleon Poisoning Theories', *in New York Times* (10 jun. 2008).

Terra verde

¹ Eastaugh *et al.*, *Pigment Compendium*, p. 180.

² Field, *Chromatography*, p. 129.

³ Delamare and Guineau, *Colour*, pp. 17–18.

⁴ Cennini, *Craftsman's Handbook*, p. 67.

⁵ Ibid., pp. 93–4.

⁶ Ibid., p. 27.

Abacate

¹ K. Connolly, 'How US and Europe Differ on Offshore Drilling', BBC (18 mai. 2010).

² Eiseman and Recker, *Pantone*, pp. 135, 144.

³ Pastoureau, *Green*, p. 24.

⁴ J. Cartner-Morley, 'The Avocado is Overcado: How #Eatclean Turned it into a Cliché', *in The Guardian* (5 out. 2015).

Celadon

¹ L. A. Gregorio, 'Silvandre's Symposium: The Platonic and the Ambiguous in L'Astrée', *in Renaissance Quarterly*, Vol. 53, No. 3 (Autumn, 1999), p. 783.

² Salisbury, *Elephants Breath and London Smoke*, p. 46.

³ S. Lee, 'Goryeo Celadon'. Disponível em: http://www.metmuseum.org/toah/hd/cela/hd_cela.htm. Acesso em: 20 mar. 2016.

⁴ Ibid.

⁵ J. Robinson, 'Ice and Green Clouds: Traditions of Chinese Celadon', *in Archaeology*, Vol. 40, No. 1 (Jan.–Feb. 1987), pp. 56–58.

⁶ Finlay, *Colour*, p. 286.

⁷ Robinson, 'Ice and Green Clouds: Traditions of Chinese Celadon', p. 59; citado em Finlay, *Colour*, p. 271.

⁸ Finlay, *Colour*, p. 273.

Marrom

¹ Genesis, 3:19.

² Ball, *Bright Earth*, p. 200.

³ Eastaugh *et al.*, *Pigment Compendium*, p. 55.

⁴ M. P. Merrifield, *The Art of Fresco Painting in the Middle Ages and Renaissance* (Mineola, NY: Dover Publications, 2003).

⁵ Citado em 'Miracles Square', OpaPisa Website. Disponível em: www.opapisa.it/en/miracles-square/sinopie-museum/the-recovery-of-the-sinopie.html. Acesso em: 20 out. 2015.

⁶ Ball, *Bright Earth*, p. 152.

Notas

[7] Martin Boswell, Imperial War Museum; correspondência pessoal.

Cáqui

[1] Isso era particularmente verdade no que dizia respeito à indústria química, graças aos avanços técnicos na fabricação de corantes de anilina. A Grã-Bretanha tornou-se tão dependente da indústria de corantes alemã que, durante a guerra, por vezes se viu quase incapaz de tingir os próprios uniformes de cáqui, já que os corantes eram produzidos na Alemanha.

[2] Richard Slocombe, Imperial War Museum; correspondência pessoal.

[3] J. Tynan, *British Army Uniform and the First World War: Men in Khaki* (London: Palgrave Macmillan, 2013), pp. 1–3.

[4] William Hodson, segundo no comando do Corpo de Guias, citado em *ibid.*, p. 2.

[5] Martin Boswell, Imperial War Museum; correspondência pessoal.

[6] J. Tynan, 'Why First World War Soldiers Wore Khaki', *in World War I Centenary from the University of Oxford*. Disponível em: http://ww1centenary.oucs.ox.ac.uk/material/why-first-world-war-soldiers-wore-khaki/. Acesso em: 11 out. 2015. Em 1914, os oficiais se destacavam facilmente dos soldados comuns pelas roupas especiais, como botas de couro de cano alto e, como descreve Paul Fussell em *The Great War and Modern Memory* (Oxford University Press, 2013), "calças de montaria com corte melodramático". Isto os tornava alvos especiais; não tardou para que passassem a vestir uniformes cáqui comuns, como todos os outros.

[7] A. Woollacott "Khaki Fever" and its Control: Gender, Class, Age and Sexual Morality on the British Homefront in the First World War', *in Journal of Contemporary History*, Vol. 29, No. 2 (Apr. 1994), pp. 325–6.

[8] Marie Lloyd, conhecida como a rainha do *music hall*, costumava cantar a popular "Now You've Got Yer Khaki On" (agora você está de cáqui) em suas apresentações, em 1915, cuja ideia central era que vestir cáqui deixava um homem mais atraente.

Buff

[1] Salisbury, *Elephant's Breath and London Smoke*, p. 36.

[2] Norris, *Tudor Costume and Fashion*, pp. 559, 652.

[3] G. C. Stone, *A Glossary of the Construction, Decoration and Use of Arms and Armor in All Countries and in All Times* (Mineola, NY: Dover Publications, 1999), p. 152.

[4] Citado em E. G. Lengel (ed.), *A Companion to George Washington* (London: Wiley-Blackwell, 2012).

[5] Até o momento relatado, as colônias americanas dependiam da Grã-Bretanha para o fornecimento de grande parte do tecido que usavam; os americanos tinham dificuldade de conseguir uniformes de maneira confiável durante a guerra, e manter os homens vestidos demandava esforço contínuo. Quando, no Ano Novo de 1778, o HMS *Symmetry* foi capturado enquanto era carregado com suprimentos, incluindo "Tecidos Escarlate, Azul e *Buff*, suficientes para Vestir todos os oficiais do Exército", a alegria foi geral (seguida por intensas disputas sobre o destino dos tecidos).

[6] J. C. Fitzpatrick (ed.), *The Writings of George Washington from the Original Manuscript Sources, 1745–1799*, Vol. 7 (Washington, DC: Government Printing Office, 1939), pp. 452–3.

[7] B. Leaming, *Jack Kennedy: The Education of a Statesman* (New York: W. W. Norton, 2006), p. 360.

Pardo

[1] P. F. Baum (trans.), *Anglo-Saxon Riddles of the Exeter Book* (Durham, NC: Duke University Press, 1963), p. v.

[2] Enigma 44: "Esplendidamente pendurado nas coxas de um homem,/sob o manto do mestre. Na frente há um buraco./É rígido e duro..." A resposta? Uma chave.

[3] J. I. Young, 'Riddle 15 of the Exeter Book', *in Review of English Studies*, Vol. 20, No. 80 (Oct. 1944), p. 306.

[4] Baum (trans.), *Anglo-Saxon Riddles of the Exeter Book*, p. 26.

[5] Maerz and Paul, *Dictionary of Colour*, pp. 46–7.

[6] J. Clutton-Brock, Clutton-Brock, J., *A Natural History of Domesticated Mammals* (Cambridge University Press, 1999), pp. 203–4.

[7] Baum (trans.), *Anglo-Saxon Riddles of the Exeter Book*, pp. 26–7.

[8] Young, 'Riddle 15 of the Exeter Book', p. 306.

Russet

[1] Maerz and Paul, *Dictionary of Colour*, pp. 50–51.

[2] Citado em S. K. Silverman, 'The 1363 English Sumptuary Law: A Comparison with Fabric Prices of the Late Fourteenth Century', dissertação de mestrado, Ohio State University (2011), p. 60.

[3] R. H. Britnell, Growth and Decline in Colchester, 1300–1525 (Cambridge University Press, 1986), p. 55.

[4] Embora "*russet*" fosse usado no sentido adjetivo como cor desde o século XV, foi somente no século XVI que a cor se tornou mais marrom do que cinza.
Os franciscanos, uma ordem religiosa muito ativa na Europa durante a Idade Média, devem seu apelido de "monges cinzentos" ao hábito de usarem roupas de tecido *russet*, e ainda em 1611 "*russet*-claro" era indicada como uma tradução para o francês gris no dicionário de Cotgrave.

[5] G. D. Ramsay, 'The Distribution of the Cloth Industry in 1561–1562', *in English Historical Review*, Vol. 57, No. 227 (July 1942), pp. 361–2, 366.

[6] Citado em Britnell, *Growth and Decline in Colchester*, p. 56.

[7] S. C. Lomas (ed.), *The Letters and Speeches of Oliver Cromwell, with Elucidations by Thomas Carlyle*, Vol. 1 (New York: G.P. Putnam's Sons, 1904), p. 154.

Sépia

[1] R. T. Hanlon and J. B. Messenger, *Cephalopod Behaviour* (Cambridge University Press, 1996), p. 25.

[2] C. Ainsworth Mitchell, 'Inks, from a Lecture Delivered to the Royal Society', *in Journal of the Royal Society of Arts*, Vol. 70, No. 3637 (Aug. 1922), p. 649.

[3] *Ibid*.

[4] M. Martial, *Selected Epigrams*, trans. S. McLean (Madison, WI: University of Wisconsin Press, 2014), pp. xv–xvi.

[5] *Ibid.*, p. 11.

[6] C. C. Pines, 'The Story of Ink', *in American Journal of Police Science*, Vol. 2, No. 4 (July/Aug. 1931), p. 292.

[7] Field, *Chromatography*, pp. 162–3.

Umbra

[1] A. Sooke, 'Caravaggio's Nativity: Hunting a Stolen Masterpiece', BBC.com (23 dez. 2013). Disponível em: www.bbc.com/culture/story/20131219-hunting-a-stolen-masterpiece. Acesso em: 13 out. 2015; J. Jones, 'The Masterpiece that May Never be Seen Again', *in The Guardian* (22 dez. 2008). Disponível em: https://www.theguardian.com/artanddesign/2008/dec/22/caravaggio-art-mafia-italy. Acesso em: 13 out. 2015.

[2] Ball, *Bright Earth*, pp. 151–2.

[3] Field, *Chromatography*, p. 143.

[4] Finlay, *Brilliant History of Colour in Art*, pp. 8–9.

[5] Ball, *Bright Earth*, pp. 162–3.

[6] Jones, 'Masterpiece that may Never be Seen Again'.

[7] "Natividade" permanece na lista do FBI de crimes de arte não resolvidos.

Múmia

[1] S. Woodcock, 'Body Colour: The Misuse of Mummy', *in The Conservator*, Vol. 20, No. 1 (1996), p. 87.

[2] Lucas and Harris, *Ancient Egyptian Materials and Industries*, p. 303.

[3] Giovanni d'Athanasi registrou em seu livro, publicado em 1836, o triste destino do corpo não importante o suficiente do governante de Tebas: "Um viajante inglês acabara de comprar a múmia do governante de Tebas, que poderia ter algumas moedas de ouro, mas, ao pegá-la pela cabeça, a caminho do Cairo, provocou a abertura da múmia e, não encontrando nela nada da natureza que procurava, jogou-a no Nilo (...) Tal foi o destino dos restos mortais do governante de Tebas" (p. 51).

[4] P. McCouat, 'The Life and Death of Mummy Brown', *in Journal of Art in Society* (2013). Disponível em: www.artinsociety.com/the-life-and-death-of-mummy-brown.html. Acesso em: 8 out. 2015.

[5] *Ibid*.

[6] Citado *ibid*.

[7] Woodcock, 'Body Colour', p. 89.

[8] G. M. Languri and J. J. Boon, 'Between Myth and Reality: Mummy Pigment from the Hafkenscheid Collection', *in Studies in Conservation*, Vol. 50, No. 3 (2005), p. 162; Woodcock, 'Body Colour', p. 90.

[9] Languri and Boon, 'Between Myth and Reality', p. 162.

[10] McCouat, 'Life and Death of Mummy Brown'.

[11] R. White, 'Brown and Black Organic Glazes, Pigments and Paints', in *National Gallery Technical Bulletin*, Vol. 10 (1986), p. 59; E. G. Stevens (1904), citado em Woodcock, 'Body Colour', p. 89.

[12] As críticas ao uso de múmias na medicina começaram muito antes. Em 1658, o filósofo Sir Thomas Browne chamou esse uso de "vampirismo deplorável": "As múmias egípcias, que [o rei da Pérsia] Cambises ou o tempo pouparam, a avareza agora consome. Múmia se tornou Mercadoria."

[13] Diário de Georgiana Burne-Jones, citado em Woodcock, 'Body Colour', p. 91.

[14] Citado em McCouat, 'Life and Death of Mummy Brown'.

[15] Citado em 'Techniques: The Passing of Mummy Brown', *Time* (2 out 1964). Disponível em: http://content.time.com/time/subscriber/article/0,33009,940544,00.html. Acesso em: 9 out. 2015.

Taupe

[1] 'The British Standard Colour Card', in *Journal of the Royal Society of Arts*, Vol. 82, No. 4232 (Dec. 1933), p. 202.

[2] A história da organização e do mapeamento de cores de forma sistemática tem sido longa e frustrante, começando com o primeiro círculo cromático apresentado em *Opticks*, de Isaac Newton (1704), e continuando até hoje. Para um relato detalhado, ver Ball, *Bright Earth*, pp. 40–54.

[3] Maerz and Paul, *Dictionary of Colour*, p. v.

[4] 'The British Standard Colour Card', p. 201.

[5] Maerz and Paul, *Dictionary of Colour*, p. 183.

Preto

[1] M. Pastoureau, *Black: The History of a Colour*, trans. J. Gladding (Princeton University Press, 2009), p. 12.

[2] Citado em Ball, *Bright Earth*, p. 206.

[3] J. Harvey, *Story of Black*, p. 25.

[4] Citado em E. Paulicelli, *Writing Fashion in Early Modern Italy: From Sprezzatura to Satire* (Farnham: Ashgate, 2014), p. 78.

[5] Pastoureau, *Black*, pp. 26, 95–6.

[6] *Ibid.*, p. 102.

[7] L. R. Poos, *A Rural Society after the Black Death: Essex 1350–1525* (Cambridge University Press, 1991), p. 21.

[8] Pastoureau, *Black*, p. 135.

[9] O preto permaneceu popular – pelo menos entre a maioria das pessoas: Oscar Wilde escreveu ao *Daily Telegraph*, em 1891, para reclamar do "uniforme preto... uma cor sombria, monótona e deprimente".

[10] Citado em S. Holtham and F. Moran, 'Five Ways to Look at Malevich's Black Square', Tate Blog. Disponível em: https://www.tate.org.uk/art/artists/kazimir-malevich-1561/five-ways-look-malevichs-black-square. Acesso em: 8 out. 2015.

Kohl

[1] T. Whittemore, 'The Sawâma Cemetaries', in *Journal of Egyptian Archaeology*, Vol. 1, No. 4 (Oct. 1914), pp. 246–7.

[2] R. Kreston, 'Ophthalmology of the Pharaohs: Antimicrobial Kohl Eyeliner in Ancient Egypt', *Discovery Magazine* (Apr. 2012). Disponível em: https://www.discovermagazine.com/health/ophthalmology-of-the-pharaohs-antimicrobial-kohl-eyeliner-in-ancient-egypt. Acesso em: 24 set. 2015.

[3] *Ibid.*

[4] K. Ravilious, 'Cleopatra's Eye Makeup Warded off Infections?', *National Geographic News* (15 jan. 2010). Disponível em: https://www.nationalgeographic.com/science/article/100114-cleopatra-eye-makeup-ancient-egyptians#:~:text=Thick%20coats%20of%20black%20and,Egyptians%2C%20a%20new%20study%20suggests.&text=Cleopatra%20and%20her%20kin%20knew,crafting%20an%20alluring%20smoky%20eye. Acesso em: 24 set. 2015; Kreston, 'Ophthalmology of the Pharaohs'.

Cinza de Payne

[1] Citado em A. Banerji, *Writing History in the Soviet Union: Making the Past Work* (New Delhi: Esha Béteille, 2008), p. 161.

[2] B. S. Long, 'William Payne: Water-Colour Painter Working 1776–1830', in *Walker's Quarterly*, No. 6 (Jan. 1922). Disponível em: https://archive.org/stream/williampaynewate00longuoft, pp. 3–13.

[3] Citado em *ibid.*, pp. 6–8.

Obsidiana

[1] British Museum, 'Dr Dee's Mirror', www.britishmuseum.org/explore/highlights/highlight_objects/pe_mla/d/dr_dees_mirror.aspx. Acesso em: 6 out. 2015.

[2] J. Harvey, *The Story of Black* (London: Reaktion Books, 2013), p. 19.

[3] British Museum, 'Dr Dee's Mirror'.

[4] C. H. Josten, 'An Unknown Chapter in the Life of John Dee', in *Journal of the Warburg and Courtauld Institutes*, Vol. 28 (1965), p. 249. Dee esqueceu-se de alguns desses registros, que estavam escondidos em uma gaveta secreta. Quando foram descobertos, após sua morte, uma empregada de cozinha começou a usá-los para forrar formas de torta. Por milagre, alguns dos registros sobreviveram às chamas e às crostas de torta, incluindo o triste relato de Dee sobre essa destruição – que ele chamou de holocausto. Para uma transcrição completa desta seção, ver *ibid.*, pp. 223–57.

[5] Pastoureau, *Black*, pp. 137–9.

[6] J. A. Darling, 'Mass Inhumation and the Execution of Witches in the American Southwest', in *American Anthropologist*, Vol. 100, No. 3 (Sept. 1998), p. 738; ver também S. F. Hodgson, 'Obsidian, Sacred Glass from the California Sky', in Piccardi and Masse (eds.), *Myth and Geology*, pp. 295–314.

[7] R. Gulley, *The Encyclopedia of Demons and Demonology* (New York: Visionary Living, 2009), p. 122; British Museum, 'Dr Dee's Mirror'.

Tinta

[1] Tradução de UCL *on-line*; ver ucl.ac.uk/museums-static/digitalegypt/literature/ptahhotep.html.

[2] Delamare and Guineau, *Colour*, pp. 24–5.

[3] *Ibid.*, p. 25.

[4] C. C Pines, 'The Story of Ink', in *The American Journal of Police Science*, Vol. 2, No. 4 (July/Aug. 1931), p. 291.

[5] Finlay, *Colour*, p. 99.

[6] Pastoureau, *Black*, p. 117.

[7] Rijksdienst voor het Cultureel Erfgoed, The Iron Gall Ink Website. Disponível em: http://irongallink.org/igi_indexc752.html. Acesso em: 29 set. 2015, p. 102.

[8] Delamare and Guineau, *Colour*, p. 141.

[9] Finlay, *Colour*, p. 102.

[10] Bucklow, *Alchemy of Paint*, pp. 40–41.

Carvão

[1] P. G. Bahn and J. Vertut, *Journey Through the Ice Age* (Berkley, CA: University of California Press, 1997), p. 22.

[2] M. Rose, '"Look, Daddy, Oxen!"': The Cave Art of Altamira', in *Archaeology*, Vol. 53, No. 3 (May/June 2000), pp. 68–9.

[3] H. Honour and J. Flemming, *A World History of Art* (London: Laurence King, 2005), p. 27; Bahn and Vertut, *Journey through the Ice Age*, p. 17.

[4] Honour and Flemming, *A World History of Art*, pp. 27–8.

[5] A. Bhatia, 'Why Moths Lost their Spots, and Cats don't like Milk: Tales of Evolution in our Time', in *Wired* (mai. 2011).

Azeviche

[1] A. L. Luthi, *Sentimental Jewellery: Antique Jewels of Love and Sorrow* (Gosport: Ashford Colour Press, 2007), p. 19.

[2] J. Munby, 'A Figure of Jet from Westmorland', in *Britannia*, Vol. 6 (1975), p. 217.

[3] Luthi, *Sentimental Jewellery*, p. 17.

[4] L. Taylor, *Mourning Dress: A Costume and Social History* (London: Routledge Revivals, 2010), p. 129.

[5] Citado *ibid.*, p. 130.

[6] *Ibid.*, p. 129.

Melanina

[1] Estima-se que a incidência de câncer de pele entre pessoas brancas dobre a cada 10 graus de diminuição na latitude.

[2] R. Kittles, 'Nature, Origin, and Variation of Human Pigmentation', in *Journal of Black Studies*, Vol. 26, No. 1 (Sept. 1995), p. 40.

[3] Harvey, *Story of B\lack*, pp. 20–21.

[4] Pastoureau, *Black*, pp. 37–8.

[5] Citado em Knowles (ed.), *The Oxford Dictionary of Quotations*, p. 417.

[6] Citado em Harvey, *Story of Black*, p. 23.

[7] Citado em M. Gilbert, *Churchill: A Life*. (London: Pimlico, 2000), p. 230.

Breu

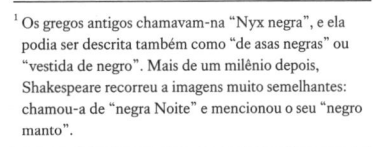

[1] Os gregos antigos chamavam-na "Nyx negra", e ela podia ser descrita também como "de asas negras" ou "vestida de negro". Mais de um milênio depois, Shakespeare recorreu a imagens muito semelhantes: chamou-a de "negra Noite" e mencionou o seu "negro manto".

[2] Pastoureau, *Black*, pp. 21, 36.

[3] Harvey, *Story of Black*, pp. 29, 32. Desafiando sua aparência assustadora, se os devotos de Kali sentirem que ela não os atendeu, eles podem visitar seus templos e lançar, no lugar de guirlandas e incensos, maldições e fezes.

[4] Citado *ibid.*, p. 41.

[5] Pastoureau, *Black*, p. 28.

[6] Citado em Harvey, *Story of Black*, p. 29.

Bibliografia e leituras sugeridas

Duas leituras interessantes para quem quiser aprender mais sobre a ciência das cores e a emocionante revolução da anilina são *Bright Earth*, de Philip Ball, e *Mauve*, de Simon Garfield. Quem quiser se deixar levar em uma busca por cores extraordinárias ao redor do mundo em ótima companhia, *Color*, de Victoria Finlay, é a escolha certa. E aqueles especialmente interessados pelo lado sombrio das coisas não podem deixar de ler o revelador estudo *Black*, de Michel Pastoureau – meu favorito entre os livros dedicados a uma só cor – e *The Story of Black*, de John Harvey.

A

Ainsworth, C. M., 'Inks, from a Lecture Delivered to the Royal Society', *in Journal of the Royal Society of Arts*, Vol. 70, No. 3637 (Aug. 1922), pp. 647–60.

Albers, J., *Interaction of Colour*. 50th Anniversary Edition (New Haven, CT: Yale University Press, 1963).

Alexander, H., 'Michelle Obama: The "Nude" Debate', *in The Telegraph* (19 maio 2010).

Allaby, M., *Plants: Food Medicine and Green Earth* (New York: Facts on File, 2010).

Allen, N., 'Judge to Decide who Owns £250 Million Bahia Emerald', *in The Telegraph* (24 set. 2010).

Aristotle, *Complete Works* (New York: Delphi Classics, 2013).

Alter, A. L., *Drunk Tank Pink, and other Unexpected Forces that Shape How we Think, Feel and Behave* (London: Oneworld, 2013).

B

Bahn, P. G. and J. Vertut, *Journey Through the Ice Age* (Berkeley, CA: University of California Press, 1997).

Balfour-Paul, J., *Indigo: Egyptian Mummies to Blue Jeans* (London: British Museum Press, 2000).

Balfour-Paul, J., *Deeper than Indigo: Tracing Thomas Machell, Forgotten Explorer* (Surbiton: Medina, 2015).

Ball, P., *Bright Earth: The Invention of Colour* (London: Vintage, 2008).

Banerji, A., *Writing History in The Soviet Union: Making the Past Work* (New Delhi: Esha Béteille, 2008).

Bartrip, P. W. J., 'How Green was my Valence? Environmental Arsenic Poisoning and the Victorian Domestic Ideal', *in The English Historical Review*, Vol.109, No. 433 (Sept.1994).

Barzini, L., *Pekin to Paris: An Account of Prince Borghese's Journey Across Two Continents in a Motor-Car*. Trad. L. P. de Castelvecchio (London: E. Grant Richards, 1907).

Batchelor D., *Chromophobia* (London: Reaktion Books, 2000).

Baum, P. F. (trans.), *Anglo-Saxon Riddles of the Exeter Book* (Durham, NC: Duke University Press, 1963).

Beck, C. W., 'Amber in Archaeology', *in Archaeology*, Vol. 23, No. 1 (Jan. 1970), pp. 7–11.

Bemis, E., *The Dyers Companion*. Reimpressão da 2ª edição (Mineola, NY: Dover Publications,1973).

Berger, K., 'Ingenious: Mazviita Chirimuuta', *in Nautilus* (jul. 2005).

Bessborough, Earl of (ed.), *Georgiana: Extracts from the Correspondence of Georgiana, Duchess of Devonshire* (London: John Murray, 1955).

Bhatia, A., 'Why Moths Lost their Spots, and Cats don't like Milk: Tales of Evolution in our Time', *in Wired* (maio 2011).

Billinge, R. and L. Campbell, 'The Infra-Red Reflectograms of Jan van Eyck's Portrait of Giovanni(?) Arnolfini and his Wife Giovanna Cenami(?)', *in National Gallery Technical Bulletin*, Vol. 16 (1995), pp. 47–60.

Bibliografia e leituras sugeridas

Blau, R., 'The Light Therapeutic', *in Intelligent Life* (maio/jun. 2014), pp. 62–71.

Blumberg, J., 'A Brief History of the Amber Room', Smithsonian.com (31 jul. 2007).

Bolton, E., *Lichens for Vegetable Dyeing* (McMinnville, OR: Robin & Russ, 1991).

Bornell, B., 'The Long, Strange Saga of the 180,000-carat Emerald: The Bahia Emerald's twist-filled History', *in Bloomberg Businessweek* (6 mar. 2015).

Brachfeld, A. e M. Choate, Eat Your Food! *Gastronomical Glory from Garden to Glut* (Colorado: Coastalfields, 2007).

Brassaï, *Conversations with Picasso*. Trad. J. M. Todd (Chicago: University of Chicago Press, 1999).

British Museum, 'Dr Dee's Mirror'.

Britnell, R. H., *Growth and Decline in Colchester, 1300–1525* (Cambridge University Press, 1986).

Broad, W. J., 'Hair Analysis Deflates Napoleon Poisoning Theories', *in New York Times* (10 jun. 2008).

Brody, J. E., 'Ancient, Forgotten Plant now "Grain of the Future"', *in New York Times* (16 out. 1984).

Brunwald, G., 'Laughter was Life', *in New York Times* (2 out. 1966).

Bucklow, S., *The Alchemy of Paint: Art, Science and Secrets from the Middle Ages* (London: Marion Boyars, 2012).

Burdett, C., 'Aestheticism and Decadence', British Library Online.

Bureau of Indian Standards, 'Flag Code of India'.

Burrows, E. G. e M. Wallace, *Gotham: A History of New York City to 1898* (Oxford University Press, 1999).

C

Carl, K. A., *With the Empress Dowager of China* (New York: Routledge, 1905).

Carl, K. A., 'A Personal Estimate of the Character of the Late Empress Dowager, Tze-'is', *in Journal of Race Development*, Vol. 4, No. 1 (July 1913), pp. 58–71.

Cartner-Morley, J., 'The Avocado is Overcado: How #Eatclean Turned it into a Cliché', *in The Guardian* (5 out. 2015).

Carus-Wilson, E. M., 'The English Cloth Industry in the Late Twelfth and Early Thirteenth Centuries', *in Economic History Review*, Vol. 14, No. 1 (1944), pp. 32–50.

Cassidy, T., *Environmental Psychology: Behaviour and Experience in Context* (Hove: Routledge Psychology Press, 1997).

Cennini, C., *The Craftsman's Handbook*, Vol. 2,. Trans. D. V. Thompson (Mineola, NY: Dover Publications, 1954).

Chaker, A. M., 'Breaking Out of Guacamole to Become a Produce Star', *in Wall Street Journal* (18 set. 2012).

Chang, J., *Empress Dowager Cixi: The Concubine who Launched Modern China* (London: Vintage, 2013).

Chirimutta, M., *Outside Colour: Perceptual Science and the Puzzle of Colour in Philosophy*. (Cambridge, MA: MIT Press, 2015).

Choi, C. Q., '230-Million-Year-Old Mite Found in Amber', *in LiveScience* (27 ago. 2012).

Clarke, K., 'Reporters see Wrecked Buddhas', BBC News (26 mar. 2001).

Clarke, M., 'Anglo Saxon Manuscript Pigments', in *Studies in Conservation*, Vol. 49, No. 4 (2004), pp. 231–44.

Clutton-Brock, J., *A Natural History of Domesticated Mammals* (Cambridge University Press, 1999).

Collings, M. R., *Gemlore: An Introduction to Precious and Semi-Precious Stones*, 2nd edition (Rockville, MD: Borgo Press, 2009).

Colliss Harvey, J., *Red: A Natural History of the Redhead* (London: Allen & Unwin, 2015).

Connolly, K., 'How US and Europe Differ on Offshore Drilling', BBC News (18 maio 2010).

Conrad, P., 'Girl in a Green Gown: The History and Mystery of the Arnolfini Portrait by Carola Hicks', *in The Guardian* (16 out. 2011).

Copping, J., 'Beijing to Paris Motor Race Back on Course', *in The Daily Telegraph* (27 maio 2007).

Corelli, M., *Wormwood: A Drama of Paris* (New York: Broadview, 2004).

Cowper, M. (ed.), *The Words of War: British Forces' Personal Letters and Diaries During the Second World War* (London: Mainstream Publishing, 2009).

Cumming, R., *Art Explained: The World's Greatest Paintings Explored and Explained* (London: Dorling Kindersley, 2007).

D

Daniels, V., R. Stacey e A. Middleton, 'The Blackening of Paint Containing Egyptian Blue,' *in Studies in Conservation*, Vol. 49, No. 4 (2004), pp. 217–30.

Darling, J. A., 'Mass Inhumation and the Execution of Witches in the American Southwest', *in American Anthropologist*, Vol. 100, No. 3 (Sept. 1998), pp. 732–52.

D'Athanasi, G., *A Brief Account of the Researches and Discoveries in Upper Egypt, Made Under the*

Direction of Henry Salt, Esq. (London: John Hearne, 1836).

Delamare, F., e B. Guineau, *Colour: Making and Using Dyes and Pigments* (London: Thames & Hudson, 2000).

Delistraty, C. C., 'Seeing Red', in *The Atlantic* (5 dez. 2014).

Derksen, G. C. H. e T. A. Van Beek, 'Rubia Tinctorum L.', in *Studies in Natural Products Chemistry*, Vol. 26 (2002) pp. 629–84.

Deutscher, G., *Through the Language Glass: Why the World Looks Different in Other Languages* (London: Arrow, 2010).

Doll, J., 'The Evolution of the Emoticon', *in The Wire* (19 set. 2012).

Doran, S., *The Culture of Yellow, Or: The Visual Politics of Late Modernity* (New York: Bloomsbury, 2013).

Dusenbury, M. (ed.), *Colour in Ancient and Medieval East Asia* (New Haven, CT: Yale University Press, 2015).

E

Eastaugh, N., V. Walsh, T. Chaplin e R. Siddall, *Pigment Compendium: A Dictionary and Optical Microscopy of Historical Pigments* (Oxford: Butterworth-Heinemann, 2008).

Eckstut, J., and A. Eckstut, *The Secret Language of Color* (New York: Black Dog & Leventhal, 2013).

The Economist, 'Bones of Contention' (29 ago. 2015).

The Economist, 'Going Down' (11 ago. 2014).

The Economist, 'The Case Against Tipping' (26 out. 2015).

The Economist, 'Why do Indians Love Gold?' (20 nov. 2013).

Edmonds, J., *The History of Woad and the Medieval Woad Vat* (Lulu.com, 2006).

Edmonds, J., *Medieval Textile Dyeing* (Lulu.com, 2012).

Edmonds, J., *Tyrian or Imperial Purple Dye* (Lulu.com, 2002).

Eiseman, L. e E. P. Cutler, *Pantone on Fashion: A Century of Colour in Design* (San Francisco, CA: Chronicle Books, 2014).

Eiseman, L., e K. Recker, *Pantone: The 20th Century in Colour* (San Francisco, CA: Chronicle Books, 2011).

Eldridge, L., *Face Paint: The Story of Makeup* (New York: Abrams Image, 2015).

Elliot, A. J. e M. A. Maier, 'Colour and Psychological Functioning', *in Journal of Experimental Psychology*, Vol. 136, No. 1 (2007), pp. 250–254.

F

Field, G., *Chromatography: Or a Treatise on Colours and Pigments and of their Powers in Painting, &c.* (London: Forgotten Books, 2012).

Finlay, V., *Colour: Travels Through the Paintbox* (London: Sceptre, 2002).

Finlay, V., *The Brilliant History of Colour in Art* (Los Angeles, CA: Getty Publications, 2014).

Fitzpatrick, J. C. (ed.), *The Writings of George Washington from the Original Manuscript Sources, 1745–1799*, Vol. 7 (Washington, DC: Government Printing Office, 1939).

Follett, T., 'Amber in Goldworking', *in Archaeology*, Vol. 38 No. 2 (Mar./Apr. 1985), pp. 64–5.

Franklin, R., 'A Life in Good Taste: The Fashions and Follies of Elsie de Wolfe', *in The New Yorker* (27 set. 2004), p. 142.

Fraser, A., *Marie Antoinette: The Journey* (London: Phoenix, 2001).

Friedman, J., *Paint and Colour in Decoration* (London: Cassell Illustrated, 2003).

Friedland, S. R. (ed.), *Vegetables: Proceedings of the Oxford Symposium on Food and Cooking 2008* (Totnes: Prospect, 2009).

Fussell, P., *The Great War and Modern Memory* (Oxford University Press, 2013).

G

Gaetani, M. C., U. Santamaria and C. Seccaroni, 'The Use of Egyptian Blue and Lapis Lazuli in the Middle Ages: The Wall Paintings of the San Saba Church in Rome', *in Studies in Conservation*, Vol. 49, No. 1 (2004), pp. 13–22.

Gage, J., *Colour and Culture: Practice and Meaning from Antiquity to Abstraction* (London: Thames & Hudson, 1995).

Gage, J., *Colour and Meaning: Art, Science and Symbolism* (London: Thames & Hudson, 2000).

Gage, J., *Colour in Art* (London: Thames & Hudson, 2006).

Gannon, M., '100-Million-Year-Old Spider Attack Found in Amber', *in LiveScience* (8 out. 2012).

Garfield, S., *Mauve: How One Man Invented a Colour that Changed the World* (London: Faber & Faber, 2000).

Gettens, R. J., R. L. Feller e W. T. Chase, 'Vermilion and Cinnabar', *in Studies in Conservation*, Vol. 17, No. 2 (May 1972), pp. 45–60.

Gettens, R. J., E. West Fitzhugh e R. L. Feller, 'Calcium Carbonate Whites', *in Studies in*

Conservation, Vol. 19, No. 3 (Aug. 1974), pp. 157–84.

Gilbert, M., *Churchill: A Life* (London: Pimlico, 2000).

Gilliam, J. E. e D. Unruh, 'The Effects of Baker-Miller Pink on Biological, Physical and Cognitive Behaviour', in *Journal of Orthomolecular Medicine*, Vol. 3, No. 4 (1988), pp. 202–6.

Glazebrook, K. e I. Baldry, 'The Cosmic Spectrum and the Colour of the Universe', Johns Hopkins Physics and Astronomy blog.

Goethe, J. W., *Theory of Colours*. Trans. C. L. Eastlake (London: John Murray, 1840).

Gootenberg, P., *Andean Cocaine: The Making of a Global Drug* (Chapel Hill, NC: University of North Carolina Press, 2008).

Gorton, T., 'Vantablack Might not be the World's Blackest Material', in *Dazed* (27 out. 2014).

Goswamy, B. N., 'The Colour Yellow', in *Tribune India* (7 set. 2014).

Goswamy, B. N., *The Spirit of Indian Painting: Close Encounters with 101 Great Works 1100–1900* (London: Allen Lane, 2014).

Govan, F., 'Spanish Saffron Scandal as Industry Accused of Importing Cheaper Foreign Varieties', in *The Telegraph* (31 jan. 2011).

Greenbaum, H. e D. Rubinstein, 'The Hand-Held Highlighter', in *New York Times Magazine* (20 jan. 2012).

Greenfield, A. B., *A Perfect Red: Empire, Espionage and the Quest for the Colour of Desire* (London: Black Swan, 2006).

Greenwood, K., *100 Years of Colour: Beautiful Images and Inspirational Palettes from a Century of Innovative Art, Illustration and Design* (London: Octopus, 2015).

Groom, N., *The Perfume Handbook* (London: Springer-Science, 1992).

Guéguen, N. e C. Jacob, 'Clothing Colour and Tipping: Gentlemen Patrons Give More Tips to Waitresses with Red Clothes', in *Journal of Hospitality & Tourism Research*, citado por Sage Publications/Science Daily (ago. 2012).

Guillim, J., *A Display of Heraldrie: Manifesting a More Easie Access to the Knowledge Therof Then Hath Hitherto been Published by Any, Through the Benefit of Method*. 4th edition. (London: T. R., 1660).

Gunther, M., 'Van Gogh's Sunflowers may be Wilting in the Sun', in *Chemistry World* (28 Oct. 2015).

Gulley, R., *The Encyclopedia of Demons and Demonology* (New York: Visionary Living, 2009).

H

Hallock, J., *Preferences: Favorite Color*.

Hanlon, R. T. e J. B., Messenger, *Cephalopod Behaviour* (Cambridge University Press, 1996).

Harkness, D. E., *John Dee's Conversations with Angels: Cabala, Alchemy, and the End of Nature* (Cambridge University Press, 1999).

Harley, R. D., *Artists' Pigments c. 1600–1835* (London: Butterworths 1970).

Harvard University Library Open Collections Program, 'California Gold Rush'.

Harvey, J., *The Story of Black* (London: Reaktion Books, 2013).

Heather, P. J., 'Colour Symbolism: Part I', in *Folklore*, Vol. 59, No. 4 (Dec. 1948), pp. 165–83.

Heather, P. J., 'Colour Symbolism: Part IV', in *Folklore*, Vol. 60, No. 3 (Sept. 1949), pp. 316–31.

Heller, S., 'Oliver Lincoln Lundquist, Designer, is Dead at 92', in *New York Times* (3 jan. 2009).

Herbert, Reverend W., *A History of the Species of Crocus* (London: William Clower & Sons, 1847).

Hicks, C., *Girl in a Green Gown: The History and Mystery of the Arnolfini Portrait* (London: Vintage, 2012).

Hodgson, S. F., 'Obsidian, Sacred Glass from the California Sky', in L. Piccardi and W. B. Masse (eds.), *Myth and Geology* (London: Geographical Society, 2007), pp. 295–314.

Hoeppe, G., *Why the Sky is Blue: Discovering the Colour of Life*. Trad. J. Stewart (Princeton University Press, 2007).

Holtham, S. and F. Moran, 'Five Ways to Lookat Malevich's Black Square', Tate Blog.

Honour, H. and J. Flemming, *A World History of Art* (London: Laurence King, 2005).

Hooker, W. J. (ed.), *Companion to the Botanical Magazine*, Vol. 2 (London: Samuel Curtis, 1836).

Humphries, C., 'Have We Hit Peak Whiteness?', in *Nautilus* (jul. 2015).

I

Iron Gall Ink [site].

J

Jackson, H., 'Colour Determination in the Fashion Trades', in *Journal of the Royal Society of the Arts*, Vol. 78, No. 4034 (Mar. 1930), pp. 492–513.

Johnson, K., 'Medieval Foes with Whimsy', in *New York Times* (17 nov. 2011), p. 23.

Jones, J., 'The Masterpiece that May Never be Seen Again', in The Guardian (22 dez. 2008).

Josten, C. H., 'An Unknown Chapter in the Life of John Dee', in Journal of the Warburg and Courtauld Institutes, Vol. 28 (1965), pp. 223–57.

Journal of the Royal Society of Arts, 'The British Standard Colour Card', Vol. 82, No. 4232 (Dec. 1933) pp. 200–202.

Just Style, 'Just-Style Global Market Review of Denim and Jeanswear – Forecasts to 2018' (nov. 2012).

K

Kahney, L, Jony Ive: The Genius Behind Apple's Greatest Products (London: Penguin, 2013).

Kapoor, A., Interview with Artforum (3 abr. 2015).

Kiple, K. F. e K. C. Ornelas (eds.), The Cambridge World History of Food, Vol.1 (Cambridge University Press, 2000).

Kipling, R., Something of Myself and Other Autobiographical Writings. Ed. T. Pinney (Cambridge University Press, 1991).

Kittles, R., 'Nature, Origin, and Variation of Human Pigmentation', in Journal of Black Studies, Vol. 26, No. 1 (Sept. 1995), pp. 36–61.

Klinkhammer, B., 'After Purism: Le Corbusier and Colour', in Preservation Education & Research, Vol. 4 (2011), pp. 19–38.

Konstantinos, Werewolves: The Occult Truth (Woodbury: Llewellyn Worldwide, 2010).

Kowalski, M. J., 'When Gold isn't Worth the Price', in New York Times (6 nov. 2015), p. 23.

Kraft, A., 'On Two Letters from Caspar Neumann to John Woodward Revealing the Secret Method for Preparation of Prussian Blue', in Bulletin of the History of Chemistry, Vol. 34, No. 2 (2009), pp. 134–40.

Kreston, R., 'Ophthalmology of the Pharaohs: Antimicrobial Kohl Eyeliner in Ancient Egypt', Discovery Magazine (abr. 2012).

Kühn, H., 'Lead-Tin Yellow', in Studies in Conservation, Vol. 13, No. 1 (Feb. 1968), pp. 7–33.

L

Lallanilla, M., 'Chernobyl: Facts About the Nuclear Disaster', in LiveScience (25 set. 2013).

Languri, G. M. e J. J. Boon, 'Between Myth and Reality: Mummy Pigment from the Hafkenscheid Collection', in Studies in Conservation, Vol. 50, No. 3 (2005), pp. 161–78.

Larson, E., 'The History of the Ivory Trade', in National Geographic (25 fev. 2013).

Leaming, B., Jack Kennedy: The Education of a Statesman (New York: W. W. Norton, 2006).

Lee, R. L., 'Cochineal Production and Trade in New Spain to 1600', in The Americas, Vol. 4, No. 4 (Apr. 1948), pp. 449–73.

Le Corbusier e A. Ozenfant, 'Purism', in R. L. Herbert (ed.), Modern Artists on Art (Mineola, NY: Dover Publications, 2000) pp. 63–64.

Le Gallienne, R., 'The Boom in Yellow', in Prose Fancies (London: John Lane, 1896).

Lengel, E. G. (ed.), A Companion to George Washington (London: Wiley-Blackwell, 2012).

Lightweaver, C. (ed.), Historical Painting Techniques, Materials, and Studio Practice (New York: Getty Conservation Institute, 1995).

Litzenberger, C., The English Reformation and the Laity: Gloucestershire, 1540–1589 (Cambridge University Press, 1997).

Loeb McClain, D., 'Reopening History of Storied Norse Chessmen', in New York Times (8 set. 2010), p.2.

Lomas, S. C. (ed.), The Letters and Speeches of Oliver Cromwell, with Elucidations by Thomas Carlyle, Vol. I (New York: G. P. Putnam's Sons, 1904).

Lomazzo, G., A Tracte Containing the Artes of Curious Paintinge, Caruinge & Buildinge. Trad. R. Haydock (Oxford, 1598).

Long, B. S., 'William Payne: Water-Colour Painter Working 1776–1830', in Walker's Quarterly, No. 6 (Jan. 1922), pp. 3–39.

Loos, A., Gentlemen Prefer Blondes: The Illuminating Diary of a Professional Lady (New York: Liveright, 1998).

Lucas, A. e J. R. Harris, Ancient Egyptian Materials and Industries, 4th edition (Mineola, NY: Dover Publications, 1999).

Luthi, A. L., Sentimental Jewellery: Antique Jewels of Love and Sorrow (Gosport: Ashford Colour Press, 2007).

M

Madeley, G., 'So is Kate Expecting a Ginger Heir?', Daily Mail (20 dez. 2012).

Maerz, A. e M. R. Paul, A Dictionary of Colour (New York: McGraw-Hill, 1930).

Maglaty, J., 'When Did Girls Start Wearing Pink?', Smithsonian.com (7 abr. 2011).

Martial, M., Selected Epigrams. Trans. S. McLean (Madison, WI: University of Wisconsin Press, 2014).

Mathews, T. F. e A. Taylor, The Armenian Gospels of Gladzor: The Life of Christ Illuminated (Los Angeles, CA: Getty Publications, 2001).

McCouat, P., 'The Life and Death of Mummy Brown', *in Journal of Art in Society* (2013).

McKeich, C., 'Botanical Fortunes: T. N. Mukharji, International Exhibitions, and Trade Between India and Australia', *in Journal of the National Museum of Australia*, Vol. 3, No. 1 (Mar. 2008), pp. 1–12.

McKie, R. e V. Thorpe, 'Top Security Protects Vault of Priceless Gems', *in The Guardian* (11 nov. 2007).

McNeill, F. M., *The Silver Bough: Volume One, Scottish Folk-Lore and Folk-Belief*, 2nd edition (Edinburgh: Canongate Classics, 2001).

McWhorter, J., *The Language Hoax: Why the World Looks the Same in Any Language* (Oxford University Press, 2014).

Menkes, S., 'Celebrating Elsa Schiaparelli', *in New York Times* (18 nov. 2013), p. 12.

Merrifield, M. P., *The Art of Fresco Painting in the Middle Ages and Renaissance* (Mineola, NY: Dover Publications, 2003).

'Minutes of Evidence taken Before the Metropolitan Sanitary Commissioners', *in Parliamentary Papers, House of Commons*, Vol. 32 (London: William Clowes & Sons, 1848).

'Miracles Square', *website* da OpaPisa.

Mitchell, L., *The Whig World: 1760–1837* (London: Hambledon Continuum, 2007).

Morris, E., 'Bamboozling Ourselves (Parts 1–7)', *in New York Times* (mai.–jun. 2009).

Mukharji, T. N., 'Piuri or Indian Yellow', *in Journal of the Society for Arts*, Vol. 32, No. 1618 (Nov. 1883), pp. 16–17.

Munby, J., 'A Figure of Jet from Westmorland', *in Encyclopaedia Britannica*, Vol. 6 (1975), pp. 216–18.

N

Nabokov, N., *Speak, Memory* (London: Penguin Classics, 1998).

Nakashima, T., K. Matsuno, M. Matsushita e T. Matsushita, 'Severe Lead Contamination Among Children of Samurai Families in Edo Period Japan', *in Journal of Archaeological Science*, Vol. 32, Issue 1 (2011), pp. 23–8.

Nagy, G., *The Ancient Greek Hero in 24 Hours* (Cambridge, MA, Belknap, 2013).

Neimeyer, C. P., *The Revolutionary War* (Westport, CN: Greenwood Press, 2007).

New York Times, 'Baby's First Wardrobe', (24 jan. 1897).

New York Times, 'Finery for Infants', (23 jul. 1893), p. 11.

New York Times, 'The Pink Tax', (14 nov. 2014).

Newton, I, 'A Letter to the Royal Society Presenting a New Theory of Light and Colours', *in Philosophical Transactions*, No. 7 (Jan. 1672), pp. 4004–5007.

Niles, G., 'Origin of Plant Names', *in The Plant World*, Vol. 5, No. 8 (Aug. 1902), pp. 141–4.

Norris, H., *Tudor Costume and Fashion Reprinted edition* (Mineola, NY: Dover Publications, 1997).

O

O'Day, A., *Reactions to Irish Nationalism 1865–1914* (London: Hambledon Press, 1987).

Olson, K., 'Cosmetics in Roman Antiquity: Substance, Remedy, Poison', *in The Classical World*, Vol. 102, No. 3 (Spring 2009), pp. 291–310.

Oosthuizen, W. C. and P. J. N. de Bruyn, 'Isabelline King Penguin Aptenodytes Patagonicus at Marion Island', *in Marine Ornithology*, Vol. 37, Issue 3 (2010), pp. 275–76.

Owens, M., 'Jewellery that Gleams with Wicked Memories', *in New York Times* (13 abr. 1997), Arts & Leisure p. 41.

P

Pall Mall Gazette, 'Absinthe and Alcohol', (1 mar. 1869).

Pastoureau, M., *Black: The History of a Colour*. Trad. J. Gladding (Princeton University Press, 2009).

Pastoureau, M., *Blue: The History of a Colour*. Trad. M. I. Cruse (Princeton University Press, 2000).

Pastoureau, M., *Green: The History of a Colour*. Trad. J. Gladding (Princeton University Press, 2014).

Paterson, I., *A Dictionary of Colour: A Lexicon of the Language of Colour* (London: Thorogood, 2004).

Paulicelli, E., *Writing Fashion in Early Modern Italy: From Sprezzatura to Satire* (Farnham: Ashgate, 2014).

Peplow, M., 'The Reinvention of Black', *in Nautilus* (ago. 2015).

Pepys, S., *Samuel Pepys' Diary*.

Pereina, J., *The Elements of Materia, Medica and Therapeutics*, Vol. 2 (Philadelphia, PA: Blanchard & Lea, 1854).

Perkin, W. H., 'The History of Alizarin and Allied Colouring Matters, and their Production from Coal Tar, from a Lecture Delivered May 8th', *in Journal for the Society for Arts*, Vol. 27, No. 1384 (May 1879), pp. 572–608.

Persaud, R. e A. Furnham, 'Hair Colour and Attraction: Is the Latest Psychological Research Bad News for Redheads?', *Huffington Post* (25 set. 2012).

Phillips, S. V., *The Seductive Power of Home Staging: A Seven-Step System for a Fast and Profitable Sale* (Indianapolis, *in* Dog Ear Publishing, 2009).

Phipps, E., 'Cochineal Red: The Art History of a Colour', *in Metropolitan Museum of Art Bulletin*, Vol. 67, No. 3 (Winter 2010), pp. 4–48.

Photos-Jones, E., A Cottier, A. J. Hall e L. G. Mendoni, 'Kean Miltos: The Well-Known Iron Oxides of Antiquity', *in Annual of the British School of Athens*, Vol. 92 (1997), pp. 359–71.

Pines, C. C., 'The Story of Ink', *in American Journal of Police Science*, Vol. 2, No. 4 (Jul./Aug. 1931), pp. 290–301.

Pitman, J., *On Blondes: From Aphrodite to Madonna: Why Blondes have More Fun* (London: Bloomsbury, 2004).

Poos, L. R., *A Rural Society After the Black Death: Essex 1350–1525* (Cambridge University Press, 1991).

Prance, Sir G. e M. Nesbitt (eds.), *The Cultural History of Plants* (London: Routledge, 2005).

Prestwich, P. E., 'Temperance in France: The Curious Case of Absinth [sic]', *in Historical Reflections*, Vol. 6, No. 2 (Winter 1979), pp. 301–19.

Profi, S., B. Perdikatsis e S. E. Filippakis, 'X-Ray Analysis of Greek Bronze Age Pigments from Thea', *in Studies in Conservation*, Vol. 22, No. 3 (Aug. 1977), pp. 107–15.

Pryor, E. G., 'The Great Plague of Hong Kong', *in Journal of the Royal Asiatic Society Hong Kong Branch*, Vol. 15 (1975), pp. 61–70.

Q

Quito, A., 'Pantone: How the World Authority on Colour Became a Pop Culture Icon', *in Quartz* (2 nov. 2015).

R

Ramsay, G. D., 'The Distribution of the Cloth Industry in 1561–1562', *in English Historical Review*, Vol. 57, No. 227 (July 1942), pp. 361–9.

Raven, A., 'The Development of Naval Camouflage 1914–1945', Part III.

Ravilious, K., 'Cleopatra's Eye Makeup Warded off Infections?', *National Geographic News*, (15 jan. 2010).

Rees, G. O., Carta ao *The Times* (16 jun. 1877).

Regier, T. e P. Kay, 'Language, Thought, and Colour: Whorf was Half Right', *in Trends in Cognitive Sciences*, Vol. 13, No. 10 (Oct. 2009), pp. 439–46.

Reutersvärd, O., 'The "Violettomania" of the Impressionists', *in Journal of Aesthetics and Art Criticism*, Vol. 9, No. 2 (Dec. 1950), pp. 106–10.

Richter, E. L. e H. Härlin, 'A Nineteenth Century Collection of Pigment and Painting Materials', *in Studies in Conservation*, Vol. 19, No. 2 (May 1974), pp. 76–92.

Rijksmuseum, 'William of Orange (1533–1584), Father of the Nation'.

Roberson, D., J. Davidoff, I. R. L. Davies e L. R. Shapiro, 'Colour Categories and Category Acquisition in Himba and English', *in* N. Pitchford and C. P. Bingham (eds.), *Progress in Colour Studies: Psychological Aspects* (Amsterdam: John Benjamins Publishing, 2006).

Rose, M., '"Look, Daddy, Oxen!": The Cave Art of Altamira', *in Archaeology*, Vol. 53, No. 3 (May/June 2000), pp. 68–9.

Rousseau, T., 'The Stylistic Detection of Forgeries', *in Metropolitan Museum of Art Bulletin*, Vol. 27, No. 6 (Feb. 1968), pp. 247–52.

Royal Botanic Gardens, Kew, 'Indian Yellow', *in Bulletin of Miscellaneous Information*, Vol. 1890, No. 39 (1890), pp. 45–50.

Ruskin, J., *The Two Paths: Being Lectures on Art, and its Application to Decoration and Manufacture, Delivered in 1858–9* (New York: John Wiley & Son, 1869).

Ruskin, J., *Selected Writings*, ed. D. Birch (ed.) (Oxford University Press, 2009).

Russo, C., 'Can Elephants Survive a Legal Ivory Trade? Debate is Shifting Against It', *in National Geographic* (30 ago. 2014).

Ryzik, M., 'The Guerrilla Girls, After 3 Decades, Still Rattling Art World Cages', *in New York Times* (5 ago. 2015).

S

Sachsman, D. B. e D. W. Bulla (eds.), *Sensationalism: Murder, Mayhem, Mudslinging, Scandals and Disasters in 19th-Century Reporting* (New Brunswick, NJ: Transaction Publishers, 2013).

Salisbury, D., *Elephant's Breath and London Smoke* (Neustadt: Five Rivers, 2009).

Sample, I., 'Van Gogh Doomed his Sunflowers by Adding White Pigments to Yellow Paint', *in The Guardian* (14 fev. 2011).

Samu, M., 'Impressionism: Art and Modernity', Heilbrunn Timeline of Art History (out. 2004).

Sánchez, M. S., 'Sword and Wimple: Isabel Clara Eugenia and Power', *in* A. J. Cruz and M. Suzuki (eds.), *The Rule of Women in Early Modern Europe* (Champaign, IL: University of Illinois Press, 2009), pp. 64–79.

Savage, J., 'A Design for Life', *in The Guardian* (21 fev. 2009).

Schafer, E. H., 'Orpiment and Realgar in Chinese Technology and Tradition', *in Journal of the American Oriental Society*, Vol. 75, No. 2 (Apr.–June 1955), pp. 73–80.

Schafer, E. H., 'The Early History of Lead Pigments and Cosmetics in China', *in T'oung Pao*, Vol. 44, No. 4 (1956), pp. 413–38.

Schauss, A. G., 'Tranquilising Effect of Colour Reduces Aggressive Behaviour and Potential Violence', *in Orthomolecular Psychiatry*, Vol. 8, No. 4 (1979), pp. 218–21.

Schiaparelli, E., *Shocking Life* (London: V&A Museum, 2007).

Schwyzer, P., 'The Scouring of the White Horse: Archaeology, Identity, and "Heritage"', *in Representations*, No. 65 (Winter 1999), pp. 42–62.

Seldes, A., J. E. Burucúa, G. Siracusano, M. S. Maier e G. E. Abad, 'Green, Yellow and Red Pigments in South American Painting, 1610–1780', *in Journal of the American Institute for Conservation*, Vol. 41, No. 3 (Autumn/Winter 2002), pp. 225–42.

Sherrow, V., *Encyclopedia of Hair: A Cultural History* (Westport, CN: Greenwood Press, 2006).

Shropshire Regimental Museum, 'The Hong Kong Plague, 1894–95'.

Silverman, S. K., 'The 1363 English Sumptuary Law: A Comparison with Fabric Prices of the Late Fourteenth Century.' Dissertação de mestrado, Ohio State University (2011).

Slive, S., 'Henry Hexham's "Of Colours": A Note on a Seventeenth-Century List of Colours', *in Burlington Magazine*, Vol. 103, No. 702 (Sept. 1961), pp. 378–80.

Soames, M. (ed.), *Winston and Clementine: The Personal Letters of the Churchills* (Boston, MA: Houghton Mifflin, 1998).

Sooke, A., 'Caravaggio's Nativity: Hunting a Stolen Masterpiece', BBC.com (23 dez. 2013).

Stamper, K., 'Seeing Cerise: Defining Colours in Webster's Third', *in Harmless Drudgery: Life from Inside the Dictionary* (ago. 2012).

Stanivukovic, G. V. (ed.), *Ovid and the Renaissance Body* (University of Toronto Press, 2001).

Stanlaw, J. M., 'Japanese Colour Terms, from 400 CE to the Present', *in* R. E. MacLaury, G. Paramei and D. Dedrick (eds.), *Anthropology of Colour* (New York: John Benjamins, 2007), pp. 297–318.

Stephens, J. (ed.), *Gold: Firsthand Accounts from the Rush that Made the West* (Helena, MT: Twodot, 2014).

Stewart, D., 'Why a "Nude" Dress Should Really be "Champagne" or "Peach"', *in Jezebel* (17 maio 2010).

Stone, G. C., *A Glossary of the Construction, Decoration and Use of Arms and Armor in All Countries and in All Times* (Mineola, NY: Dover Publications, 1999).

Summer, G. e R. D'Amato, *Arms and Armour of the Imperial Roman Soldier* (Barnsley: Frontline Books, 2009).

Summers, M., *The Werewolf in Lore and Legend* (Mineola, NY: Dover Occult, 2012).

Swigonski, F., 'Why was Absinthe Banned for 100 Years?' (Mic.com, 22 jun. 2013).

T

Tabuchi, H., 'Sweeping Away Gender-Specific Toys and Labels', *in New York Times* (27 out. 2015).

Taylor, L., *Mourning Dress: A Costume and Social History* (London: Routledge Revivals, 2010).

The Times, 'Absinthe' (4 maio 1868).

The Times, 'The Use of Arsenic as a Colour' (4 set. 1863).

Thompson, D. V., *The Materials and Techniques of Medieval Painting. Reprinted from the first edition* (Mineola, NY: Dover Publications, 1956).

Time, 'Techniques: The Passing of Mummy Brown' (2 out. 1964).

Townsend, J. H., 'The Materials of J. M. W. Turner: Pigments', *in Studies in Conservation*, Vol. 38, No. 4 (Nov. 1993), pp. 231–54.

Tugend, A., 'If your Appliances are Avocado, they Probably aren't Green', *in New York Times* (10 maio 2008).

Twain, M., *The Adventures of Tom Sawyer* (New York: Plain Label Books, 2008).

Tynan, J., *British Army Uniform and the First World War: Men in Khaki* (London: Palgrave Macmillan, 2013).

Tynan, J., 'Why First World War Soldiers Wore Khaki', *in World War I Centenary from the University of Oxford*.

U

UCL, Digital Egypt for Universities, 'Teaching of Ptahhotep'.

ur-Rahman, A. (ed.), *Studies in Natural Products Chemistry: Volume 26: Bioactive Natural Products (Part G)* (Amsterdam: Elsevier Science, 2002).

V

Vasari, G., The Lives of the Artists, J. Conaway Bondanella and P. Bondanella trad. (Oxford University Press, 1998).

Vernatti, P., 'A Relation of the Making of Ceruss', in The Royal Society, *Philosophical Transactions*, No. 137 (Jan./Feb. 1678), pp. 935–6.

Vernon Jones, V. S. (trad.), *Aesop's Fables* (Mineola, NY: Dover Publications, 2009).

W

Wald, C., 'Why Red Means Red in Almost Every Language', in *Nautilus* (jul. 2015).

Walker, J., *The Finishing Touch: Cosmetics Through the Ages* (London: British Library, 2014).

Walton, A. G., 'DNA Study Shatters the "DumbBlonde" Stereotype', in *Forbes* (2 jun. 2014).

Ward, G. W. R. (ed.), *The Grove Encyclopedia of Materials and Techniques in Art* (Oxford University Press, 2008).

Warren, C., *Brush with Death: A Social History of Lead Poisoning* (Baltimore, MD: Johns Hopkins University Press, 2001).

Watts, D. C., *Dictionary of Plant Lore* (Burlington, VT: Elsevier, 2007).

Weber, C., *Queen of Fashion: What Marie Antoinette Wore to the Revolution* (New York: Picador, 2006).

Webster, R., *The Encyclopedia of Superstitions* (Woodbury: Llewellyn Worldwide, 2012).

White, R., 'Brown and Black Organic Glazes, Pigments and Paints', in *National Gallery Technical Bulletin*, Vol. 10 (1986), pp. 58–71.

Whittemore, T., 'The Sawâma Cemetaries', in *Journal of Egyptian Archaeology*, Vol. 1, No. 4 (Oct. 1914), pp. 246–7.

Willett Cunnington, C., *English Women's Clothing in the Nineteenth Century* (London: Dover, 1937).

Winstanley, W., *The Flying Serpent, Or: Strange News Out of Essex* (London, 1669).

Woodcock, S., 'Body Colour: The Misuse of Mummy', in *The Conservator*, Vol. 20, No. 1 (1996), pp. 87–94.

Woollacott, A., '"Khaki Fever" and its Control: Gender, Class, Age and Sexual Morality on the British Homefront in the First World War', in *Journal of Contemporary History*, Vol. 29, No. 2 (Apr. 1994), pp. 325–47.

Wouters, J., L. Maes e R. Germer, 'The Identification of Haematite as a Red Colourant on an Egyptian Textile from the Second Millennium BC', in *Studies in Conservation*, Vol. 35, No. 2 (May 1990), pp. 89–92.

Wreschner, E. E., 'Red Ochre and Human Evolution: A Case for Discussion', in *Current Anthropology*, Vol. 21, No. 5 (Oct. 1980), pp. 631–44.

Y

Young, J. I., 'Riddle 15 of the Exeter Book', in *Review of English Studies*, Vol. 20, No. 80 (Oct. 1944), pp. 304–6.

Young, P., *Peking to Paris: The Ultimate Driving Adventure* (Dorchester: Veloce Publishing, 2007).

Z

Ziegler, P., *Diana Cooper: The Biography of Lady Diana Cooper* (London: Faber, 2011).

Zimmer, C., 'Bones Give Peek into the Lives of Neanderthals', in *New York Times* (20 dez. 2010).

Zuckerman, Lord, 'Earl Mountbatten of Burma, 25 June 1900–27 August 1979', *Biographical Memoirs of Fellows of the Royal Society*, Vol. 27 (Nov. 1981), pp. 354–64.

Índice

Os números de página dos verbetes correspondentes às cores principais estão indicados em **bold**.

A

- abacate 27, **230–1**
- absinto **217–19**
- açafrão 78, **98–100**
- Adams, John 242–3
- África do Sul 93–4
- Alemanha: azul 200
  - corvos 278–9
- *A letra escarlate* (Hawthorne) 136–7
- Alexandre, o Grande 100
- alquimia 66, 68, 145, 211
- Altamira 228, 250–1, 262, 274
- amaranto **130–1**
- amarelo 13, 14, **63–89**, 228
- amarelo de cromo 76, **78–9**, 94
- amarelo de estanho e chumbo 44, **69–70**
- amarelo de Nápoles 64, 70, **76–7**
- amarelo imperial 65, **84–5**
- amarelo indiano 64, **71–3**
- amarelo ácido **74–5**
- âmbar **101–3**
- Ando, Tadao 41
- Apple 41–2
- Argentina 50
- Armani, Giorgio 192
- Armênia 107
- arsênico 82, 168, 212–13, **224–6**
- arte rupestre 21, 228, 237, 250–1, 262, 274–5
- artistas 21–4, 30
  - amarelo 63
  - azul da Prússia 193
  - azul ultramarino 182–3
  - branco de chumbo 43
  - calcário 56–7
  - marrom 237, 238–9
  - múmia 253–4
  - preto 261–3
  - terra verde 227–9
  - umbra 250
  - *ver também* arte rupestre; manuscritos iluminados;

impressionistas; pré-rafaelitas
- verde **209–10**
- verde de Scheele 224
- verdete **214**, 215–16
- astecas 130–1, 136, 141–2, 268–270
- Avicena 124
- azeviche **276–7**
- azul 13, 115, **179–205**, 228
- azul da Prússia 81, **193–5**, 239
- azul egípcio 21, 180, 183–4, **196–7**
- azul elétrico **201–3**
- azul ultramarino 23, 146, 180–1, **182–6**, 188, 193, 197, 227, 237
- azul-cobalto 180, **187–8**, 204–5
- azurita 82, 196

B

- Baeyer, Adolf von 192
- Baker, Gene 118
- Bali 82
- Barzini, Luigi 148–9
- Batchelor, David 40–1
- Baum, L. Frank 220
- Beardsley, Aubrey 64
- Beechey, Sir William 254
- bege **58–9**, 110, 246
- Berenson, Marisa 127
- Berlin, Brent 34
- Berny, Pierre de 200
- betume 253
- *Biston betularia f. typica* 275
- Bloch-Bauer, Adele 86, 89
- *blueprints* 194
- Boadiceia 104
- Boccuumini, Paul 118
- Boistard, Pascale 117
- Boogert, A. 26
- Borghese, príncipe 148–9
- Botticelli 88
- Boucher, François 116
- branco de chumbo 39–40, **43–6**, 70, 108, 193, 215, 227

- branco 17, 21, **39–59**, 228, 261
- Brant, Isabella 69
- Brassaï 205
- breu **280–1**
- British Colour Council (BCC) 256–7
- bruxaria 261, 269–70
- Budismo 100, 209
- *buff* 239, **242–3**
- Burgess, Anthony 95
- Burne-Jones, Edward 185, 255
- Burton, Sarah 47–8

C

- cabelo 65, 67–8, 100, 104–6, 118
- cal 41, **52–3**
- calcário **56–7**
- Camboja 80
- Cambridge, Duquesa de 47
- camuflagem 120–1, 239, 248
- cáqui 239, **240–1**
- caramujo 160
- Caravaggio, Michelangelo Merisi 238, 250, 251–2
- Carl, Katharine Augusta 84
- Carlos Magno 139
- cartagineses 86
- Cartailhac, Émile 274
- carvalho 272
- carvão 21, 262, **274–5**
- Casagemas, Carlos 204
- Castiglione, Baldassare 262
- católicos 96, 131, 138, 139, 140, 142, 223
- cavalo branco de Uffington 57
- *celadon* **232–3**
- celtas 181, 199
- Cennini, Cennino 57, 82, 83, 88, 182, 183, 215, 228–9
- cenoura 97
- cerejas maraschino 131
- Cerro Rico de Potosí 49, 51
- cerúleo **204–5**
- cervo 244–5
- César, Júlio 162

Cézanne, Paul 77, 174
Chaucer, Geoffrey 140
Chernobyl 201–2
China 30
    amarelo 65, 80, 82, 84–5
    azul 192
    branco 41
    celadon 232–3
    cosméticos 45, 109
    marfim 48
    tinta 271–3
    vermelho 136, 142–3, 146–7, 150–1
choco-comum 248
Christison, Dr. Robert 81
Churchill, Winston 126, 279
Cientologia 204
● cinza de Payne 266–7
Cixi, Imperatriz Viúva 84
Cleópatra 99–100, 162
Coca-Cola 137
● cochonilha 136, 138, 140, 141–3, 152–3, 193
cocolitóforos 56
Codex Exoniensis 244
Collins Harvey, Jacky 104
Constable, John 194
cor: artistas 21–4
    e cultura 29–31
    e linguagem 33–5
    e visão 13–15
    mapeamento 26, 7, 256, 84–7
    mistura 17–19
corantes de anilina 161, 167
corvos 278–9
cosméticos 45–6, 109, 264–5
Courèges, André 49
Crayola 128
Cristianismo 33
    azul 180
    Eva 68
    manuscritos iluminados 23, 107–8, 146, 273
    ouro 87
    preto 261, 262, 269, 279, 280
    ver também católicos; protestantes
    vermelho 140
    Virgem Maria 68, 87, 115, 180, 181, 184–5
crocoíta 78–9
Crocus sativus 98–9
Cromwell, Oliver 140, 247
Crowley, Aleister 140
cultura das *raves* 74–5
Cynips quercusfolii 272

D

Dactylopius coccus 141
Dalí, Salvador 77, 126
Dass, Angélica 111
da Vinci, Leonardo 146, 249, 262–3
Dee, Dr. John 261, 268–9
Defoe, Daniel 57
Delacroix, Eugène 254
Demócrito 210
Desmoulins, Camille 223
Dewhurst, Richard 71
de Wolfe, Elsie 58
diabo 213, 269
Dião Cássio 104
Dickens, Charles 224
Diesbach, Johann Jacob 193
Diocleciano 163–4
Dippel, Johann Konrad 193, 194
doença 64
Drebbel, Cornelis 140
Drölling, Martin 254
Dryden, Helen 94
Dürer, Albrecht 184
Duthé, Rosalie 67
d'Urfé, Honoré 232

E

Egito: âmbar 102
    amarelo 77, 82
    azul 190, 196–7
    esmeraldas 220
    garança 152
    hematita 135–6, **150**, 151
    kohl 264–5
    marrom 238
    múmias 135–6, 150, 253–5
    prata 50
    preto, 280, **261–2**
    tinta 271
    verde 209
Elizabeth I 54, 105, 139
Elizabeth II 171
Elizabeth de York 93
El Sidrón, caverna 106
emojis 74–5
● escarlate 31, **138–40**, 199, 239, 246, 263
esmeralda Bahia 220–1
● esmeralda 212–13, **220–1**
Esopo 130, 278
Espanhóis: amaranto 130–1
    cochonilha 142–3
    escarlate 139
    índigo 192
    prata 50–1

espectro 13, 14–15, 19, 30, 34, 128
Estados Unidos: amaranto 131
    abacates 231
    buff 242–3
    Dia de São Patrício 222
    marfim 47
    Nova York 97
    proteção ambiental 230
Estienne, Henri 211
estátuas de Bamiyan 182
etruscos 102
Eugénie, Imperatriz 170
Eva 68

F

Faetonte 103
Fahlman, Scott E. 75
Federigo 165–6
Fellowes, Daisy 116, 126
Ferrari, Enzo 149
Field, George: calcário 56
    amarelo de Nápoles 76–7
    amarelo indiano 71
    azul da Prússia 194
    azul-cobalto 188
    gamboge 80
    garança 153
    mínio 109
    sangue de dragão 155
    sépia 249
    terra verde **227–8**
    umbra 250
Filipe, o Bom 263
Filipe II 142
Finderlers, Jobst 100
Fini, Leonor 126
Finlay, Victoria 72–3
Ford, Henry 29
Fragonard, Jean-Honoré 116
França: absinto 217–18, 219
    amarelo 63
    azul 181, 192, 204
    garança 153
    puce 122–3
    verde 211, 223
Francisco I 87, 253–4
Fuchs, Leonard 124–5
● fúcsia **124–5**

G

● *gamboge* 64, 71, **80–1**, 194
● garança **152–3**, 192, 199–200, 246
Garcinia, árvores 80
Gauguin, Paul 78, 95, 217
Geiger, Lazarus 33–4

Índice

● gengibre 104–6, 137
Gérard, Balthasar 96
gênero 115–17
Giotto 69, 87
Gladstone, William Ewart 33
Gmelin, Christian 185
Godlove, Isaac H. 27
Goethe, Johann Wolfgang 28
Goguryeo 43
Golden Gate Bridge 94
Goswamy, B. N. 65
gregos 21, 30, 33, 35, 42, 276
    açafrão 98
    âmbar 102–3
    cosméticos 45, 109
    hematita 151
    loiro 67
    marrom 238
    noite 280
    verde 210
Greifswald 49–50
Grimes, William Francis 57
Guerrilla Girls 117
Guilherme I, Príncipe de Orange 96–7
Guimet, Jean-Baptiste 185–6
Guyton de Morveau, Louis-Bernard 40

H

● heliotropo 172–3
Hellot, Jean 195
● hematita 88, 136, **150–1**, 228, 250
Henrique VIII 87, 105
Hermès 94
Herschel, John 194–5
Hinduismo 204, 261, 280–1
Hipócrates 124
Hispaniola 125
Hogarth, William 194
Hooker, Sir Joseph 71–3
Hooker, William 81
Horácio 160
Houbraken, Arnold 56
Hubbard, L. Ron 204

I

impressionistas 20, 78, 94–5, 174–5, 237
incas 136, 141, 142
Índia: *gamboge* 80
    açafrão 100
    amarelo 65, 71–3
    garança 152
    ouro 66
    rosa 116

● índigo 167, 180–1, **189–92**, 193, 198, 200
Inocêncio III 210
Iraque 98
Irlanda 94, 222–3
Irã 98
isabelina 54–5
Isabella, Arquiduquesa 54–5
ísatis 189, **198–200**, 211, 246
Isatis tinctoria 198–9
Islã 33, 209, 213, 273
Ive, Jonathan 41

J

Jackson, Holbrook 64
Jacobi, Richard 70
Japão 30
    azul 192, 194
    branco 41
    branco de chumbo 45
    gamboge 80
    púrpura 160
Java 82
jeans 192
Jobs, Steve 41–2
Johnson, Samuel 256, 257, 279
judeus 65
Jurassic Park 102

K

Kandinsky, Wassily 93, 94, 147, 213
Kapoor, Anish 137, 194
Kay, Paul 34
Keeler, Clyde 179
Kentucky 52
Key, Adriaen Thomasz 96
Khan, Naeem 110
Kipling, Rudyard 255
Klein, Calvin 41
Klein, Yves 186
Klimt, Gustav 86, 89
● *kohl* 264–5

L

Lacaze-Duthiers, Henri de 164
Lacroix, Christian 127
Langland, William 247
lápis lazúli 182–4, 197
● laranja 13, 14, 19, **93–111**, 223
● laranja Holanda 93–4, **96–7**, 223
Lascaux 228, 251
latte cósmico 58
Le Corbusier 29–30, 41

Le Gallienne, Richard 63, 66
Levy, Adrian 103
linguagem 33–5, 116
Lippi, Filippino 184
liquens 161, 165–6
lobisomens 49–50
● loiro 65, **67–8**
London, Jack 65
Loos, Anita 68
Louboutin, Christian 111
Luís XVI 122–3
Lundquist, Oliver 204
luto 172–3, 180, 276–7, 281
luz: e preto 261
    azul 179
    e visão 13–15, 39
    espectro de luz visível 13, 14–15, 128
    mistura de cores 17–19

M

Macmillan, Harold 243
Maerz, A. 246, 256–7
● magenta 26, 135, **167–8**
Magnan, Dr. Valentine 218
Malevich, Kazimir 41, 263
Manet, Édouard 175
manuscritos de Gladzor 107–8, 109
manuscritos iluminados 23, 107–8, 146
maquiagem 45–6, 109, 264–5
marcadores de texto 128–9
marfim 47–8
Maria, Virgem 68, 87, 115, 180, 181, 184–5
Maria Antonieta 122–3
Maria Theresa, Imperatriz 122
Marino Mannoia, Francesco "Mozzarella" 251–2
mariposa salpicada 275
marisco 160, 162–3, 164, 248
● marrom 21, 228, **237–57**
Martial 248–9
Mary Stuart, a rainha da Escócia 138, 139
● *mauve* 21, 152, 159, 161, 164, 167, **169–71**, 172, 277
● melanina 248, **278–9**
Melville, Herman 29, 39
meninas 115
meninos 115
Mérimée, Jean François Léonor 71
México 130–1
Midas 88
Millais, Sir John Everett 105
Miller, Ron 118

Milton, John 68, 130
● mínio 94, **107–9**
Mirzapur 72–3
Miró, Joan 179
Modigliani, Amedeo 105
Monet, Claude 94, 174, 175, 194
Monroe, Marilyn 68, 116, 127
Morris, William 185, 198
Morrow, Irving 94
morte 172, 180, 261, 276, 280
Mountbatten, Lord 120–1
Mukharji, Trailokyanath 72–3
● múmia 253–5
Munch, Edvard 30, 95
Munsell, Albert Henry 256
Murex brandaris 162, 163, 164, 165
Murray, Thomas 96
Musa 86–7

N

Nações Unidas 204
Napoleão 224, 226
● nanquim 271
nazistas 67, 89, 101
negro de fumo 271–2
Neri di Bicci 44
Nero 163, 220
Newton, Sir Isaac 16, 17, 19, 30, 268
Nicandro 45
noite 280
Nova York 97
● nude **110–11**

O

Obama, Michelle 110
Oberkirch, Baronne d' 123
● obsidiana 261, **268–70**
O casal Arnolfini 210, 214, 215
ocre 82, 94
Odin 278
Oenanthe isabellina 54
orceína 161, **165–6**
Ordinaire, Pierre 217
Os homens preferem as loiras 68, 127
Osiris 136, 150, 281
● ouro-pigmento 64, **82–3**, 194, 227
● ouro 50, **86–9**, 130, 142, 145, 146, 237
Owens, Mitchell 126

P

Palladio, Andrea 42
Pantone 26, 204, 209
● pardo **244–5**
pássaro 278–9
Pastoureau, Michel 25
Patrício, São 222–3
Paul, M. Rea 246, 256–7
Paulo II, Papa 139
Payne, William 266–7
Países Baixos 93, 96–7
peças de xadrez de Lewis 47
Pequim a Paris, corrida 148–9
Perkin, William 21, 152, 153, 161, 169–70
Perrin, Jean 81
Peru 137
Picasso, Pablo 194, 204, 205
pinguins 55
Pissarro, Camille 174, 237
Platão 210
Plumier, Père Charles 125
Plínio, o Velho 21, 124
 azul 180
 betume 253
 branco de chumbo 39, 43
 cochonilha 136, 138
 garança 152
 mínio 109
 ouro 88–9
 ouro-pigmento 82
 púrpura tíria 159, 160, 162
 sangue de dragão 154–5
 vermelhão 145
Poe, Edgar Allan 63, 217
Pompadour, Madame de 116
Pompeia 144, 152
Pozzo, Andrea 76
praga 52
● prata **49– 51**, 142
● preto 17, 19, 228, **261–81**
prisões 118–19
prostitutas 67, 136
protestantes 29, 94, 96–7, 223
pré-rafaelitas 105, 137
● puce **122–3**
punk 128
purgantes 81, 82
● púrpura 19, **159–75**
● púrpura tíria 139, 159–60, 162–4, 192

R

Rabbane, Paco 49
Radhakrishnan, Dr. S. 100

Rafael 215
Rehmannia glutinosa 85
Reid, Jamie 128
Rembrandt 69, 81, 238, 251, 263
Renoir, Pierre-Auguste 20, 261
Reynolds, Sir Joshua 81, 266
Ricardo II 139
Roccella tinctoria 161, 165
Rodin, Auguste 42
Roger, Neil Munro 171
romanos 30, 42
 âmbar 102–3
 azeviche 276
 azul 179–80
 azul egípcio 196–7
 esmeralda 220
 loiro 67
 marrom 238
 ouro-pigmento 82
 púrpura 160, 162–4
 sépia 248–9
 vermelho 135, 136, 140
 vermelhão 144–5
 indigo 191
● rosa **115–31**
● rosa-choque 116, **126–7**
● rosa Baker-Miller **118–19**
● rosa fluorescente **128–9**
● rosa Mountbatten **120–1**
Rossetti, Dante Gabriel 105, 185
● *rosso corsa* **148–9**
Rothko, Mark 137
roupas de casamento 41, 47–8
Rubens, Peter Paul 69, 147
ruivos 104, 94, 96–6, 137
Rumphius, George Everhard 82–3
Ruskin, John 32, 279
● russet 31, 239, **246–7**

S

● sangue de dragão **154–5**
Sano di Pietro 185
Santa Bárbara 230
Sarto, Andrea del 185
Sassoferrato, Giovanni Battista Salvi 185
Schauss, Alexander G. 118–19
Scheele, Carl Wilhelm 211–12, 224, 225–6
Schiaparelli, Elsa 116, 126–7
Schlüter, Andreas 101
Schulz, Gottfried 146

Scott-Clark, Cathy 103
● sépia **248–9**
Seurat, Georges 212
Sex Pistols 128
sexualidade 136–7
Shakespeare, William 139, 140, 220, 244
Siddal, Elizabeth 105
Signac, Paul 205
smileys 74–5
Spencer, Lady 123
Stabiae 228
Stalin, Joseph 266
Starbucks 143
Stewart, Dodai 110, 111
Suger, Abbot 180
Suíça: absinto 218–19

T

● *taupe* **256–7**
Teofrasto 124
terra verde 211, 212, **227–9**
Teófilo 145–6, 272
Thias haemastoma 162, 163
Thierry de Menonville, Nicolas-Joseph 143
Thénard, Louis-Jacques 188
Ticiano 69, 105, 184
● tinta **271–3**
Tintoretto 69, 215
Töllner, Hans 214
Toulouse-Lautrec, Henri de 95
toupeira 256–7
Travilla, William 127
Tsarskoye Selo 101
tuaregue 191
Turner, J. M. W. 12, 81, 224
Tutancâmon 82, 152, 190
Twain, Mark 52–3

U

Ulpiano 159
● umbra 238, **250–2**
uniformes 139–40, 167, 181, 192, 239, 240–1, 242–3
Union-Castle 120–1
Unverdorben, Otto 167
urina 71–3, 162, 166

V

Van Dyck, Anthony 239
Van Eyck, Jan 210, 214, 216
Van Gogh, Vincent 30, 63, 78–79, 95, 194, 205, 217
Van Hoogstraten, Samuel 211
Van Meegeren, Han 187–8
● Vantablack 261, **282–287**
Vauquelin, Nicolas Louis 79
● verde 13, 19, **209–33**, 228
● verde de Scheele 211–12, **224–6**
● verde Kelly 222–3
● verdete 44, 210, 212, **214–16**, 227
Verguin, François-Emmanuel 167, 168
Vermeer, Johannes 187–8
● vermelho 13, 14, **135–55**, 228
vermelho turco 153
● vermelhão 108, 109, **144–7**
Vernatti, Sir Philiberto 44–5
Veronese, Paolo 83, 212, 215–16
● violeta 174–5, 202
Virgem Maria 68, 87, 115, 180, 181, 185
Virgin 137
visão 13–15

vitorianos: azul elétrico 202
heliotropo 172, 173
luto 172–3, 276–7
Vitória, Rainha 47, 170, 277
Vitrúvio 144
Vogue 95
Vreeland, Diana 116

W

Wah 150
Walker, Alice 159
Walpole, Horace 169, 268
Washington, George 242–3
Whitby 276, 277
Wilde, Oscar 63, 64, 170, 173, 217
Winsor & Newton 40, 71, 80, 81, 285
Wolfram, Gottfried 101
Wolsey, Cardeal 99
Woodward, John 194
Wreschner, Ernst E. 150
Wright, Joseph 251

X

Xenofonte 45
Xu Yin 233
X-Ray Spex 128

Y

Yoon, Jeongmee 115
Yuvchenko, Alexander 201

Z

Zacarias, Papa 279
Zingiber officinale 104
Zoroastrismo 100
Zósimo de Panópolis 145